O que Grandes Líderes, Pensadores
Marshall Goldsmith e de *A V*

Nos meus cinquenta anos de carreira como educador e coach executivo, tive o privilégio de trabalhar com vários dos grandes líderes dos Estados Unidos. Em teoria, eu deveria ensiná-los. Na prática, acabei aprendendo mais com eles do que eles aprenderam comigo. Os líderes, pensadores e coaches a seguir se dispuseram a mostrar seu apoio ao meu trabalho e a este livro. Para ajudar os leitores a entender o quão bem-sucedidos eles são, incluí meus próprios comentários em itálico logo após as palavras de cada um deles. Por compartilhar o que aprendi, espero que este livro possa ajudá-lo assim como esses grandes líderes, pensadores e coaches me ajudaram.

— MARSHALL GOLDSMITH

* * *

"Minha vida mudou para melhor depois que comecei a trabalhar com Marshall Goldsmith. Desde então, todas as minhas decisões mais importantes foram influenciadas por sua sabedoria, compaixão e comprometimento. Na sua comunidade 100 Coaches, incentivamos uns aos outros a correr atrás da sua realização e fugir do arrependimento. À medida que ler este maravilhoso livro, *A Vida Merecida*, tente ouvir a voz de Marshall. Saiba que é possível enfrentar os desafios à frente e recomeçar. Escuto essa trilha sonora todo dia quando, com humildade e paixão, saio e me esforço para merecer minha vida novamente."

— DR. JIM YONG KIM, ex-presidente do Banco Mundial

Como um dos fundadores de Partners in Health e, posteriormente, presidente do Banco Mundial, Jim liderou esforços humanitários que exerceram um efeito considerável em países em desenvolvimento e salvaram dezenas de milhares de vidas.

* * *

"A essência da orientação de Marshall Goldsmith está na sua dedicação ao seu objetivo, que é ajudar cada um dos seus clientes, incluindo eu, a encontrar a felicidade e obter a realização — e se tornarem ainda melhores para si mesmos e para as pessoas que lideram. E, agora, ele está expandindo seu alcance além dos seus clientes para todos aqueles que lerem este livro. Que presente ele nos deu — para nos ajudar a nos tornar as pessoas que queremos ser e viver uma vida de plena realização, sem arrependimentos. Obrigado, Marshall — *A Vida Merecida* é demais!"

— ALAN MULALLY, ex-CEO da Ford

Como CEO da Boeing Commercial Airlines após os ataques terroristas de 11 de setembro e, posteriormente, como CEO da Ford após a crise financeira, Alan liderou duas das histórias de sucesso corporativo mais bem-sucedidas e inspiradoras em face de grandes desafios.

* * *

"Por meio de sua incrível orientação e amizade, Marshall Goldsmith sem dúvida me ajudou a me tornar um líder melhor e uma pessoa mais feliz. Talvez o efeito mais profundo que ele exerceu em mim foi me ajudar a aceitar o *feedback* — a entender como sou visto e, então, praticar o *feedforward* — para fazer mudanças positivas. Em *A Vida Merecida*, o coach mais admirado do mundo compartilha algumas das suas ideias mais valiosas e impactantes para termos uma vida feliz e plena."
— HUBERT JOLY, ex-CEO da Best Buy

Quando Hubert entrou na Best Buy, estavam falando em falência. Depois de oito anos como seu CEO, a empresa obteve um crescimento e uma rentabilidade fenomenais. Esta incrível história é contada no seu livro best-seller, The Heart of Business *[O Coração do Negócio, em tradução livre].*

* * *

"Muitas coisas incríveis acontecem em nossas vidas e, para mim, Marshall Goldsmith é uma delas. Desde o primeiro dia em que nos conhecemos e começamos a trabalhar juntos, desde que eu era a CEO das Escoteiras dos EUA até hoje, Marshall foi uma parte especial da minha vida e do meu trabalho. E, agora, com *A Vida Merecida*, Marshall compartilha uma coisa muito importante com todos nós: como podemos viver uma vida plena. Você precisa ler esta obra-prima!"
— FRANCES HESSELBEIN, ex-CEO das Escoteiras dos EUA

Como CEO das Escoteiras dos EUA, o impacto de Frances foi tão grande que ela ganhou a Medalha Presidencial da Liberdade por sua liderança. O lendário Peter Drucker disse: "ela foi a maior executiva que já conheci".

* * *

"Marshall Goldsmith tem a habilidade única de conversar comigo durante cinco minutos e me dar ideias instigantes de como liderar e crescer, ao mesmo tempo que me mantém centrado no que é realmente importante. É incrível. Durante a pandemia da COVID-19, ao passo que a Pfizer continuava a exercer um papel fundamental em ajudar a proteger e salvar vidas, aprendi ainda mais com Marshall; não apenas para falar sobre questões relacionadas com o trabalho, mas também para conversar sobre a vida. Ele é um coach, educador e autor fenomenal."
— ALBERT BOURLA, CEO da Pfizer

Como CEO da Pfizer, Albert liderou a empresa incansavelmente em face de um dos maiores desafios que a humanidade enfrentou nos nossos tempos: a pandemia da COVID. O incrível sucesso da Pfizer é inédito na história do desenvolvimento de remédios.

* * *

"Marshall Goldsmith é um sábio do mundo moderno. Ele incluiu sua honestidade, compaixão e sabedoria em cada livro, discurso, reunião e interação que tive com ele."
— ASHEESH ADVANI, CEO da Junior Achievement Worldwide

A Junior Achievement foi indicada para o Prêmio Nobel da Paz de 2022 graças ao seu trabalho de empoderar economicamente os jovens ao redor do mundo.

* * *

"Além de me desafiar, a abordagem de coaching singular de Marshall Goldsmith também me inspirou a ser um líder e uma pessoa melhor. Com seu novo livro, *A Vida Merecida*, Marshall o guiará pelo processo de desenvolver uma vida movida por um objetivo. As abordagens filosóficas e práticas deste livro o desafiarão da mesma maneira que Marshall me desafiou."
— JAMES DOWNING, presidente e CEO do Hospital de Pesquisa Infantil St. Jude

Como pediatra oncologista, Downing foi nomeado líder do St. Jude, um dos melhores hospitais do mundo na batalha contra o câncer pediátrico.

* * *

"*A Vida Merecida* é uma grande adição ao portfólio de Marshall. Os conselhos deste livro podem simultaneamente ajudá-lo a realizar um bom trabalho e a aprimorar seu processo de encontrar a paz e a felicidade."
— AMY EDMONSON, Professora de Liderança e Gestão da Novartis na Harvard Business School

Em 2021, Amy recebeu o primeiro lugar como Pensadora de Gestão Mais Influente do Mundo da Thinkers50.

* * *

"Marshall Goldsmith vai ao âmago das coisas. Para qualquer pessoa que deseja alinhar seus esforços com uma vida de significado, Marshall é um fabuloso companheiro, guia e líder de torcida. Para aqueles que não o conhecem pessoalmente, vocês têm muita sorte de poder crescer agora lendo este livro!"
— JOHN DICKERSON, analista político chefe da CBS

John contribui com suas reportagens em toda a programação dos noticiários da CBS, incluindo o Sunday Morning *e o* CBS Evening News. *Ele é o autor do best-seller* The Hardest Job in the World *[O Trabalho mais Difícil do Mundo, em tradução livre].*

* * *

"Todo dia, me concentro em mostrar gratidão por cada momento. Sou tão focado em metas que esqueço que a felicidade e a conquista não precisam ser mutuamente exclusivas. Por estar presente, posso me lembrar de ser mais altruísta nas decisões que tomo. Marshall Goldsmith vem se mostrando um grande coach ao me ajudar a crescer e fazer justamente isso!"

— DAVID CHANG, chef e autor

Este fundador do revolucionário restaurante Momofuku ganhou o Prêmio James Beard, é uma personalidade da mídia e autor do best-seller de memórias Morder um Pêssego.

* * *

"Foi um privilégio trabalhar com Marshall Goldsmith. Ele ainda me ajuda a me tornar uma pessoa melhor, uma esposa melhor, uma mãe melhor e uma líder melhor. Não faltaram alegrias na minha jornada com ele, mesmo na hora de fazer mudanças fundamentais. A Vida Merecida capta com perfeição o espírito e o impacto que ele causou em muitos de nós."

— AICHA EVANS, CEO da Zoox

Ex-vice-presidente e diretora de estratégias da Intel Corporation, Aicha foi indicada para a lista de Mulheres Promissoras Mais Poderosas nos Negócios da Fortune de 2021.

* * *

"Eu acabei de ler *A Vida Merecida*. Obrigada por esse lindo convite para uma conversa mais profunda comigo mesma!"

— NANKHONDE VAN DEN BROEK,
coach executiva, ativista e empreendedora

Nankhonde foi nomeada a Coach de Liderança Mais Influente do Mundo da Thinkers50 de 2021.

* * *

"Em *A Vida Merecida*, Marshall Goldsmith condensou brilhantemente princípios que aprendemos em mais de 4 mil horas de conversas íntimas no fim de semana com 60 das pessoas mais extraordinárias do mundo."

— MARK C. THOMPSON, coach de liderança

Mark é o autor do best-seller Admired *[Admirado, em tradução livre] e* Sucesso Feito para Durar. *Este coach de CEOs é um dos Dez Melhores Coaches Executivos da Thinkers50.*

* * *

"Tive o grande privilégio de conhecer Marshall Goldsmith, de ele fazer parte da minha vida e poder aprender com ele — além de aprender com as muitas outras pessoas excepcionais da sua comunidade 100 Coaches. Ele exerceu um papel muito importante na minha transição de atleta profissional para o início do próximo capítulo da minha vida."

— PAU GASOL, ex-All-Star da NBA

Gasol é bicampeão da NBA, participou de cinco Olimpíadas (com três medalhas) e é o presidente da Fundação Gasol.

* * *

"Quem além de Marshall Goldsmith poderia fazer com que líderes do mundo todo estivessem ansiosos para receber uma ligação pelo Zoom todo fim de semana? Ele reuniu um grupo impressionante de pessoas de todos os setores da nossa economia para compartilhar, aprender e, o mais importante, 'passar para frente'. Na sua comunidade 100 Coaches, descobri que o assunto em comum das nossas discussões é a ideia de 'liderar com humanidade'. Tenho certeza de que você vai aprender com *A Vida Merecida* e desejará se juntar a nós para passar para frente as ideias que receber!"

— MICHELLE SEITZ, presidente e CEO da Russel Investments

Desde que foi nomeada a CEO em 2017, Michelle liderou uma das maiores e mais bem-sucedidas empresas de investimento do mundo.

* * *

"Marshall Goldsmith mudou minha vida. Nos últimos dez anos, ele me aconselhou em cada passo da minha carreira. Me sinto privilegiada por fazer parte da sua comunidade 100 Coaches. Marshall faz com que coisas complexas se tornem simples, nos inspira a melhorar a cada dia e nos desafia a fazer mudanças positivas duradouras. Em *A Vida Merecida*, seu livro mais importante até então, ele nos lembra de que a ambição ousada pode ser uma tirania se basearmos nossa identidade na realização constante de metas. Precisamos desfrutar a jornada e nossa própria felicidade — essa é a escolha mais importante que precisamos fazer."

— MARGO GEORGIADIS, ex-presidente e CEO da Ancestry

Antes de liderar a incrível transformação da Ancestry, Margo foi a CEO da Mattel e foi reconhecida como uma das 50 Mulheres Mais Poderosas nos Negócios.

* * *

"Marshall Goldsmith é um mentor brilhante que realmente nos ajuda a ser mais felizes e sábios. Ele já ajudou tantas pessoas — incluindo eu. Ele é uma força multiplicadora do bem. Mal posso esperar para que os leitores façam uma diferença exponencial no mundo graças ao que aprenderem em *A Vida Merecida*."

— SANYIN SIANG, coach de CEOs, assessora e autora

Sanyin, a fundadora e diretora executiva do Centro Coach K de Liderança & Ética da Universidade Duke, na sua Fuqua School of Business, é a Coach nº 1 da Thinkers50 e autora de The Launch Book *[O Livro do Lançamento, em tradução livre].*

* * *

"Tive a incrível honra de ser membra da ilustre comunidade de líderes de Marshall Goldsmith. Sua habilidade de iluminar a humanidade em cada um de nós é realmente extraordinária. Ele vai até o âmago de qualquer questão, pessoal ou profissional, e nutre um ambiente afirmativo e produtivo. A vulnerabilidade dos membros da nossa comunidade nos deixa motivados e inspirados."
— SARAH HIRSHLAND, CEO do Comitê Olímpico e Paraolímpico dos EUA

Sarah, a ex-vice-presidente sênior de desenvolvimento empresarial estratégico da Wasserman, liderou a equipe dos EUA em uma competição bem-sucedida nas Olimpíadas de Tóquio depois de assumir a liderança do USOPC em 2018.

* * *

"*A Vida Merecida* é Marshall no seu melhor. Perspicaz, empático e prático, tudo ao mesmo tempo. Este livro o ajudará a ter uma vida mais completa e plena."
— JEFF PFEFFER, professor de Comportamento Organizacional de Thomas D. Dee II na Graduate School of Business, Universidade Stanford

Jeff, que vem trabalhando como professor em Stanford desde 1970, publicou mais de quinze livros, incluindo Morrendo por um $alário *e* The Knowing-Doing Gap *[A Lacuna entre o Saber e o Fazer, em tradução livre].*

* * *

"Marshall Goldsmith nunca maneira nos golpes nem ameniza suas fantásticas tiradas. Ele enxerga nossas falhas e nos leva a fazer melhor, por meio da persuasão ou de histórias seguidas por lições amigáveis, especialmente úteis para aqueles que precisam de menos sutileza. *A Vida Merecida* e os outros textos e palestras de Marshall fizeram com que ele se tornasse o verdadeiro coach do mundo."
— TONY MARX, presidente e CEO da Biblioteca Pública de Nova York

Tony, o ex-presidente do Amherst College, se tornou o presidente da Biblioteca Pública de Nova York em 2011, liderando várias iniciativas inovadoras.

* * *

"Mais do que ninguém que conheça, Marshall Goldsmith torna o impossível possível. Sem ele, eu não estaria aqui hoje. Ele me ajudou a tornar minha vida mais rica e divertida. Espero que *A Vida Merecida* o ajude assim como Marshall me ajudou!"
— MARTIN LINDSTROM, autor e especialista em marcas de consumo

Martin fundou a Lindstrom Company, é o autor do best-seller A Lógica do Consumo *e* Small Data *e é uma das Pessoas Mais Influentes da TIME100. Ele é a autoridade nº1 em marcas.*

* * *

"Com o passar dos anos, Marshall Goldsmith se tornou um dos maiores pensadores de liderança do mundo e, mesmo assim, continuou sendo um dos melhores e mais carinhosos seres humanos que conheço. Ele vive a vida ao máximo. *A Vida Merecida* ajudará você a fazer o mesmo."
— KEN BLANCHARD, autor, palestrante e consultor empresarial

Ken é um educador administrativo icônico, amado e respeitado e um dos autores de não ficção mais populares da história, com mais de 23 milhões de livros vendidos.

* * *

"Marshall Goldsmith transformou as vidas de milhares de pessoas para melhor, incluindo a minha! Ele é um humanista — uma pessoa encantadoramente engraçada que fala sério sobre ajudar as pessoas. Como um monge humilde, ele une qualidades opostas para criar valores profundos e atemporais."
— AYSE BIRSEL, designer e autora

Nomeada pela Fast Company como uma das 100 Pessoas Mais Criativas nos Negócios, Ayse é uma das Dez Melhores Coaches da Thinkers50 e autora de Design the Life You Love *[Projete a Vida que Ama, em tradução livre].*

* * *

"Como coach e assessor, Marshall Goldsmith tem o dom de sugerir o ajuste apropriado para a ocasião certa. *A Vida Merecida* é um livro fantástico."
— RITA MCGRATH, professora da Columbia Business School

Rita, uma das maiores especialistas do mundo em inovação, foi nomeada a Pensadora Estratégica n°1 da Thinkers50 e é a autora de Seeing Around Corners *[Vendo o que Vem Pela Frente, em tradução livre].*

* * *

"O brilhantismo e a generosidade de espírito de Marshall Goldsmith encantam todos aqueles que o conhecem. Seu ensino e coaching, tal como compartilhado em *A Vida Merecida*, também pode ajudá-lo a se tornar uma pessoa melhor. Nunca perca a oportunidade de passar por uma 'experiência Marshall Goldsmith'!"
— CHESTER ELTON e ADRIAN GOSTICK, autores

Chester e Adrian são os autores dos best-sellers All In *[Aposte Tudo, em tradução livre] e* Lidere com Gratidão, *ambos do* New York Times.

* * *

"Em *A Vida Merecida*, Marshall Goldsmith condensa sua vasta experiência de coaching em um guia perspicaz e inspirador para ajudá-lo a evitar o arrependimento e ter uma vida plena."
— SAFI BAHCALL, físico, empreendedor e autor

Safi trabalhou com o Conselho de Ciências e Tecnologia do Presidente Obama e é o autor de Lunáticos, *o best-seller n°1 do* Wall Street Journal.

* * *

"Em *A Vida Merecida*, Marshall Goldsmith nos ajuda a 'esquecer'. Com compaixão e sabedoria perfeitas, ele nos mostra como passar do arrependimento para a realização — independentemente da nossa idade ou etapa de vida."

— SALLY HELGESEN, coach e autora

Sally foi nomeada a Coach n°1 do Mundo para Mulheres Líderes da Forbes e é a autora do best-seller Como as Mulheres Chegam ao Topo.

* * *

"Marshall Goldsmith concedeu-me o dom de ajudar a transformar a possibilidade em realidade. Leia este livro. Espero que ele faça o mesmo por você."

— WHITNEY JOHNSON, CEO da Disruption Advisors

Whitney foi nomeada uma das Dez Melhores Pensadoras de Gestão da Thinkers50 e é a autora de Smart Growth *[Crescimento Inteligente, em tradução livre]*.

* * *

"*A Vida Merecida* é a mão amigável que pode ajudá-lo a viver a vida que você realmente deseja — ou uma paulada na cabeça quando damos as costas para nós mesmos."

— CAROL KAUFFMAN, fundadora do Instituto de Coaching, Harvard Medical School

Carol é uma das Dez Melhores Coaches Executivas da Thinkers50.

* * *

"Marshall Goldsmith conseguiu novamente. *A Vida Merecida* contém ideias e ferramentas que nos fazem sentir que ele está nos orientando pessoalmente."

— DAVID ULRICH, Professor da cadeira Rensis Likert, Ross School of Business, Universidade de Michigan

David é o Pensador n°1 de RH do mundo, um autor notável e membro do Hall da Fama da Thinkers50.

OUTROS LIVROS DE MARSHALL GOLDSMITH E MARK REITER

What Got You Here Won't Get You There: How Successful People Become Even More Successful

[O que o Trouxe até aqui não o Levará até lá: Como Pessoas Bem-Sucedidas se Tornam ainda mais Bem-Sucedidas, em tradução livre]

Mojo: Como Conseguir, como Manter e como Reconquistar o que Você Perder

Gatilhos do Sucesso: As Mudanças de Atitude que Levam ao Êxito em Todas as Esferas da Vida

OUTROS LIVROS DE MARSHALL GOLDSMITH

Coaching: O Exercício da Liderança

Como as Mulheres Chegam ao Topo: Elimine os 12 hábitos que impedem você de alcançar seu próximo aumento, promoção ou emprego

A VIDA
MERECIDA

A VIDA MERECIDA

Esqueça o Arrependimento, Escolha a Realização

Marshall Goldsmith
Nomeado pensador de liderança da Thinkers50
e Mark Reiter

ALTA BOOKS
GRUPO EDITORIAL
Rio de Janeiro, 2022

A Vida Merecida

Copyright © 2022 da Starlin Alta Editora e Consultoria Eireli.
ISBN: 978-85-5081-836-8

Translated from original The Earned Life. Copyright © 2022 by Marshall Goldsmith, Inc. ISBN 9780593237274. This translation is published and sold by Random House, a division of Penguin Random House LLC, the owner of all rights to publish and sell the same. PORTUGUESE language edition published by Starlin Alta Editora e Consultoria Eireli, Copyright © 2022 by Starlin Alta Editora e Consultoria Eireli.

Impresso no Brasil — 1ª Edição, 2022 — Edição revisada conforme o Acordo Ortográfico da Língua Portuguesa de 2009.

Dados Internacionais de Catalogação na Publicação (CIP) de acordo com ISBD

G624v Goldsmith, Marshall
    A vida merecida: esqueça o arrependimento, escolha a realização / Marshall Goldsmith, Mark Reiter ; traduzido por Renan Amorim. - Rio de Janeiro : Alta Books, 2022.
    288 p. ; 16cm x 23cm.

    Tradução de: The Earned Life
    Inclui índice.
    ISBN: 978-85-5081-836-8

    1. Autoajuda. I. Reiter, Mark. II. Amorim, Renan. III. Título.

2022-2655
    CDD 158.1
    CDU 159.947

Elaborado por Odilio Hilario Moreira Junior - CRB-8/9949

Índice para catálogo sistemático:
1. Autoajuda 158.1
2. Autoajuda 159.947

Todos os direitos estão reservados e protegidos por Lei. Nenhuma parte deste livro, sem autorização prévia por escrito da editora, poderá ser reproduzida ou transmitida. A violação dos Direitos Autorais é crime estabelecido na Lei nº 9.610/98 e com punição de acordo com o artigo 184 do Código Penal.

A editora não se responsabiliza pelo conteúdo da obra, formulada exclusivamente pelo(s) autor(es).

Marcas Registradas: Todos os termos mencionados e reconhecidos como Marca Registrada e/ou Comercial são de responsabilidade de seus proprietários. A editora informa não estar associada a nenhum produto e/ou fornecedor apresentado no livro.

Erratas e arquivos de apoio: No site da editora relatamos, com a devida correção, qualquer erro encontrado em nossos livros, bem como disponibilizamos arquivos de apoio se aplicáveis à obra em questão.

Acesse o site www.altabooks.com.br e procure pelo título do livro desejado para ter acesso às erratas, aos arquivos de apoio e/ou a outros conteúdos aplicáveis à obra.

Suporte Técnico: A obra é comercializada na forma em que está, sem direito a suporte técnico ou orientação pessoal/exclusiva ao leitor.

A editora não se responsabiliza pela manutenção, atualização e idioma dos sites referidos pelos autores nesta obra.

Produção Editorial
Editora Alta Books

Diretor Editorial
Anderson Vieira
anderson.vieira@altabooks.com.br

Editor
José Ruggeri
j.ruggeri@altabooks.com.br

Gerência Comercial
Claudio Lima
claudio@altabooks.com.br

Gerência Marketing
Andrea Guatiello
andrea@altabooks.com.br

Coordenação Comercial
Thiago Biaggi

Coordenação de Eventos
Viviane Paiva
comercial@altabooks.com.br

Coordenação ADM/Finc.
Solange Souza

Direitos Autorais
Raquel Porto
rights@altabooks.com.br

Assistente Editorial
Caroline David

Produtores Editoriais
Illysabelle Trajano
Maria de Lourdes Borges
Paulo Gomes
Thales Silva
Thiê Alves

Equipe Comercial
Adriana Baricelli
Ana Carolina Marinho
Daiana Costa
Fillipe Amorim
Heber Garcia
Kaique Luiz
Maira Conceição

Equipe Editorial
Beatriz de Assis
Betânia Santos
Brenda Rodrigues
Gabriela Paiva
Henrique Waldez
Kelry Oliveira
Marcelli Ferreira
Mariana Portugal
Matheus Mello

Marketing Editorial
Jessica Nogueira
Livia Carvalho
Marcelo Santos
Pedro Guimarães
Thiago Brito

Atuaram na edição desta obra:

Revisão Gramatical
Daniele Ortega
Raquel Escobar

Tradução
Renan Amorim

Copidesque
Alberto G. Streicher

Diagramação
Daniel Vargas

Capa
Marcelli Ferreira

Editora afiliada à:

ASSOCIADO

Rua Viúva Cláudio, 291 – Bairro Industrial do Jacaré
CEP: 20.970-031 – Rio de Janeiro (RJ)
Tels.: (21) 3278-8069 / 3278-8419
www.altabooks.com.br — altabooks@altabooks.com.br
Ouvidoria: ouvidoria@altabooks.com.br

*Para o Dr. R. Roosevelt Thomas, Jr. (1944 – 2013),
por suas ideias e apoio,
e a
Annik LaFarge, por ter nos apresentado*

Não presumas que eu seja o que já fui.
— *Henrique V*, William Shakespeare

SUMÁRIO

Introdução   xiii

Parte I ESCOLHA SUA VIDA

1. O Paradigma De "Cada Fôlego"   3
2. O Que O Impede De Criar Sua Própria Vida?   15
3. A Checklist Do Merecimento   35
4. O Ato Da Não Escolha   55
5. Aspiração: Privilegiando O Futuro Em Vez Do Presente   69
6. Oportunidade Ou Risco: O Que Estamos Priorizando?   89
7. Cortando O Pão Para Se Tornar Um Gênio De Um Truque Só   101

Parte II FAÇA POR MERECER SUA VIDA

8. Como Fazer Por Merecer: os Cinco Fundamentos Da Disciplina   121
9. Uma História De Origem   133
10. A RPV   149
11. A Arte Perdida De Pedir Ajuda   169
12. Quando O Merecimento Se Torna Um Hábito   183
13. Pagando O Preço E Comendo Marshmallows   197
14. A Credibilidade Deve Ser Conquistada Duas Vezes   209
15. Empatia Singular   225

Conclusão - Depois Da Volta Da Vitória   235

Agradecimentos   239

Sobre O Autor   241

Sobre A Fonte   243

Índice   245

INTRODUÇÃO

HÁ ALGUNS ANOS, quando George W. Bush ainda era o presidente, fui apresentado a um homem chamado Richard em uma conferência de liderança. Richard trabalhava como gerente empresarial para artistas, escritores e músicos. Vários conhecidos mútuos me disseram que Richard e eu tínhamos muito em comum. Ele morava na cidade de Nova York, onde eu havia acabado de comprar um apartamento. Então, combinamos de jantar juntos da próxima vez que eu estivesse na cidade. No último minuto, ele cancelou o encontro por nenhum motivo aparente. Enfim...

Alguns anos mais tarde — quando Obama se tornou o presidente —, finalmente nos encontramos para jantar e, como nossos amigos haviam predito, nos demos muito bem desde o início. Muitas conversas animadas e risadas. A certa altura, Richard expressou arrependimento por ter cancelado nosso encontro antes, imaginando todos os bons momentos e refeições alegres que perdemos durante o que ele chama de "anos desperdiçados" que passaram antes de nos conhecermos. Obviamente, ele estava brincando sobre os "anos desperdiçados", mas não conseguia ocultar um certo indício de melancolia, como se tivesse tomado uma má decisão na vida e agora estivesse se desculpando.

Nas duas ou três vezes por ano em que nos encontrávamos em Nova York, ele voltava a expressar esse arrependimento. E toda vez, eu dizia: "Esqueça isso. Eu te perdoo." Então, certa vez, enquanto estávamos jantando, ele me contou uma história.

Ele havia acabado de se formar no ensino médio em um subúrbio de Maryland. Era um aluno indiferente, que ainda não estava interessado na faculdade, assim, se alistou no Exército dos EUA. Depois de três anos de serviço em uma base militar na Alemanha — em vez de estar lutando no Vietnã —, ele voltou para Maryland, determinado a se formar no ensino superior. Ele tinha 21 anos e finalmente estava enxergando seu futuro com clareza. Antes do seu primeiro ano na faculdade, ele passou o verão trabalhando como taxista na região de Washington, D.C. Certo dia, ele foi apanhar uma aluna da Universidade Brown no aeroporto de Bethesda. Ela havia passado um ano no exterior, estudando na Alemanha.

"Tivemos uma hora de viagem para compartilhar nossos pontos de vista sobre a Alemanha", explicou Richard. "Essa foi uma das horas mais agradáveis da minha vida até então. Com toda a certeza havia química naquele táxi. Quando estacionamos na frente da enorme casa dos seus pais, eu levei suas malas até a entrada e fiquei enrolando para descobrir o que fazer em seguida. Queria vê-la novamente, mas o ato de um taxista convidar sua passageira para um encontro não era bem-visto, então fiz o que pude. Escrevi meu nome em um cartão da companhia de táxis e disse com um sorriso: 'Se precisar de alguém para a levar até o aeroporto, ligue para a central e peça para falar comigo.'

Ela respondeu: 'Adoraria', dando a entender que já estávamos concordando em sair em um encontro. Voltei flutuando para o táxi, embriagado com as possibilidades. Ela sabia como entrar em contato comigo e eu sabia onde ela morava; tínhamos uma pequena conexão."

À medida que Richard falava, já tinha certeza aonde essa história iria parar. Essa era a matéria-prima de quase todas as comédias românticas que já havia assistido. O rapaz e a moça se conhecem; um deles perde um nome, um número de telefone ou um endereço; o outro espera em vão receber uma notícia do seu interesse amoroso; coincidentemente, eles se encontram anos depois ou se reconectam. Ou alguma variação disso.

"Ela ligou alguns dias mais tarde e marcamos um encontro para o próximo fim de semana", prosseguiu Richard. "Dirigi até a casa dela e parei três quadras antes para me preparar. Aquela noite era importante para mim. Podia me ver vivendo o resto da minha vida com ela, apesar do fato de que ela vinha de uma família muito mais rica do que a minha. Então fiz algo inexplicável. Congelei. Talvez tenha sido a casa grande, o bairro chique ou o fato de que eu era um taxista, mas não consegui reunir a coragem para bater na porta dela. Nunca mais a vi — e minha covardice vem me assombrando durante quarenta anos. Esse deve ser o motivo de ter passado toda minha vida adulta sozinho."

A voz de Richard falhou com essa conclusão repentina e desnorteante da sua história. Seu rosto refletia tanta angústia que precisei desviar o olhar. O que eu estava esperando era uma recordação calorosa de um primeiro encontro bem-sucedido e de muitos outros depois, ou uma admissão agridoce de que, depois de alguns encontros, eles perceberam que não eram as almas gêmeas que achavam ser. Em vez disso, escutei a narrativa de um arrependimento colossal, a mais vazia e desoladora das emoções humanas. Foi uma bomba que acabou com a nossa conversa. Eu não tinha nada a acrescentar que pudesse servir de consolo. O arrependimento é um sentimento que não desejo para ninguém da humanidade.

O OBJETIVO DE qualquer livro decente de autoajuda é ajudar o leitor a lidar com um desafio recorrente. Perder peso, ficar rico e encontrar o amor são três desses desafios universais que me vêm à mente. Meus livros mais recentes se concentraram em nosso comportamento e a ligação entre nossas aspirações profissionais e nosso bem-estar pessoal. Em *What Got You Here Won't Get You There*, falei sobre como acabar com o comportamento da autoderrota no trabalho; em *Mojo*, falei sobre como lidar com contratempos que acabam com nosso ímpeto; e em *Gatilhos do Sucesso*, falei sobre como reconhecer as situações do dia a dia que resultam nas nossas piores respostas e escolhas.

O desafio com o qual estamos lidando aqui é o arrependimento.

Minha premissa é que nossas vidas alternam entre dois polos emocionais. Em um polo fica a emoção que chamamos de "realização". Avaliamos nosso sentimento interno de realização com base em seis fatores que chamo de Realizadores:

- Objetivo.
- Significado.
- Conquista.
- Relacionamentos.
- Dedicação.
- Felicidade.

Estes são os guias que orientam todos os nossos esforços na vida.* Investimos muito do nosso tempo e energia para encontrar o objetivo e o significado das nossas vidas, ser reconhecidos pelas nossas conquistas, manter nossos relacionamentos, nos dedicar ao que quer que façamos e ser felizes. Nesse sentido, nossa vigilância e esforços são constantes, porque nossa conexão com esses seis fatores é frágil, instável e fugaz.

---

* Eu intencionalmente exclui saúde e riqueza dessa lista de Realizadores — com certeza, duas grandes áreas adicionais pelas quais nos esforçamos — supondo que, se você está lendo este livro, esses dois objetivos já ocupam grande parte da sua vida adulta, de modo que já devem estar sob controle. Você se olha no espelho ou para seu extrato bancário e diz: "Estou bem." Em especial, porém, estou convencido de que, caso precise de conselhos sobre dieta, fitness e sobre como ficar rico, você encontrará respostas melhores em outro lugar.

A felicidade, por exemplo, é o termômetro universal do nosso bem-estar emocional, e é por isso que sempre nos perguntamos se estamos felizes ou ouvimos outros nos perguntarem isso. Ainda assim, a felicidade talvez seja nosso estado emocional menos permanente, tão passageiro quanto um sonho. Quando sentimos uma irritação no nariz, nós o coçamos e sentimos alívio e felicidade. Então, ouvimos uma mosca chata zunindo na sala, uma torneira pingando em algum lugar e sentimos um vento frio entrando pela janela. Isso acontece o tempo todo, o dia inteiro. Nossa felicidade desaparece instantânea e constantemente. O significado, o objetivo, a dedicação, os relacionamentos e a conquista são igualmente vulneráveis. Esforçamo-nos para alcançá-los e, então, com uma rapidez alarmante, eles nos escapam.

Pensamos que se pudermos criar uma equivalência entre (a) as escolhas, os riscos e os esforços que fazemos para alcançar os seis Realizadores *e* (b) a recompensa que recebemos por fazer isso, teremos um sentimento duradouro de realização — como se tivéssemos descoberto que o mundo é justo. Nós nos lembramos: *eu os desejei, me esforcei para alcançá-los e minha recompensa foi igual aos meus esforços. Em outras palavras, eu mereci*. Trata-se de uma dinâmica simples que descreve grande parte dos nossos esforços na vida. Mas, como veremos, ela nos oferece uma visão incompleta de uma vida merecida.

O ARREPENDIMENTO É o polo oposto da realização.

O arrependimento, nas palavras de Kathryn Schulz, no seu fabuloso TED talk de 2011 sobre o tema, é "o que sentimos quando achamos que nossa situação atual poderia ser melhor ou poderíamos estar mais felizes se tivéssemos feito algo diferente no passado". O arrependimento é uma mistura maligna de *ação* (nós geramos nossos próprios arrependimentos; eles não nos são impostos por outros) e *imaginação* (precisamos nos visualizar tomando outra decisão no passado que resultaria em algo mais atraente do que o resultado atual). Temos total controle sobre o arrependimento, pelo menos em termos do quão frequentemente abrimos as portas para ele em nossas vidas e por quanto tempo permitimos que ele exista. Escolheremos ser torturados e aturdidos por ele para sempre (como no caso do meu amigo Richard) ou poderemos seguir em frente, sabendo que o arrependimento nos aguarda, que viveremos para nos arrepender novamente algum dia?

Nossos arrependimentos não vêm em tamanho único. Assim como as camisetas, eles vêm em tamanho P, M, G, GG, XG e até maiores. Para deixar bem claro, neste livro não vou falar sobre microarrependimentos e erros ocasionais, como falar algo que ofende um colega sem querer. Essas são faltas lamentáveis que costumam se resolver com um simples pedido de desculpas. Nem estou pensando em arrependimentos medianos, como a tatuagem que inspirou o TED talk de Kathryn Schulz e que a atormenta desde o momento em que saiu do estúdio de tatuagem se perguntando: "No que eu estava pensando?" Com o passar do tempo, ela acabou superando e até tirou uma lição do quão "exposta" e "totalmente sem seguro" ela estava no que se refere às suas escolhas lamentáveis — prometendo a si mesma que faria melhores escolhas no futuro.

Neste livro, vamos falar sobre arrependimentos existenciais gigantescos, do tipo que altera destinos e persegue nossas lembranças por décadas. Um arrependimento existencial é decidir não ter filhos e mudar de ideia só quando já é tarde demais. É permitir que nossa alma gêmea se torne "aquela que deixamos escapar". É recusar o trabalho perfeito porque duvidamos de nós mesmos mais do que aqueles que querem nos contratar. É não levar nossos estudos a sério enquanto estamos na escola. É olhar para trás na aposentadoria e desejar que tivéssemos nos permitido ter mais tempo de folga para desenvolver nossos interesses fora do trabalho.

Evitar o arrependimento existencial pode ser difícil, mas não é impossível — desde que estejamos dispostos a nos concentrar na realização. Estarmos abertos às oportunidades que nos são apresentadas pode nos ajudar a evitar o arrependimento, mesmo quando achamos que já somos felizes e realizados onde estamos.

A ferramenta mais simples que conheço para obter a realização é estarmos abertos para ela.

Os leitores dos meus livros anteriores sabem que não consigo esconder minha admiração pelo meu amigo Alan Mulally. Acho que Alan é um exemplo de alguém que criou uma vida que foi abençoada com realização e zero arrependimento.

Em 2006, quando Alan era o CEO da Boeing Commercial Airplanes e recebeu a proposta de se tornar o CEO da Ford Motor Company, ele me procurou para que eu pudesse lhe aconselhar sobre os prós e os contras de deixar a Boeing, a única empresa para a qual havia trabalhado. Como seu ex-coach, senti que estava em uma posição objetiva única para aconselhá-lo. Eu sabia que ele era um líder excepcional e acreditava que poderia ser bem-sucedido em qualquer papel executivo. Também já sabia há algum tempo que ele teria a oportunidade de liderar muitas outras empresas; no entanto, dentre elas, muito poucas seriam atraentes ou desafiadoras o suficiente para fazer com que ele saísse da Boeing. Qualquer uma dessas ofertas teria de ser uma oportunidade de trabalho extraordinária. Ajudar a reerguer a Ford foi uma dessas oportunidades, e lembrei a Alan aquele antigo conselho de carreira que havia lhe dado: *esteja aberto*.

De início, Alan rejeitou a oferta da Ford. Mas ele manteve a mente aberta e continuou reunindo informações sobre o que seria necessário para reerguer essa gigante da indústria automobilística, reconsiderando o trabalho sob todas as perspectivas (um dos seus talentos). Alguns dias depois, ele aceitou a oferta. Ao fazer isso, ele continuou concentrado em se manter aberto a obter ainda mais realização e não em evitar o arrependimento.*

O arrependimento, porém, é nosso tema secundário aqui. Fiquei tentado a intitular este livro "A Cura para o Arrependimento", mas cheguei à conclusão de que isso seria ilusório. O arrependimento é

---

* As ações da Ford aumentaram 1.837% durante o período de 7 anos em que Alan trabalhou como seu CEO e, o mais importante, ele tinha 97% de aprovação dos seus colaboradores como CEO em uma empresa sindicalizada.

como um estranho que bate na porta, aparecendo apenas quando tomamos decisões ruins e tudo dá errado. É aquilo que evitamos, tendo em mente que não podemos bani-lo por completo (nem devemos, considerando o quão instrutivos nossos arrependimentos podem ser: "Lembrete a si mesmo: não faça *isso* de novo!"). Nossa política pessoal sobre o arrependimento nestas páginas é aceitar sua inevitabilidade, mas diminuir sua frequência. O arrependimento é o deprimente contrapeso de se obter a realização em um mundo complexo. Nosso tema primário é conquistar uma vida de realização — o que chamo de uma *vida merecida*.

UM DOS CONCEITOS que nos guiará aqui é que vivemos em um *continuum* que alterna entre o Arrependimento e a Realização, tal como ilustrado abaixo.

Arrependimento   Realização

Dada a escolha, tenho certeza de que cada um de nós preferiria passar mais tempo perto da extrema direita dessa linha do que da esquerda. Ao fazer a pesquisa para este livro, pedi que várias pessoas do meu círculo profissional dissessem onde se encontravam nesse *continuum*. Isso passa longe de ser classificado como um estudo científico, mas queria saber o que fazia as pessoas se colocarem mais perto da realização que do arrependimento e, se fosse esse o caso, quão perto. Aqueles que responderam podiam ser classificados como bem-sucedidos pelas métricas óbvias que utilizamos. Eram saudáveis. Haviam reunido um número considerável de conquistas profissionais, além do status, dinheiro e respeito que costumam vir com elas. Supus que a maioria deles estaria muito próxima da extrema direita da linha; todos os sinais diziam que deveriam estar vivenciando uma realização quase total.

Ledo engano. A verdade é que ninguém conhece a escala das aspirações da outra pessoa e, assim, ninguém sabe o tamanho de suas decepções e arrependimentos. Não podemos supor nem predizer o relacionamento de outros com a realização ou com o arrependimento, inclusive daqueles que achamos que conhecemos bem. Veja a resposta de um CEO europeu chamado Gunther, que está no topo da sua carreira, mas se sente esmagado pelo arrependimento de ter negligenciado sua família por causa do trabalho:

Arrependimento   Realização

Quando pressionado a medir seu sentimento de realização, Gunther chegou à conclusão de que todas as métricas convencionais de sucesso nas quais ele tinha um desempenho excelente não podiam compensar seu sentimento de fracasso como pai e marido. O fracasso superou seu sucesso, como se ele tivesse desperdiçado sua vida esforçando-se em prol das recompensas erradas.

O mesmo aconteceu com uma das minhas clientes, Aarin, de quem sou coach. Sempre pensei nela como alguém que havia obtido grandes conquistas — e, consequentemente, como uma mulher muito realizada, com poucos arrependimentos. Aarin emigrou da Nigéria para os Estados Unidos quando tinha 11 anos, fez pós-graduação em engenharia civil e desenvolveu uma especialização específica que fez dela uma consultora sob demanda para a construção de arranha-céus, pontes, túneis e outras grandes estruturas. Ela tinha 50 e poucos anos, um casamento feliz e dois filhos na faculdade. Como uma imigrante africana, ela era uma raridade no seu ramo — talvez a única —, o que significava que ela havia basicamente inventado uma carreira para si mesma. Eu admirava isso. Já estava trabalhando como coach dela há seis anos e tinha a impressão de que sabia quais eram seus sonhos e ressentimentos. Assim, sua resposta relativamente pessimista foi uma surpresa para mim.

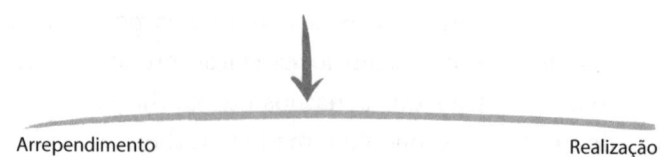

Como podia ela, de todas as pessoas, sentir mais arrependimento do que realização? Ela disse que sentia uma "satisfação básica" na vida. "Não tenho do que reclamar." Ainda assim, ela era inundada pelo arrependimento. Seus arrependimentos não se concentravam no quão longe ela havia chegado, mas no quão pouco ela havia realizado em comparação com o que acreditava que poderia estar fazendo. Independentemente do que fizesse, ela não conseguia se livrar da ideia de que não estava atingindo seu mais pleno potencial. Quando aceitava um projeto que pagava o suficiente para cobrir as despesas gerais e os salários, ela se arrependia da sua tendência de relaxar e deixar de procurar um novo negócio. Ela se perguntava por que não contratava mais pessoas para cuidar de vários projetos simultaneamente para que ela tivesse tempo para fechar novos negócios. "Todo mundo acha que sou uma negociante agressiva", conta ela. "Na verdade, porém, sou uma ovelhinha com roupa de grife. Em geral, me sinto uma impostora, como se não merecesse o que cobro e os elogios que recebo, sempre temendo o dia em que serei descoberta."

Ficou claro que eu tinha mais trabalho a fazer como coach.

Ficava surpreendido quando algumas das pessoas que participaram da minha pesquisa e que, eu admito, foram escolhidas de modo arbitrário e não científico, davam respostas como as de Gunther e Aarin. No fim das contas, pessoas que eram vistas como modelos de realização estavam sendo atormentadas por um constante arrependimento.

Eu esperava que todas fossem como Leonard, um corretor de Wall Street que foi obrigado a se aposentar aos 46 anos quando seu tipo de operações altamente alavancadas se tornou vítima das reformas financeiras da Lei Dodd-Frank de 2009. Esta foi a resposta de Leonard:

Arrependimento — Realização

Eu podia apostar que Leonard se ressentia do encerramento prematuro da sua carreira — e que esse ressentimento seria traduzido em profundo arrependimento. Aparentemente não. Perguntei-lhe por que ele se sentia assim, tendo em vista o quão jovem ele era e o quanto mais ele podia ter realizado.

Ele respondeu: "Eu tenho sorte. Um professor de estatística me disse que eu havia ganhado um presente. Conseguia ver os índices de mudança nos rendimentos e nas taxas de juros na minha cabeça. Então, comecei a trabalhar com títulos — o único campo em que podia receber pelo meu pequeno talento. Acabei em uma empresa com um plano de remuneração que era puro *pay to play*. Se lucrasse, minha participação seguia o contrato à risca. Se não, estava fora. Eu gerava dinheiro todo ano e nunca achei que recebia menos do que devia ou que estava sendo enganado. Recebia exatamente o que merecia e isso me dava plena satisfação. E não sinto essa satisfação apenas quando me lembro disso; é gratificante porque ainda tenho esse dinheiro." Ele riu quando disse isso, obviamente maravilhado com sua sorte e também satisfeito.

Seu raciocínio me desarmou. Por anos, tive preconceito dos profissionais de Wall Street, achando que não passavam de um bando de gente inteligente que entrava no setor financeiro de má vontade; não porque eram fascinados com o mercado, mas porque essa era uma maneira fácil de ganhar muito dinheiro, sair cedo e passar o resto da vida fazendo o que eles realmente gostariam de fazer. Eles estavam dispostos a sacrificar os melhores anos da sua vida fazendo algo lucrativo que não necessariamente amavam para que pudessem conquistar a independência e conforto no final. Ele provou que eu estava errado. Ele amava trabalhar com títulos. Era fácil para ele, o que aumentou suas chances de mostrar que era muito bom nisso. O fato de que estava em um campo que pagava muito bem por um desempenho excelente não era a recompensa em si; era um meio para um fim. Para ele, a realização vinha da confirmação de ser formidável no seu trabalho e, como resultado disso, ser um bom provedor para sua família. Pedi-lhe para dar uma nota aos seus seis Realizadores, como se fosse um médico fazendo uma consulta anual. Cada categoria estava sob controle. Ele sempre desejou a segurança financeira para que pudesse cuidar da sua família imediata e extensa, o que abrangia o objetivo, as conquistas e o significado. Sua dedicação foi total, "talvez excessiva", admitiu. Ele amava ser um corretor. Seu relacionamento com sua esposa e filhos adultos era sólido. "Sempre fico abismado com o fato de que meus filhos ainda querem passar tempo comigo", disse ele. Dez anos depois de deixar a mesa de operações, ele doou grande parte da sua fortuna e redirecionou sua experiência profissional para oferecer conselhos financeiros *pro bono*. Nem precisei perguntar se ele estava feliz. A resposta estava escrita no seu rosto.

Red Hayes, o homem que escreveu a clássica música country *"Satisfied Mind"* [Mente Satisfeita] na década de 1950, explicou que a ideia para essa música veio do seu sogro. Certo dia, o sogro lhe perguntou quem ele achava que era o homem mais rico do mundo. Red chutou alguns nomes. Seu sogro respondeu: "Você está errado; é o homem que tem uma mente satisfeita."

Em Leonard, percebi que havia encontrado um homem rico com uma mente satisfeita — alguém que havia maximizado a realização e minimizado o arrependimento. Como isso acontece?

ESTA É A nossa definição operacional de uma vida merecida:

> *Vivemos uma vida merecida quando nossas escolhas, riscos e esforços se harmonizam com um objetivo abrangente das nossas vidas, independentemente do resultado.*

O irritante dessa definição é a última parte — "independentemente do resultado". Isso vai de encontro com muito do que aprendemos sobre atingir objetivos — estabelecer metas, nos esforçar e ganhar a recompensa — na sociedade moderna.

Todos nós sabemos lá no íntimo quando algum sucesso — menor ou maior — é merecido e quando ele é o produto de um universo misericordioso que teve dó de nós em algum momento. E também sabemos que cada resultado gera uma emoção diferente.

O sucesso merecido parece ser inevitável e justo, com uma pontada de alívio de que não fomos privados da nossa vitória por causa de alguma calamidade repentina.

No caso do sucesso não merecido, sentimos apenas alívio e surpresa de início e, depois, aquela culpa de termos sido alvos da mera sorte. É um sentimento misto, não inteiramente gratificante — um suspiro incômodo em vez de uma comemoração triunfante. Isso explica por que, com o passar do tempo, costumamos repassar a história na nossa mente, transformando a mera sorte em algo que realmente merecemos pelo uso de nossas habilidades e esforço. Pegamo-nos comemorando e insistindo que marcamos um golaço quando, na verdade, foi um gol contra. Realizamos esse jogo mental revisionista para mascarar a ilegitimidade do nosso "sucesso", o que prova novamente a incisiva observação de E. B. White de que a "sorte não é algo que podemos mencionar na presença de um homem realizado".

Em contraste com isso, precisamos satisfazer três requisitos para dizer que algo foi realmente merecido:

- Fazemos a melhor *escolha* possível com base em fatos e na clareza de nossas metas. Em outras palavras, sabemos o que queremos e até onde precisamos ir.
- Aceitamos o *risco* envolvido.
- *Esforçamo-nos* ao máximo.

O resultado dessa mistura mágica de escolha, risco e esforço máximo é a gloriosa noção de "uma recompensa merecida". Este é um termo perfeitamente válido — dentro do possível. Uma recompensa merecida é a solução ideal para toda meta que queremos atingir e todo comportamento desejável que procuramos aperfeiçoar em nós mesmos. Precisamos "merecer" nosso salário, nosso diploma e a confiança dos demais. Precisamos fazer por merecer nossa boa forma.

Precisamos merecer o respeito; ninguém o recebe de graça. E o mesmo vale para uma longa lista de esforços humanos: de um escritório melhor à afeição dos nossos filhos, de uma boa noite de sono à nossa reputação e caráter — nos tornamos merecedores de tudo isso por meio das nossas escolhas, riscos e esforço máximo. É por isso que valorizamos o sucesso merecido; há algo heroico em dispensarmos o máximo de energia, inteligência e força de vontade para conquistar o que achamos que queremos.

Mas uma recompensa merecida, independentemente do quão heroica, não é o suficiente para atingir meus objetivos. Ela definitivamente não ajudou Gunther, o CEO europeu, a se sentir satisfeito. Toda sua carreira foi uma sucessão constante de recompensas merecidas — de metas cada vez maiores desejadas e atingidas. Mas todas essas recompensas merecidas aconteceram no trabalho, não em casa. Elas não puderam evitar que ele sentisse o peso do arrependimento de ter uma vida familiar ruim. Elas não contribuíram para uma vida merecida. Aarin também não se sentia satisfeita com sua série impressionante de conquistas. Parecia que cada grande vitória fazia com que ela questionasse sua motivação e dedicação: ela poderia — e deveria — ter se esforçado mais.

Em muitos casos, o resultado das nossas escolhas, riscos e esforço máximo não são "justos". A menos que tenhamos vivido com extremo glamour, sabemos que a vida nem sempre é justa. Tudo começa no nascimento: quem são nossos pais, onde crescemos, nossas oportunidades educacionais e muitos outros fatores, muitos deles além do nosso controle. Alguns nascem em berço de ouro, outros, de madeira. Em alguns casos, podemos lidar com as desvantagens que herdamos por meio de decisões bem pensadas e por nos esforçar ao máximo. Mesmo então, as injustiças da vida podem se manifestar — por exemplo, somos o candidato perfeito para um trabalho, mas acabam contratando o sobrinho de alguém. Podemos fazer tudo direito, mas não temos garantias de que o resultado será justo. Podemos ficar nervosos e com raiva, resmungando que "isso não é justo". Ou podemos aceitar as decepções da vida com elegância. Não devemos esperar que todas as tentativas de "merecer" e atingir uma meta resultem na recompensa correspondente. O pagamento não é tão confiável quanto desejamos ou merecemos.

Existe um motivo pior pelo qual hesito em depositar muita confiança na recompensa merecida: esse é um conceito muito instável e frágil para depositar nossos desejos de uma vida merecida. A emoção que obtemos de uma recompensa merecida é passageira. A felicidade foge de nós a partir do primeiro segundo de consciência. Ganhamos uma promoção que desejamos há muito tempo e, com uma velocidade alarmante, já estamos de olho no próximo degrau da escada, como se já estivéssemos insatisfeitos com o que nos esforçamos tanto para merecer. Fazemos campanha por meses para ganhar uma eleição e, então, depois de uma breve comemoração, já temos que trabalhar imediatamente para os eleitores. Uma luta acaba e outra começa. Independentemente de qual tenha sido o prêmio que ganhamos — um grande aumento, uma parceria, uma avaliação fabulosa —, nossa dança da vitória é breve. Nosso sentimento de realização e felicidade simplesmente não dura.

Não estou diminuindo o valor de uma recompensa merecida — e toda a energia dispensada para obtê-la. Estabelecer metas e conquistar os resultados desejados são os primeiros passos essenciais para sermos bem-sucedidos em qualquer coisa. Estou questionando sua utilidade para obtermos uma vida merecida quando elas se afastam de um propósito maior em nossa vida.

É por isso que Leonard, o corretor de Wall Street, se sentiu realizado na vida ao passo que outros, talvez mais favorecidos e habilidosos do que ele, não sentiam isso. Ele não trabalhava com dinheiro apenas para ganhar dinheiro. Sua luta se baseava no propósito maior de proteger e sustentar sua família. Uma recompensa merecida não conectada a um objetivo maior é uma conquista vazia — como um jogador de basquete que está interessado apenas em manter sua alta média de pontos em vez de fazer os vários sacrifícios (como atacar, pegar bolas perdidas, marcar o melhor jogador do outro time) necessários para vencer jogos disputados e campeonatos.

Nestas páginas, veremos que uma vida merecida só exige algumas coisas de nós:

- Viva sua própria vida, não uma versão criada por outra pessoa.
- Dedique-se para ser "merecedor" todos os dias. Faça disso um hábito.
- Relacione seus momentos de merecimento a algo maior do que a mera ambição pessoal.

No fim das contas, uma vida merecida não inclui uma cerimônia de entrega de troféus. A recompensa de viver uma vida merecida é envolver-se no processo de constantemente estar buscando essa vida.

ESTE LIVRO FOI escrito durante a pandemia da COVID, enquanto eu estava em isolamento com minha esposa, Lyda, em um apartamento alugado de um quarto na costa do Oceano Pacífico, no sul da Califórnia. Havíamos acabado de vender a casa que possuíamos há trinta anos em Racho Santa Fe, norte de San Diego, e estávamos esperando nesse apartamento para nos mudarmos permanentemente para Nashville, onde moram nossos netos, os gêmeos Avery e Austin. A espera durou quinze meses.

Diferentemente dos meus outros textos, este livro foi inspirado não apenas nos meus clientes de coaching, usando seus exemplos como matéria-prima, mas também em mim. Ele foi escrito em um momento da minha vida em que eu ainda não havia feito tudo o que queria e meu tempo estava acabando. Assim, eu precisava fazer algumas escolhas. Precisava deixar de lado os sonhos que tinha quando era mais jovem, não apenas porque estava ficando mais velho, mas também porque esses sonhos não faziam mais sentido.

Este livro é um reflexo do meu futuro. Descobri que nunca é tarde demais para refletir, pois, desde que estejamos respirando, ainda temos tempo. Mas também nunca é cedo demais — e quanto mais cedo melhor. É isso que espero que você, leitor, independentemente da sua idade, tire destas páginas ao refletir sobre a vida que está moldando para si mesmo e que faça escolhas com base nessa reflexão.

Este livro contém muita autoavaliação de pessoas que me ajudaram e o que elas me ensinaram. Contém muita autoavaliação resultante da pandemia, durante a qual acabei tendo muitos ganhos não monetários nesses dezoito meses extraordinários. Contém também muita autoavaliação porque estou em um estágio da minha vida em que as oportunidades de confrontar o arrependimento existencial aumentam previsivelmente — pelo simples motivo de que os períodos de dez ou vinte anos futuros que poderiam ter ditado minhas escolhas no passado, quando o tempo parecia infinito, não são uma opção racional para mim. Posso viver mais uns 30 anos e chegar até os 100. Mas não posso contar com isso, nem sei se vou continuar tendo boa saúde ou que amigos e colegas estarão ao meu redor para perceber isso. À medida que meu tempo na Terra diminui, preciso fazer uma triagem de todas as pendências da minha vida. O que não dá mais para fazer? O que não parece ser mais importante? Que duas ou três coisas devo fazer para não me arrepender profundamente depois? Quero usar o tempo que me resta para maximizar minha realização e minimizar meus arrependimentos.

Este livro é uma das minhas maiores obrigações. Espero que lhe seja útil, ensinando-o a usar seu tempo corretamente e terminar sem arrependimentos.

EXERCÍCIO INTRODUTÓRIO

O que "Merecido" Significa para Você?

Pense em um momento da sua vida que representou a conexão mais clara entre o que você desejou realizar e o que acabou acontecendo. Talvez seu momento tenha sido simplesmente tirar um 10 em matemática e reservar algumas horas de estudo para obtê-lo. Ou talvez tenha sido o momento em que você teve uma ideia brilhante que imediatamente resolveu um problema que havia deixado seus colegas perplexos, fazendo com que passassem a valorizá-lo mais. Ou talvez tenha sido uma conquista com vários elementos: começar seu negócio, escrever um roteiro e conseguir vendê-lo, criar um produto e levá-lo ao mercado. Cada um desses eventos é "merecido", distinto e relacionado a uma meta específica. Espero que o sentimento de sucesso acompanhante tenha sido gratificante o suficiente para que você desejasse repetir o processo. É assim que uma vida de recompensas merecidas é criada: com uma meta alcançada de cada vez. Mas o inteiro nem sempre é maior do que a soma das suas partes. Essa sequência de recompensas merecidas não necessariamente resulta em uma vida merecida.

FAÇA O SEGUINTE: pegue esse sentimento de merecimento e amplifique-o. Conecte-o a um objetivo maior do que uma meta transitória, algo pelo que vale a pena se esforçar pelo resto da sua vida. Escolha um objetivo abrangente. Talvez deseje conectar seus eventos merecidos a uma prática espiritual para gradualmente se tornar um ser humano mais iluminado. Ou talvez seja algo mais distante, como criar um legado que beneficie outras pessoas depois de morrer. Talvez o exemplo de outra pessoa o inspire a se tornar alguém melhor (como a famosa cena final de *O Resgate do Soldado Ryan*, na qual o Capitão John Miller, interpretado por Tom Hanks, depois de sacrificar sua vida para salvar o Soldado Ryan, lhe diz, sussurrando: "Faça por merecer."). Suas opções são inúmeras, mas o processo de merecimento ainda é o mesmo: (a) fazer uma escolha, (b) aceitar o risco e (c) se esforçar até que não tenha mais combustível no tanque. A única diferença é que você estará relacionando seus esforços não a uma recompensa material, mas a um objetivo abrangente da sua vida.

Embora esse seja um exercício de aquecimento antes do trabalho pesado, ele não é fácil. A maioria de nós, em qualquer idade, raramente foi desafiada a identificar um propósito maior de vida. Cumprir com os objetivos normais da vida diária é mais do que o suficiente para ocupar nosso cérebro no passar das horas. Lembre-se: você não vai receber uma nota por fazer esse teste e a sua resposta não é imutável (ela pode mudar, assim como você). O que importa é tentar responder, independentemente da facilidade ou do esforço. Agora você está pronto para começar.

Parte I
ESCOLHA SUA VIDA

CAPÍTULO 1

O PARADIGMA DE "CADA FÔLEGO"

Quando Gautama, o Buda, disse "A cada fôlego que tomo, surge um novo eu", ele não estava falando em metáfora. Ele foi literal.

Buda estava ensinando que a vida é uma sequência de discretos momentos de constante reencarnação do nosso eu anterior para um eu presente. Em um momento, por meio de nossas escolhas e ações, podemos vivenciar o prazer, a felicidade, a tristeza ou o medo. Mas essa emoção específica não dura. Ela muda a cada fôlego e acaba desaparecendo. Ela foi vivenciada por um eu anterior. O que quer que esperemos que aconteça durante nosso próximo fôlego, no próximo dia ou no próximo ano, isso será vivenciado por um eu diferente, um eu futuro. A única iteração que importa é o eu presente, que acabou de tomar fôlego.

Vou começar com a suposição de que Buda estava certo.

Isso não significa que você precisa abandonar sua fé ou se converter ao budismo.* Peço apenas que considere a ideia do Buda como uma nova forma de pensar sobre sua relação com a passagem do tempo e viver uma vida merecida.

Um dos pilares centrais do budismo é a *transitoriedade* — a noção de que as emoções, os pensamentos e as posses materiais que temos agora não durarão para sempre. Eles podem desaparecer a qualquer momento — tão rapidamente quanto o tempo que precisamos para tomar nosso próximo fôlego. Sabemos que isso é empiricamente verdade. Nossa disciplina, motivação e bom humor — o que for — não são permanentes. Eles saem do nosso alcance tão rapidamente quanto surgem.

No entanto, temos dificuldade de aceitar a transitoriedade como uma forma racional de entender a vida, que a unidade e a singularidade da nossa identidade e pessoa são uma ilusão. O paradigma ocidental, que nos foi enraizado tão profundamente desde a infância, se opõe constantemente à transitoriedade. Na verdade, ele não passa de um conto de fadas, sempre com o mesmo final: *e viveram felizes para sempre*. A essência do paradigma ocidental é que devemos nos esforçar por algo melhor no futuro e acreditar que duas coisas acontecerão: (a) *independentemente do nosso progresso, continuamos sendo a mesma pessoa de antes (só que melhor)*, e (b) *contra toda evidência, desta*

---

* Eu adotei o budismo quando tinha 19 anos, não porque estava procurando me converter a uma nova teologia, mas porque ele conseguia articular as ideias que estavam se formando de modo confuso no meu cérebro adolescente. Adotei o budismo para fins de confirmação e clareza, não conversão. O Paradigma de Cada Fôlego (como eu o chamo, não Buda) se estabeleceu após anos de estudo. Só comecei a falar sobre ele no trabalho com meus clientes depois, quando meu treinamento ocidental deixou de funcionar com patrões cujo comportamento era um verdadeiro desafio no ambiente de trabalho. Imersos no paradigma ocidental, eles se apegavam aos seus sucessos passados como prova de que não precisavam mudar seu comportamento para gerar mais sucesso. "Se sou tão ruim, por que sou tão bem-sucedido?", perguntavam, ignorando a possibilidade de que eram bem-sucedidos apesar das suas falhas, não graças a elas. Ajudá-los a fazer a distinção entre seu eu passado e presente pelos ensinamentos de Buda foi o último recurso que usei para me certificar de que seu próximo sucesso fosse comportamental, e não técnico ou intelectual.

vez será duradouro. Será uma solução permanente para o que quer que esteja corroendo nosso espírito. Isso faz tanto sentido quanto estudar para tirar 10 em matemática e achar que isso vai nos transformar em alunos nota 10 para sempre, ou achar que sua personalidade está fixa e que nunca poderá mudar, ou que os altos preços de moradia nunca diminuirão.

Essa é a Grande Doença Ocidental do "Serei feliz quando...". É graças a essa mentalidade generalizada que nos convencemos de que seremos felizes quando recebermos aquela promoção, dirigirmos um carro Tesla, acabarmos de comer um pedaço de pizza ou satisfizermos algum outro dos nossos desejos de curto ou longo prazo. E claro, quando finalmente satisfazemos algum desses desejos, acontece algo que nos faz esquecê-los e começamos a batalhar pelo próximo. E pelo próximo depois desse. Queremos atingir o nível seguinte da hierarquia organizacional. Queremos um carro Tesla que consiga ir mais longe. Queremos outra fatia de pizza. Vivemos o que Buda chamou de reino do "fantasma faminto", sempre com fome, mas nunca satisfeito.

Essa é uma maneira frustrante de viver, e é por isso que incentivo uma forma diferente de enxergar o mundo — uma que se concentra no presente em vez de se concentrar no passado ou no futuro.

Quando explico o Paradigma de Cada Fôlego aos meus clientes, os quais estão acostumados com o estabelecimento de metas e grandes conquistas, demora um pouco para que eles aceitem dar primazia ao agora em vez de validar os prazeres de se lembrar de sucessos passados ou a emoção voltada para o futuro de correr atrás de uma meta ambiciosa. Pensar no futuro é natural para eles, e o mesmo vale para pensar no passado e se orgulhar do seu histórico. Surpreendentemente, é preciso se esforçar para pensar no presente.

Aos poucos, vou eliminando essa atitude deles. Quando meus clientes se martirizam por causa de um erro, recente ou antigo, eu mando eles pararem e peço que repitam o seguinte: "Esse foi meu eu antigo. Meu eu presente não cometeu esse erro. Então por que estou me torturando por causa de um erro passado que a minha versão atual não cometeu?" Depois, peço que façam o gesto universal com a mão de se livrar de um problema e que repitam comigo: "Deixe isso para lá." Essa rotina pode parecer boba, mas funciona. Meus clientes não só começam a enxergar a futilidade de viver no passado, como adotam a noção fisicamente tranquilizadora de que aquele erro foi cometido por outra pessoa — um eu antigo. Eles conseguem perdoar esse eu antigo e seguem em frente. Nas minhas reuniões iniciais com meus clientes, chego a usar essa rotina uma meia dúzia de vezes em uma hora de conversa. Mas eles acabam entendendo — em geral, em um momento crítico ou estressante, quando finalmente começam a entender que o Paradigma de Cada Fôlego pode ser útil na sua vida diária, não apenas na sua carreira.

HÁ DEZ ANOS, comecei a trabalhar como coach de um executivo de 40 e poucos anos que havia sido escolhido para ser o próximo CEO de uma companhia de mídias. Vamos chamá-lo de Mike. Suas habilidades naturais de liderança faziam com que ele se destacasse dos executivos normais, inteligentes, motivados e que prometiam de menos e produziam mais. Mas ele precisava melhorar em alguns pontos, e foi aí que entrei.

Mike era agradável quando isso era do seu interesse, mas ele podia ser insensível e desdenhoso com pessoas que não lhe eram tão úteis. Era bastante persuasivo, mas podia ser agressivo quando os demais não admitiam logo de cara que ele estava certo e eles errados. E era óbvio que ele tinha prazer no sucesso, o que lhe dava aquele ar irritante de arrogância. Ele era especial e não deixava ninguém se esquecer disso.

Insensível, quase sempre certo e arrogante. Essas não eram falhas que podiam acabar com sua carreira, apenas alguns dos problemas que foram mencionados nas minhas entrevistas minuciosas com seus colegas e em relatórios diretos, os quais compartilhei com ele. Ele recebeu bem essas críticas e, em menos de dois anos (por meio de um processo que é a essência do coaching individual), mudou seu comportamento para sua própria satisfação e, o mais importante, na opinião dos seus colegas. (Precisamos mudar muito para fazer as pessoas perceberem alguma mudança.) Continuamos amigos depois que ele se tornou o CEO, conversávamos pelo menos uma vez por mês sobre seu emprego e, cada vez mais, sobre sua vida familiar. Ele e sua esposa — que começaram a namorar na faculdade — tinham quatro filhos adultos. Todos eles já saíram de casa e têm suas próprias vidas. Seu casamento estava firme depois de anos de tensão, enquanto Mike se concentrava na sua carreira e Sherry, sua esposa, criava os filhos e estava acumulando o que parecia ser um ressentimento inabalável do egocentrismo e insensibilidade de Mike.

"Sherry está errada?", perguntei-lhe, indicando que, se ele era visto como insensível e arrogante no trabalho, o mesmo poderia estar acontecendo em casa.

"Mas eu mudei", afirmou ele. "Ela até chegou a admitir isso. E estávamos muito mais felizes. Por que ela não para com isso?"

Eu lhe expliquei o Paradigma de Cada Fôlego, destacando o quão difícil foi para os ocidentais entenderem que não somos uma massa unitária de carne, ossos, emoções e lembranças, mas uma multidão crescente de indivíduos que se vão a cada fôlego — e renascem a cada fôlego.

Eu disse a Mike: "Quando sua esposa pensa no seu casamento, ela não consegue separar o Mike antigo do homem que hoje é o marido dela. Eles são apenas uma pessoa para ela, uma persona permanente. Todos nós podemos pensar assim se não tivermos cuidado."

Mike teve dificuldades para entender esse conceito. Falávamos sobre isso de vez em quando, mas ele não conseguia pensar em si mesmo como uma série de Mikes — cerca de 8 milhões de Mikes novos por ano (a quantidade estimada de fôlegos que tomamos todos os anos). Isso ia de encontro com a imagem fixa que ele tinha de si mesmo — o incrível e bem-sucedido Mike que ele projetava no mundo. Não podia culpá-lo por isso. Estava lhe oferecendo um novo paradigma, não uma sugestão casual. Cada um entende em seu próprio ritmo.

Ainda conversamos regularmente e ele ainda é CEO. Mas no verão de 2019, recebi uma ligação dele do nada, na qual ele anunciou, emocionado: "Entendi!" Não fazia ideia do que ele estava falando, mas logo ficou claro que o que ele havia entendido tinha a ver com nossas conversas sobre o Paradigma de Cada Fôlego. Ele descreveu uma conversa que teve com Sherry no dia anterior. Eles estavam voltando de um encontro realizado no feriado de 4 de julho, em que passaram o fim de semana com seus filhos, sócios e amigos. Esse foi um fim de semana com muita gente e alegre, e Mike e Sherry estavam repassando os pontos altos durante a sua viagem de duas horas, satisfeitos com o que seus filhos haviam se tornado, com o quão envolvidos e prestativos seus amigos eram e pelo fato de seus filhos terem se ocupado da maior parte da preparação da comida e da limpeza. Basicamente, eles estavam se parabenizando pela sua boa sorte e pelo seu sucesso como pais. Então, Sherry jogou um balde de água fria nessa reflexão.

"Só queria que você tivesse contribuído mais enquanto eles estavam crescendo", disse ela. "Eu estava quase sempre sozinha."

"Não fiquei magoado nem nervoso com as palavras dela", contou-me Mike. "Olhei para ela e disse com muita calma: 'Você está certa sobre esse cara de dez anos atrás. Ele era um sem-noção sobre muitas coisas. Mas não é ele que está aqui neste carro. Ele é um homem melhor agora. Amanhã, ele será outra pessoa tentando ser um pouco melhor. Outra coisa: aquela mulher que sofreu no passado não é a mesma mulher hoje. Você está me culpando por ações de uma pessoa que não existe mais. Isso não é certo.'"

Houve um silêncio de dez longos segundos no veículo. Então, Sherry se desculpou e acrescentou: "Você tem razão. Preciso trabalhar nisso."

Mike precisou de anos — e de uma situação emocionalmente elevada na qual os ensinamentos do Buda se encaixassem perfeitamente — para entender o Paradigma de Cada Fôlego. Sua esposa entendeu em dez segundos. Fico satisfeito com os dois casos, sempre feliz por ser um cúmplice das epifanias dos outros.

NÃO É DIFÍCIL aceitar a transitoriedade se nosso trabalho é ajudar as pessoas a mudar. Eu não teria um objetivo ou uma carreira sem isso. Quando aceitamos que tudo que nasce entra em decadência e desaparece, aceitamos um ponto de vista que não se aplica apenas a conquistas seculares e ao status. Também se aplica bastante ao nosso desenvolvimento pessoal. Entendemos que não somos obrigados a ser hoje ou no futuro a pessoa que fomos. Podemos esquecer os erros passados — e seguir em frente.

"Beleza", você pode dizer. "Chega desse papo de espiritualidade, Marshall. O que esse Paradigma de Cada Fôlego tem a ver com viver uma vida merecida?"

A conexão é tão imediata e direta quanto ativar um interruptor para encher um cômodo escuro de luz. Se aceitamos que tudo de valor que conquistamos — das coisas mais simples, como o elogio de um professor, a coisas grandes, como nossa boa reputação ou sermos amados pelas pessoas que amamos — são transitórias, sujeitas aos caprichos e à indiferença do mundo, também precisamos aceitar que essas valiosas "posses" precisam ser reconquistadas, praticamente a cada dia ou a cada hora e talvez a cada fôlego.

Lembrar aos clientes que precisam parar de se torturar por causa de erros passados — "Esse foi um eu anterior. É hora de esquecer disso" — pode ser uma contribuição mais valiosa para eles. Mas acho que, quando o contrário acontece, pode ser tão valioso quanto: quando os clientes sentem a necessidade de repassar os pontos altos das suas carreiras comigo. Isso acontece mais com ex-atletas e CEOs que estão lutando para iniciar sua próxima vida. Quando eles falam nostalgicamente sobre seus sucessos anteriores — quer isso tenha sido ganhar uma medalha de ouro há quinze anos ou comandar uma organização de 20 mil pessoas há seis meses —, o meu trabalho é trazê-los de volta ao presente e lembrar-lhes de que não são mais um atleta que todos admiram ou um CEO no comando. Isso aconteceu com outra pessoa. Não é diferente de preferir viver indiretamente a vida de alguém famoso que seguimos religiosamente nas mídias sociais. Esse famoso não sabe nem se importa com nossa existência;

não nos conhecemos. O mesmo acontece com nosso constante ato de voltar às glórias do nosso eu anterior. Não é o caso daquela honra, atenção e respeito — todos bem merecidos na época — nunca terem existido. Mas eles desapareceram. Lembrarmo-nos deles não é mais uma expressão de realização; é um suspiro de arrependimento relacionado com sua transitoriedade, com quão rapidamente e sem cerimônia eles se foram.

Não podemos reobter esse sentimento de realização mergulhado nas lembranças de quem éramos e do que realizamos. Ele só pode ser obtido pela pessoa que somos no momento. E isso deve ser repetido vez após vez nos momentos subsequentes, quando nos tornamos outras pessoas novamente. É como o técnico de basquete Phil Jackson, um estudante do budismo, disse depois de vencer dois campeonatos consecutivos da NBA em meados de 1990 com o Chicago Bulls e estava se esforçando para ganhar um terceiro anel em 1998: "Somos bem-sucedidos apenas no momento do ato de sucesso. Temos que fazer tudo de novo depois."

A verdade é que nunca paramos de correr atrás de uma vida merecida. Não existe um momento em que paramos e dizemos: "Já conquistei o bastante. Chega." Seria melhor parar de respirar então.

EXERCÍCIO

As Duas Cartas

Este exercício foi elaborado para pessoas que entendem o Paradigma de Cada Fôlego a nível intelectual, mas que ainda não desenvolveram a memória muscular que faz com que ele se torne algo natural e instintivo em suas vidas. Elas ainda não conseguiram criar uma parede psicológica entre seu eu anterior e seu eu atual para fazer a diferença se tornar seu novo credo. Elas ainda acreditam que uma parte invisível e intocável do seu ser é fixa e imutável — sua essência, espírito ou alma — e define quem são. Quando confundem seu eu anterior e seu eu atual, achando que ambos são intercambiáveis, o Exercício das Duas Cartas sempre as ajuda a entender. Uma carta é sobre gratidão e a outra sobre investir no futuro.

Primeira Carta: primeiro, escreva uma carta para seu eu anterior expressando gratidão por aquele ato específico de criatividade, trabalho duro ou disciplina — de preferência algo que foi conquistado em vez de recebido — que, de alguma forma, fez com que você se tornasse uma pessoa melhor hoje. Pode ter sido algo recente ou algo que tenha acontecido há muito tempo. O único requisito é que identifique essa ação como algo que faz a diferença na sua vida hoje. Já realizei esse exercício com várias pessoas. Um homem agradeceu seu eu anterior que havia se tornado vegano há oito anos pela boa saúde e pelo vigor que sentia no momento. Uma escritora agradeceu seu eu de 10 anos de idade por ter criado o hábito de procurar o significado das palavras que não conhecia no dicionário e anotá-lo em um caderno desde o ensino fundamental até a faculdade. "Sem essas anotações", concluiu, "eu não seria escritora." Uma mulher agradeceu seu eu de 6 anos de idade por ter aprendido a nadar porque isso salvou sua vida pelo menos 2 vezes. Outro homem agradeceu seu eu de 18 anos por ter ido para a faculdade, onde conheceu sua esposa.

Esse exercício não apenas separa seu eu anterior do seu eu atual, mas também revela o elo de causa e efeito entre o passado e o presente que talvez deixemos de enxergar à medida que nossas lembranças vão desaparecendo. Nos nossos momentos mais gratos e humildes, talvez tenhamos dito aquela frase clichê: "Estou no ombro de gigantes". Essa carta nos ajuda a identificar um gigante que talvez tenhamos esquecido — nosso eu anterior.

Respire fundo. Pense em tudo que seu eu anterior deu a você, que está lendo esta frase agora. Se um grupo de pessoas tivesse lhe dado tantos presentes maravilhosos, o que você diria a essas pessoas tão boas? Esta é sua chance de dizer "obrigado".

Segunda Carta: agora, escreva uma carta do seu eu atual para seu eu daqui um, cinco ou dez anos no futuro. Fale sobre o investimento — na forma de sacrifícios, esforço, educação, relacionamentos, disciplina — que está fazendo para beneficiar a pessoa a quem essa carta será enviada. O investimento pode ser qualquer tipo de autodesenvolvimento — desde melhorar sua saúde e se formar na faculdade a separar uma porcentagem do seu salário para investir. Pense nisso como um ato filantrópico, com a exceção de que você não conhece o beneficiário. Pelo menos por enquanto.

Peguei essa ideia com Curtis Martin, *running back* da NFL. Curtis já estava vivendo o Paradigma de Cada Fôlego por anos antes de nos conhecermos. Ele entrou no mundo do futebol americano com relutância e só jogou quando estava no terceiro ano do ensino médio, quando o técnico o convenceu de que, se entrasse no time, ele ficaria longe das perigosas ruas do seu bairro de Pittsburgh por três horas. Ele já havia sido confundido com outra pessoa e, por isso, foi ameaçado com uma arma — puxaram o gatilho, mas a bala ficou presa. No seu último ano, todos as grandes faculdades estavam querendo recrutá-lo. Ele escolheu um lugar perto de Pittsburgh. Apesar da sua carreira cheia de lesões na faculdade, ele se mostrou talentoso o suficiente para ser convocado pelo New England Patriots na terceira rodada em 1995. Ao passo que a maioria dos jovens atletas via o Dia da Convocação como ganhar na loteria, a primeira coisa que passou pela mente de Curtis foi: "Eu não quero fazer isso". Um pastor convenceu Curtis a continuar jogando futebol americano, mostrando-lhe que a NFL poderia ser um meio para viver o resto da sua vida do jeito que ele queria: uma vida de serviço a outros. Foi essa imagem mental que deu a Curtis seu objetivo e motivação. Ele jogava futebol americano para investir no seu eu pós-NFL. Em geral, não é isso que motiva os atletas de elite. Eles amam a competição. São obcecados com vencer agora; o futuro cuidará de si mesmo. Mas Curtis estava jogando um jogo mais longo. Ele se aposentou como o quarto melhor *rusher* da história da NFL (depois de Emmitt Smith, Walter Payton e Barry Sanders), após uma lesão que acabou com sua carreira na 11ª temporada da NFL. Enquanto jogava, ele criou a Fundação Curtis Martin Job, que dá apoio a mães solo, pessoas com deficiência e jovens em risco. No seu primeiro dia como ex-jogador de futebol americano, Curtis estava pronto e ansioso para cumprimentar seu eu futuro, no qual ele havia investido durante os doze anos anteriores. Ele estava vivendo sua nova vida.*

A história de Curtis Martin é um exemplo positivo de como investir no nosso eu futuro. Gunther, o CEO cheio de arrependimentos apresentado anteriormente, é um exemplo negativo. Gunther trabalhou sua vida inteira para ganhar dinheiro suficiente para que seus três filhos não precisassem trabalhar tanto quanto ele. Esse foi um grande erro. Seus filhos não eram gratos nem se tornaram produtivos por causa desse dinheiro, o qual usavam como uma licença para não fazer nada. Seu erro: ele não estava investindo no seu eu futuro nem no seu legado como pai. Ele estava apenas dando um presente. A diferença é muito grande. Ao fazer um investimento, esperamos um retorno. Um presente é dado sem obrigações. Ele havia dado aos seus filhos um presente — pelo qual eles não se esforçaram nem mereciam —, mas nunca disse que esperava um retorno deles. No fim, ele não recebeu a gratidão pelo seu sacrifício nem a realização de poder vê-los ter uma vida produtiva. Ele comparou seu arrependimento com o fim explosivo de *A Ponte do Rio Kwai*, quando o Coronel Nicholson, um prisioneiro de guerra britânico, descobre que os soldados Aliados haviam plantado dinamites na ponte que ele havia construído para os japoneses para ajudar suas tropas a manter o moral durante o cativeiro e pela qual havia desenvolvido um senso tão distorcido de conquista que, de início, ele tentou sabotar a tentativa de destruí-la. Por fim, quando se deu conta da sua tolice, ele se perguntou: "O que foi que fiz?" — e caiu no acionador do explosivo, destruindo a ponte.

Se Gunther tivesse escrito uma carta para seu futuro eu, a vida dos seus filhos poderia ter sido bem diferente. A segunda carta é mais do que o ato de escrever suas metas. Ela nos obriga a encarar nossos atuais esforços bem intencionados como um investimento nas pessoas que devemos transformar em seres humanos produtivos e felizes: nós mesmos e aqueles que amamos. Isso não é um presente; esperamos um retorno.

---

* Curtis explicou tudo isso no seu discurso de admissão no Hall da Fama da NFL em 2012. Esse costuma ser reconhecido como um dos mais sinceros e poderosos discursos da história do evento. Pode ser usado como modelo da sua carta para seu futuro eu.

CAPÍTULO 2

O QUE O IMPEDE DE CRIAR SUA PRÓPRIA VIDA?

No início dos anos 2000, comecei a dedicar 8 dias por ano para dar cursos de liderança para os executivos da Goldman Sachs e seus maiores clientes. Meu contato nessa poderosa empresa de Wall Street era Mark Tercek, um sócio de 40 e tantos anos que supervisionava os programas de treinamento na Goldman e seus investimentos no setor de educação. Mark era um funcionário típico de Wall Street: inteligente, carismático, cheio de energia e totalmente focado em fazer o dinheiro trabalhar para a empresa. Mas ele também era modesto, não chamava a atenção para si mesmo e tinha boas conexões. Ele praticava ioga, era um vegano estrito, competia em triatlos e era um ambientalista fervoroso. Em 2005, ele foi escolhido para criar e administrar o grupo de mercados ambientais da empresa. Três anos mais tarde, graças às boas conexões de Mark no campo, um amigo de uma empresa de recrutamento de executivos ligou para ele para pedir que sugerisse candidatos para a posição de CEO na The Nature Conservancy (TNC), a maior organização ambiental sem fins lucrativos dos Estados Unidos. Enquanto Mark estava pensando em outros nomes e nas suas qualificações, uma ideia inesperada surgiu na sua mente: *que tal eu?* Ele era perfeito para o trabalho. A Nature Conservancy era basicamente um "banco" filantrópico que gastava suas doações e contribuições anuais para comprar grandes áreas naturais que precisavam de proteção. Sua especialização, a disciplina financeira, era sua maior qualificação. Além disso, no coração, ele realmente queria o cargo. Sua esposa, Amy, uma ambientalista igualmente engajada, apoiou essa decisão.

Mark e eu já havíamos desenvolvido um vínculo de confiança até então. Assim, o convidei para vir até minha casa em Rancho Santa Fe, onde poderíamos passar alguns dias longe do ruído corporativo e considerar nossos próximos passos. Será que ele deveria encerrar uma importante carreira na Goldman e mudar de Nova York com seus quatro filhos para Washington, D.C., e administrar uma organização sem fins lucrativos? Quanto mais conversávamos, mais claro ficava que os pontos positivos superavam os negativos. Ainda assim, Mark estava hesitante. Perto do fim do tempo que passamos juntos, algumas horas antes do seu voo de volta para Nova York, ele ainda estava no limbo. Então o levei para fazer uma longa caminhada no bosque e em trilhas da nossa região. Eu costumava fazer isso com meus clientes; perder-se na natureza clareia a mente.

Em certo momento, enquanto ele ainda estava indeciso sem uma razão convincente, perguntei-lhe: "Por que você não consegue se decidir? Não é uma oferta. É só uma entrevista."

"Se eu conseguir o emprego, tenho medo do que meus parceiros da Goldman vão pensar", respondeu ele.

Eu não podia acreditar. Ele havia passado horas analisando sua carreira, suas habilidades, seus interesses intelectuais, suas vitórias e decepções. Ele havia dedicado toda sua vida adulta — 24 anos — à empresa. Era perfeito para o novo trabalho e a redução no salário não lhe afetaria (o IPO da Goldman, nove anos antes, havia garantido sua segurança financeira). Ele não tinha desculpas para não tentar conseguir o cargo, mas era *isto* que o estava impedindo: o medo absurdo de que seus colegas achassem que ele estava desistindo, que não era forte o suficiente para aguentar o rigor de Wall Street?

Segurei-o pelo braço para fazê-lo parar de caminhar pela trilha e o olhei bem nos olhos. Queria que ele se concentrasse nas palavras que estavam para sair da minha boca:

> *"Que droga, Mark. Quando você vai começar a viver sua própria vida?"*

Já estava aconselhando executivos há anos sobre o momento apropriado para sair de um grande emprego — e já tinha ouvido todo tipo de desculpa para não fazerem isso, sendo que, a maioria, era uma variação de três temas principais:

- O argumento da indispensabilidade: *a organização precisa de mim.*
- O argumento do vencedor: *estamos indo bem. É cedo demais para sair.*
- O argumento de não ter nenhum lugar para ir: *não sei o que quero fazer em seguida.*

Mas nunca havia ouvido alguém do nível de Mark desistir de um sonho por causa do que seus colegas pensariam dele. Minha explosão deve ter dado certo, porque ele ligou para a equipe de recrutamento no dia seguinte para se candidatar e, logo depois, saiu da Goldman para se tornar o CEO da Nature Conservancy. Aquele momento com Mark foi *o* evento que deu origem a este livro e ao conceito de uma "vida merecida", embora não soubesse disso naquela época.

Dez anos mais tarde, quando seu serviço na Nature Conservancy havia se consolidado em um grande sucesso, Mark me lembrou da nossa disputa de gritos unilateral. Minhas palavras — *Que droga, quando você vai começar a viver sua própria vida?* — ficaram gravadas no seu cérebro, servindo como um lembrete de que ele deveria ser fiel às coisas que davam significado e propósito à sua vida, tais como ser um bom marido e pai, contribuir, salvar o planeta — as coisas pequenas da vida, sabe?

Francamente, eu não me lembrava daquele momento na trilha, mas sua ligação fez com que eu visse a discussão daquele dia sob seu ponto de vista — mais especificamente no que se refere ao seu medo desnorteante do que seus colegas pensariam dele. Não conseguia entender como o medo que Mark tinha da opinião dos outros quase o impediu de tentar conseguir esse emprego na TNC, uma escolha que o teria enchido de arrependimento. (Não nos arrependemos de tentar e não conseguir; nos arrependemos de não tentar.)

Depois que terminei de falar com Mark, outra lembrança surgiu. Lembrei-me do meu amigo, o falecido Dr. Roosevelt Thomas Jr., formado em Harvard em comportamento organizacional e quem reformulou o comportamento corporativo nos Estados Unidos no que se refere à diversidade no ambiente de trabalho. Uma das constatações mais importantes de Roosevelt foi a desvalorizada influência dos *grupos de referência* na vida diária. No início da minha carreira, escrevemos um artigo sobre esse tema, embora ele tenha sido o único que se esforçou para fazer isso se tornar parte do trabalho da sua vida.

Roosevelt Thomas dizia que cada um de nós se sente emocional e intelectualmente conectado a um grupo específico da população. Chamamos esse conceito de "tribalismo" hoje em dia, mas, no início da década de 1970, usar a ideia dos grupos de referência para explicar revoltas sociais e as diferenças entre as pessoas foi um conceito revolucionário. Um grupo de referência podia ser grande, como a comunidade de uma religião específica ou de um partido político, ou podia ser tão pequeno quanto, digamos, as pessoas que amam a banda Phish (também conhecidos como Phish-heads). Seria impossível catalogar todos os grupos de referência dos Estados Unidos. Eles são mais numerosos do que as hashtags do Twitter e se reproduzem como coelhos. O argumento de Roosevelt Thomas é que, se sabemos qual é o grupo de referência de uma pessoa — a quem ou a que ela se sente profundamente conectada, a quem ela deseja impressionar, de quem ela deseja ganhar respeito —, podemos entender por que ela fala, pensa e se comporta de determinada maneira. (Com isso, também podemos concluir que a maioria de nós têm um *grupo de* *contrarreferência*. Nossa lealdade e escolhas se baseiam naquilo a que nos opomos em vez de no que apoiamos — por exemplo, Democratas versus Republicanos ou Real Madrid versus Barcelona. As coisas que odiamos nos moldam tanto quanto as coisas que amamos.) Não precisamos concordar com as pessoas de outros grupos de referência, mas se compreendermos a influência que elas exercem nesses grupos, a probabilidade de ficarmos surpresos com as escolhas dos seus membros ou de classificá-los como "idiotas" será menor.*

Vi como a teoria de Roosevelt Thomas se aplicou no caso de Mark. Eu achava que o grupo de referência dele era composto de pessoas socialmente envolvidas, veganas, praticantes de ioga e preocupadas com o meio ambiente — assim como ele. A verdade era que, depois de 24 anos, Mark ainda estava emocionalmente ligado aos seus colegas da Goldman Sachs, que eram agressivos, usavam ternos sob medida e fechavam contratos. A aprovação deles ainda lhe era importante. Esperar que Mark abandonasse imediatamente esse grupo de referência era pedir demais dele, como se estivesse lhe pedindo para abandonar sua identidade. Esse sentimento era tão poderoso que ele estava disposto a sacrificar o presente que havia caído do céu na forma da ligação inicial dessa empresa de recrutamento, ou seja, a oportunidade de recriar sua própria vida.

A ligação de Mark havia me ajudado a ver as coisas de outro ângulo. Embora estivesse satisfeito com o fato de que meu conselho de "viver sua própria vida" o tivesse persuadido, o professor em mim se perguntava: *se alguém tão motivado e acostumado com o sucesso como*

---

* Só para mencionar, os professores são meu grupo de referência. Minha mãe era professora e, enquanto crescia, ela foi minha maior influência. Assim, me identifico com professores. Julgo-me com base nas minhas habilidades de compartilhar o que sei para ajudar outros. O respeito que mais valorizo vem de professores. Dito isso, esse fato pessoal costuma ficar oculto, raramente sendo revelado ou discutido abertamente. A menos que tenha lhes contado, até mesmo amigos que conheço a vida toda não sabem isso sobre mim. De modo similar, o grupo de referência de outras pessoas pode ser tão misterioso quanto. Precisamos cavar fundo para descobrir qual é o grupo de referência delas. Nossa recompensa, porém, será um reajuste que abrirá nossos olhos e nos ajudará a entender pessoas que apenas imaginávamos que conhecíamos.

Mark podia ser desviado pelo seu grupo de referência, quantos outros, com menos recursos e oportunidades, estavam sendo impedidos de seguir em frente por motivos totalmente diferentes? Que forças os estavam impedindo de criar suas próprias vidas? E o que eu poderia fazer para ajudar?

A boa notícia é que, em toda a história da humanidade, nunca foi tão fácil criar nossas próprias vidas. No passado, quase todos eram cidadãos de segunda classe desde o nascimento. Não podíamos votar e escolher nossos líderes. A conformidade era a regra e toda diferença era punida, quer essa diferença fosse quem amávamos ou que deus adorávamos (se é que adorávamos algum deus). Talvez sofrêssemos mais, mas sentíamos menos arrependimento. Não podemos nos arrepender das nossas decisões se não podemos tomá-las.

A tendência dos últimos cem anos sugere que continuaremos ganhando mais direitos e liberdade. Na maior parte do mundo, deixamos de ser escravos, as mulheres podem votar, centenas de milhões de pessoas estão saindo da pobreza e é aceito ser gay. Em outras palavras, muitos de nós têm motivos para sermos otimistas. A cereja desse bolo de otimismo é a tecnologia: ao aumentar nossa mobilidade e nosso acesso à informação, ela multiplicou nossas possibilidades de escolha. Mais liberdade, mais movimento, mais opções à nossa disposição.

Isso é um problema — e não sou eu que estou dizendo isso. Antes de morrer, à idade de 95 anos, em 2005, Peter Drucker, em uma das suas reflexões de despedida, disse:

> Dentro de algumas centenas de anos, quando a história da nossa época for escrita a partir de uma perspectiva de longo prazo, é provável que o que os historiadores dos eventos mais importantes verão não será a tecnologia, a internet ou o e-commerce. Será a mudança sem precedentes da condição humana. Pela primeira vez — literalmente —, uma quantidade considerável e cada vez maior de pessoas pode escolher. Pela primeira vez, elas

têm que cuidar de si mesmas. E a sociedade estava totalmente despreparada para isso.*

A liberdade e a mobilidade geram o que Barry Schwartz descreveu como "o paradoxo da escolha". Saímo-nos melhor com menos opções, não mais. Ao nos deparar com 39 sabores de sorvete, costumamos tomar uma decisão decepcionante. É muito mais fácil escolher entre duas opções — digamos, baunilha ou menta com lascas de chocolate — e ficarmos satisfeitos. O mesmo vale para criar nossa própria vida em um mundo complexo e que avança rapidamente: além de ser difícil fazer uma seleção das inúmeras escolhas à nossa disposição, até quando sabemos o que queremos, nem sempre sabemos como seguir nossos sonhos.

As barreiras que nos impedem de seguir em frente nas nossas escolhas e ações, frustrando nosso desejo de viver nossa própria vida, são grandes e numerosas, começando com estas:

1. INFELIZMENTE, NOSSA PRIMEIRA OPÇÃO É A INÉRCIA

A inércia é o inimigo mais decidido e determinado da mudança. Durante anos, sempre que me deparava com clientes que não conseguiam mudar o comportamento que diziam que queriam mudar, eu voltava a seguir o seguinte mantra: *nossa resposta automática na vida não é vivenciar o significado ou a felicidade. Nossa resposta automática é vivenciar a inércia.* Não quero que eles apenas entendam a onipresença da inércia, mas que vejam *sua* inércia particular sob uma nova luz.

Pensamos na inércia como o estado de estar inerte ou imóvel — uma das nossas exibições mais puras de passividade e descompromisso. Mas esse não é o caso. A inércia é um evento ativo no qual *continuamos* no estado em que já estamos em vez de mudar para outra coisa. A questão não é meramente semântica. É um ponto de vista diferente, caracterizando até a nossa passividade mais preguiçosa como

---

* Peter F. Drucker, "Managing Knowledge Means Managing Oneself", Leader to Leader 16 (março-maio de 2000): 8–10.

a escolha ativa de persistir no *status quo* (isto é, deixar de escolher também é uma escolha; é escolher dizer "não, obrigado"). Por outro lado, quando engatamos outra marcha e escolhemos nos envolver em algo diferente, deixamos de ser um agente da inércia. Ser uma vítima da inércia ou escapar da sua maligna atração gravitacional é uma escolha que apenas nós podemos fazer. Em geral, quando as pessoas descobrem que têm escolha, elas costumam ganhar o poder de mudar.

Outra intrigante característica da inércia é o quão bem ela nos dá uma visão do futuro em curto prazo. Ela é mais exata do que qualquer algoritmo ou modelo de previsão. É graças à inércia que posso estipular a seguinte regra sobre nosso futuro imediato: *o previsor mais confiável do que faremos dentro de cinco minutos é o que estamos fazendo agora.* Se estamos tirando uma soneca, limpando nossa casa ou fazendo compras online, existe uma probabilidade muita alta de que estaremos fazendo a mesma coisa daqui a cinco minutos. Esse princípio do curto prazo também se aplica em longo prazo. O previsor mais confiável sobre quem seremos dentro de cinco anos é quem somos agora. Se não sabemos falar outra língua agora ou como fazer pão do zero, provavelmente não saberemos fazer isso dentro de cinco anos. Se nos afastamos do nosso pai e não estamos falando com ele, provavelmente não estaremos falando com ele dentro de cinco anos. E o mesmo vale para muitos dos detalhes que descrevem nossa vida atualmente.

Entender como nossas ações afetam o impacto da inércia nos mostra como transformá-la em algo positivo. Ao desenvolver hábitos ou rotinas produtivas (em vez de destrutivas) — por exemplo, se exercitar pela manhã, tomar o mesmo café da manhã nutritivo, usar o mesmo caminho supereficiente para o trabalho todo dia —, a inércia poderá nos ajudar, mantendo-nos firmes, engajados e consistentes.

Essas são as características que fazem da inércia uma grande força que afeta cada aspecto de uma vida merecida. Porém, mesmo quando passamos a dominar a inércia, algumas outras forças ainda podem nos impedir de viver nossa própria vida.

2. NOSSA PROGRAMAÇÃO NOS IMPEDE DE AVANÇAR

Cresci em Valley Station, Kentucky, a 50 km ao sul de Louisville, ao longo da seção do Rio Ohio que forma a fronteira com Indiana. Eu era filho único e minha mãe se dedicou a moldar, na infância, minha persona e autoimagem. Ela era uma professora do ensino fundamental que dava mais valor à inteligência do que à força bruta. Ela me programou para acreditar que eu era o menino mais inteligente da cidade. Além disso, talvez para evitar que eu me tornasse um mecânico, um eletricista ou algum outro profissional habilidoso que realiza trabalhos manuais, ela sempre me lembrava de que eu não tinha coordenação motora ou habilidades mecânicas. Assim, no fim do ensino fundamental, eu tinha talento para a matemática e para tirar 10 em testes padronizados, mas era terrível em qualquer coisa mecânica ou atlética. Não conseguia trocar uma lâmpada e a única vez em que consegui acertar a bola com o taco no time de beisebol — uma *foul ball** —, fui vaiado de pé.

Felizmente, respondi à programação da minha mãe com uma fé inabalável na minha inteligência. Infelizmente, também desenvolvi uma autoconfiança imperdoável de que não precisava me esforçar muito na escola. Aprendi que podia relaxar e ainda tirar notas boas. Minha sorte me acompanhou até a faculdade, no Instituto de Tecnologia Rose-Hulman, e no meu programa de MBA na Universidade de Indiana — e me deu a confiança da qual precisava (apesar dos meus anos de esforço subótimo nos estudos acadêmicos) para tentar conseguir meu doutorado na UCLA. Não conseguia dizer por que eu precisava de um doutorado em comportamento organizacional ou o que faria com isso. "Cheguei até aqui empurrando com a barriga", pensei comigo mesmo. "Por que não ver até onde consigo chegar dessa forma?" Na UCLA, fui abençoado com colegas intelectualmente superiores a mim e professores que, além de serem anos-luz mais inteligentes do que eu, tinham uma presença intimidadora e não hesitavam em me humilhar pelo meu narcisismo e hipocrisia.

---

* Quando a bola é rebatida para trás ou para as laterais, fora do campo de jogo. [N. do T.]

Foi uma punição necessária. Eu tinha 26 anos e finalmente havia entendido que, na UCLA, não ganharia simplesmente um doutorado, mas precisaria me esforçar para merecê-lo. Seriam necessários muitos anos para superar as consequências não intencionais da programação da minha mãe.

Todos nós fomos programados de alguma forma pelos nossos pais. A mamãe e o papai não conseguem evitar (e, em geral, fazem isso com boas intenções). Eles moldam nossas crenças, nossos valores sociais, como tratamos outros, como nos comportamos em um relacionamento e até para que time torcemos. Mais do que qualquer outra coisa, eles programam nossa autoimagem. Desde os nossos primeiros dias no berço — antes de engatinharmos, andarmos ou falarmos —, eles estudam com cuidado nosso comportamento em busca de pistas dos nossos talentos e potencial. Isso se torna ainda mais óbvio quando temos irmãos. Com o passar do tempo e com suficiente "evidência", nossos pais nos subdividem em diferentes personalidades: o inteligente, o bonito, o forte, o bonzinho, o responsável — uma de muitas descrições que parecem se aplicar no momento. É como se eles estivessem involuntariamente tentando nos transformar no arquétipo de um ser humano, apagando todas as nuances. Se não tomarmos cuidado, não só aceitaremos essa programação, como adaptaremos nosso comportamento a ela. O inteligente se apega à inteligência em vez da habilidade, o bonito confia na sua aparência, o forte prefere a força bruta à persuasão, o bonzinho consente muito rápido e o responsável faz muitos sacrifícios em prol do dever. A vida de quem estamos vivendo quando partes decisivas dela, gravadas em nós durante nossos anos de formação pelas pessoas que amamos, já foram criadas por nós?

A boa notícia é que temos o direito de reverter essa programação sempre que quisermos. Nossa programação só se torna um problema quando nos impede de viver nossa vida. Estamos pensando em experimentar algo novo — uma nova carreira ou um novo penteado —, mas, então, voltamos atrás, dando desculpas como "Nunca fui bom em _____" ou "Não combina comigo". Até que nós (ou outra pessoa) questionemos a validade das nossas desculpas ("Quem disse?"), não conseguiremos nos imaginar colocando nossa vontade acima das crenças que aceitamos como verdade. O maior impacto da nossa programação é o quão bem ela nos cega para não enxergarmos nossa necessidade de rejeitá-la.

3. SOMOS DESFEITOS PELA OBRIGAÇÃO

Talvez você conheça uma impactante cena do filme de Ron Howard, de 1989, chamado *O Tiro que não Saiu pela Culatra*, estrelando Steve Martin como Gil Buckman, o atribulado pai de três, e Mary Steenburgen como sua compreensível esposa, Karen. Mais para o fim do filme, depois de descobrirmos que seu filho mais velho, Kevin, tem problemas emocionais e que Gil havia deixado o trabalho que odiava, Karen informa Gil que ela estava grávida de um quarto filho para o qual eles não haviam se planejado. No meio de uma conversa tensa sobre sua nova situação, Gil começa a sair para treinar o time de beisebol do seu filho "para ficar em último lugar". Karen pergunta: "Você precisa mesmo ir?" No meio do caminho, Gil se volta para ela com um olhar louco e responde: *"Sempre 'precisei' minha vida inteira."*

A beleza da obrigação é que ela faz com que cumpramos nossas promessas a outros, quer tenham sido feitas de modo implícito ou explícito. O problema da obrigação é o quanto essas promessas entram em conflito com as que fizemos para nós mesmos. Nesses momentos, temos a tendência de exagerar, escolhendo entre extremos de altruísmo e egoísmo — e acabamos decepcionando a nós mesmos ou àqueles que dependem de nós. A obrigação nos obriga a dar prioridade às nossas responsabilidades. É uma área cinzenta, com poucas normas para nos guiar além da Regra de Ouro e "fazer a coisa certa". Na minha experiência, não existem regras para lidar com a obrigação; cada situação é diferente.

Às vezes, é apropriado e nobre sermos altruístas. Entramos no negócio da família em vez de correr atrás de uma carreira mais emocionante. Ficamos em um trabalho chato ou insuportável porque o salário paga as contas da família. Recusamos uma carreira em outra cidade porque não queremos obrigar nossa família a se mudar. Sentimo-nos realizados em cumprir com as obrigações que temos para com nossos entes queridos.

Tendo dito isso, não é errado nos colocar em primeiro lugar às vezes, apesar do que outros pensem. Ceder e fazer esses sacrifícios pode ser doloroso e custar muito caro. Não é fácil fazer isso, mas tais ações são honráveis e essenciais. É como o grande jornalista Herbert Bayard Swope (ganhador do primeiro Prêmio Pulitzer de Reportagem em 1917) disse: "Não posso dar uma fórmula infalível para o sucesso. Mas posso dar uma fórmula para o fracasso: tente agradar todo mundo o tempo todo."

4. SOFREMOS POR FALTA DE IMAGINAÇÃO

Escolher entre duas ou três ideias válidas para a vida que queremos ter é uma verdadeira fonte de confusão para muitas pessoas. Por outro lado, algumas pessoas não conseguem imaginar nem sequer um caminho para si mesmas, muito menos dois ou três.

Eu costumava achar que a criatividade era uma questão de pegar duas ideias ligeiramente diferentes e juntá-las para criar algo original — como servir lagosta com bife e chamar isso de Surf 'n' Turf*. Juntamos A com B e criamos D. Então um artista de sucesso me disse que eu não estava pensando grande o suficiente. A criatividade tem mais a ver com juntar A com F e L e criar Z. Quanto maior a distância entre as partes, mais imaginação será necessária para formar o todo. Somente alguns de nós têm a criatividade para juntar A, F e L para criar Z. Alguns de nós têm a criatividade do nível A + B = D. E, infelizmente, alguns de nós nem sequer conseguem imaginar um mundo onde A e B estão no mesmo lugar.

---

* Lit. "Surfe e Relva", prato que combina carnes do mar e da terra. [N. do T.]

O fato de que está lendo este livro prova que você quer saber mais sobre o autoaprimoramento. A curiosidade é o meio pelo qual nos preparamos para usar nossa imaginação e pensar em algo novo.

Se você está entre aqueles que têm ensino superior, já sabe, com base na sua adolescência, qual é a sensação de querer criar uma nova identidade, uma nova apresentação do seu eu que aumentará suas chances de conquistar seu lugar no mundo. Você já sabe como imaginar um início do zero. O escritor e ganhador do Prêmio Pulitzer Richard Russo, autor de *Empire Falls*, recordando seus anos na faculdade, escreveu: "No fim das contas, vamos para a faculdade para nos reinventar, para cortar nossos laços com o passado, para nos tornar a pessoa que sempre desejamos ser e que não conseguimos nos tornar antes por causa das pessoas que sabiam o que é melhor para nós." Russo comparou a faculdade com "entrar no programa de proteção a testemunhas. *Devemos* tentar usar uma ou duas novas identidades. Na verdade, isso não só iria de encontro com seu objetivo, como seria perigoso deixar o programa da mesma forma como entramos, pois seríamos reconhecidos com facilidade."

Pense no seu último ano no ensino médio. Ouso dizer que a primeira vez em que você se sentiu no controle do seu futuro foi quando se inscreveu na faculdade. Embora esse processo seja rigidamente moldado por um cartel de orientadores, empresas de provas e agentes de admissão da faculdade (sem mencionar seus pais), aos 18 anos, porém, era você quem estava no comando. Você avaliou seus pontos fortes e fracos. Respondeu perguntas básicas para estabelecer critérios para as faculdades: distância, tamanho, prestígio, seletividade, vida social, clima, custo, ajuda financeira e outros fatores. Escolheu em quantas faculdades se inscrever. Fez os testes e obteve recomendações. E então esperou por uma decisão. Se sua terceira ou quarta opção de faculdade ofereceu uma ajuda financeira significativamente melhor do que sua primeira opção, você se adaptou resolvendo a questão do preço (fazendo empréstimos e trabalhando durante o curso) ou escolhendo uma faculdade menos prestigiosa e aceitando o auxílio financeiro.*

Então você se matriculou e descobriu que, quer tenha sido a rainha do baile ou o palhaço da turma no colégio, a socialite ou o nerd, a faculdade foi sua oportunidade de apagar sua adolescência e escrever uma nova história. Como Russo sugere, podemos medir com precisão o sucesso ou fracasso dos nossos anos na faculdade analisando o quão fácil foi nos reconhecer na formatura em comparação com a pessoa que éramos quando entramos em cena quatro anos atrás. Fizemos isso uma vez; podemos fazer de novo.

5. FICAMOS SEM FÔLEGO COM O RITMO DA MUDANÇA

Se fazer grandes afirmações sobre a sociedade fosse parte do meu trabalho (não é), esta seria uma afirmação — que aprendi com Rob Nail, da Singularity University — que faria com confiança:

> *O ritmo da mudança que estamos vivenciando hoje é o mais lento que jamais experienciaremos pelo resto de nossa vida.*

Em outras palavras, o hoje é lento, o amanhã é rápido. Estaríamos nos iludindo com uma nostalgia sem sentido se achássemos que, independentemente da situação, em certo ponto no futuro próximo — quando terminarmos nosso projeto urgente ou quando nossos filhos crescerem e nossa vida doméstica se tornar mais calma —, voltaremos a uma época mais lenta, quando o ritmo da vida e a velocidade com a qual ela mudava era mais tranquilo e gentil. Isso não vai acontecer. Nem nós nem nossos colegas relaxaremos logo depois de terminar nosso projeto urgente. Outro trabalho urgente surgirá

---

* No pior dos casos, se acontecesse um desastre e você fosse rejeitado por todas as suas faculdades preferidas exceto a sua faculdade reserva, descobriria a rapidez com que conseguiria aceitar e ficar em paz com a "tragédia" de ter apenas uma opção. Essa seria uma lição de ganhar limões e fazer limonada com eles e sua introdução à ação resultante de não ter escolha. Vamos falar mais sobre isso no Capítulo 4.

(podemos contar com isso) e aprenderemos na marra que o "ritmo acelerado" é nosso novo normal. O mesmo vale para nossa frenética vida doméstica; as coisas não se acalmarão quando nossos filhos ficarem mais velhos ou deixarem o ninho. É uma roda que não parará de girar. Sempre haverá algo que precisa ser resolvido imediatamente.

Há alguns anos, dei sinal para um táxi em Manhattan para me levar até o aeroporto. O taxista dirigiu bem devagar no trânsito da cidade, nunca passando dos 30 km/h. Ele acelerou para 50 km/h quando entramos nas estradas com limite de 90 km/h, fora da cidade. Quando pedi que dirigisse mais rápido, ele se recusou, dizendo: "Eu dirijo nessa velocidade. Se quiser, eu paro e você pode sair." É como se ele tivesse aprendido a dirigir em outra época e não tivesse se dado conta de que os carros haviam se tornado mais velozes, que as estradas haviam melhorado e que os passageiros tinham pressa.

Assim como a falta de imaginação, deixar de nos adaptar ao ritmo acelerado da mudança nos impede de seguir em frente. Não seremos capazes de interpretar o que está acontecendo ao nosso redor. Se não conseguirmos manter o passo, ficaremos sem fôlego e para trás. E se ficarmos para trás, viveremos no passado de todo mundo.

6. FICAMOS DOPADOS COM A VIDA VICÁRIA

Quando desafiei Mark Tercek a começar a viver sua própria vida, também podia ter perguntado: "Por que você está vivendo a vida de outra pessoa?" Na verdade, existem dois lados da mesma moeda chamada *vida vicária*. Esse foi o desenvolvimento mais alarmante e que suga nossa alma que vi nos últimos vinte anos. Graças às redes sociais e a um sem-fim de distrações tecnológicas, temos uma abundância de oportunidades de viver as vidas de outras pessoas em vez de viver a nossa própria. Nós nos permitimos ficar impressionados com o que é postado nas redes sociais por estranhos. Às vezes, devolvemos o favor postando coisas para impressioná-los, ignorando a probabilidade de que eles não estejam prestando atenção em nós com o mesmo interesse que prestamos atenção neles. Em uma das mais absurdas encarnações de vida vicária, deixamos de jogar videogames (que já são uma simulação da vida real) e começamos a pagar para assistir jogadores de elite competindo uns contra os outros em nossos jogos favoritos de videogame. Paramos de assistir para assistir outros assistindo.

Dopados pela tecnologia, sacrificamos o propósito e a realização em longo prazo pelos *loops* de *feedback* movidos a dopamina criados pelo Facebook, Twitter e Instagram. Isso não é saudável. Da mesma forma que acontece com o ritmo da mudança, não consigo ver um futuro em que esse problema social diminuirá porque a maioria de nós de repente decidirá parar de usar as irresistíveis ferramentas das redes sociais. Apenas nós podemos controlar o quanto permitiremos a vida vicária invadir nossa vida, uma pessoa de cada vez.

O resultado danoso dessa tendência da vida vicária é um aumento da distração. Em vez de nos concentrarmos no que sabemos e deveríamos estar fazendo, somos, nas imortais palavras de T. S. Eliot, "distraídos da distração pela distração". E a culpa não é apenas das redes sociais. O mundo inteiro funciona como uma máquina de distração. Um dia ensolarado, um jogo de futebol na TV, as últimas notícias no rádio, uma ligação, uma batida na porta, uma emergência de família, o desejo repentino por um doce. Qualquer pessoa ou coisa pode fazer com que deixemos de nos concentrar no que deveríamos estar fazendo e nos levar a fazer o que outros querem que façamos. Essa é uma definição de não estar vivendo nossa própria vida.

7. O FIM DA NOSSA JORNADA

Um amigo me contou a história de um homem chamado Joe que queria ser dramaturgo, mas que descobriu quando tinha uns 20 anos que sua verdadeira paixão era o vinho. Então, Joe fez uma mudança e passou a escrever sobre vinhos; ele era pago para degustar e aprender sobre vinhos escrevendo sobre eles. Ele reservava uma parte do pagamento por cada texto que escrevia para comprar vinhos para si mesmo. Isso teve início em fins de 1970, muito antes do preço dos melhores vinhos subirem para os bilionários. Com essa vantagem, ele conseguiu colecionar 15 mil garrafas de vinho com seu modesto salário de jornalista. Sua coleção era a inveja do mundo dos vinhos. Ele era generoso e não avarento com seus vinhos raros. Se convidássemos Joe e sua esposa para jantar na nossa casa, ele providenciava o vinho — e teríamos de ser tolos para recusar. Os maiores vinicultores o conheciam e o incluíam na curta lista de especialistas que eram os primeiros a experimentar seu suprimento limitado de novas safras a cada ano. Certo dia, quando tinha uns 60 e tantos anos, Joe recebeu a oferta anual de pré-lançamento de um dos superastros da Itália: Angelo Gaja. Joe fez o cálculo e percebeu que teria que viver até os 90 anos para que a safra de Gaja daquele ano estivesse pronta para ser consumida. Assim, ele fez uma dolorosa ligação ao senhor Gaja — e a todos os outros vinicultores — pedindo para que o tirassem das suas listas. Ele já tinha vinho suficiente deles na sua adega para durar uma vida toda. Como colecionador de vinho, a jornada de Joe havia terminado.

A "jornada" é o espaço de tempo que estabelecemos para nós mesmos para atingir nosso objetivo. Alguns — atletas de elite, modelos, bailarinos e outros profissionais que dependem do vigor físico ou da beleza, que acaba com o tempo — podem calcular quanto tempo durará sua jornada, assim como Joe. Muitos políticos norte-americanos — como presidentes e governadores de 36 dos 50 estados — têm mandatos que especificam quantos dias eles têm para cumprir com sua agenda. A maioria das pessoas — artistas, médicos, cientistas, investidores, professores, escritores, executivos e outros que usam o cérebro para viver — supõe que sua jornada continuará pelo tempo que conservarem suas faculdades mentais e desejarem prosseguir. O restante não possui informações suficientes para calcular quanto tempo ainda durará sua jornada ou para entender que ela terminou.

A jornada se torna um grande obstáculo em dois casos. Quando somos jovens, temos a tendência de superestimá-la. Talvez não tenhamos muito dinheiro, mas o tempo parece infinito, adulterando nosso senso de urgência. Adiamos o início da nossa "vida real" para experimentar opções mais atraentes ou elegantes. Temos tempo para tirar um ano sabático. Não há nada de errado com isso — exceto quando a indecisão ou a inércia faz com que nosso ano sabático se transforme em uma "década sabática" ou, pior, em uma "vida sabática".

O outro extremo — quando somos idosos — é mais desagradável: acreditamos tolamente que não teremos tempo suficiente para transformar nosso próximo sonho em realidade. Já envelhecemos. Vejo isso o tempo todo quando meus clientes CEOs estão se aproximando da "idade de aposentadoria". O sucesso material não é uma preocupação. Eles estão dispostos a seguir em frente e passar a tocha da liderança à próxima geração. Eles ainda querem uma vida com significado e objetivo, mas, ao realizar uma catastrófica e errônea interpretação da importância do seu passado, presente e futuro (veja o Capítulo 5), permitem que sua idade impeça que tenham a oportunidade de começar do zero. Acham que ninguém vai contratar ou investir em alguém de 65 anos quando existem tantos candidatos mais jovens disponíveis.* Estão encarando um relógio quebrado, convencidos de que o tempo parou para eles.

Os adultos são capazes de calcular mal o período da sua jornada pessoal a qualquer idade, desde os 25 aos 70 e além. Conheço pessoas de 30 anos que, depois de cinco anos na faculdade de direito e uns seis anos subindo a escada hierárquica da empresa, perceberam que sua vocação não era a advocacia. Isso é comum no caso de jovens advogados em corporações do século XXI. Paralisados com a ideia de reiniciar sua carreira do zero, esses jovens advogados têm três reações: primeira, eles encaram sua decepção inicial como uma catástrofe em vez da bênção que realmente é (afinal, eles estarão deixando um trabalho entediante); segunda, eles não conseguem imaginar o próximo passo; e, terceira, eles não dão valor ao fato de que ainda têm dois terços da sua vida adulta pela frente. Há muita jornada adiante, o que algumas pessoas acham intimidador. Eu acho que é um salva-vidas.

---

* Eles não estão totalmente errados. As pessoas tendem a preferir o *novo* ao *comprovadamente bom*.

INFLUÊNCIA PARENTAL. OBRIGAÇÕES. Bloqueio mental. Pressão de colegas. Não ter tempo suficiente. Devoção inerte ao *status quo*. Esses são os obstáculos constantes que nos impedem de seguir em frente e nos fazem desejar um novo caminho no qual ainda não podemos dar nem o primeiro passo. Mas esses obstáculos são apenas temporários e podem ser empurrados para o lado para que possamos nos mover. Eles não são condições que nos desqualificam permanentemente ou artigos de fé que não podemos reescrever ou substituir.

Temos atributos compensadores que nos permitem encontrar nosso caminho. Eles não são um grande mistério. São poderes latentes, como a motivação, a habilidade, a compreensão e a confiança que temos dentro de nós, esperando ser trazidos à vida nas condições corretas. São os tijolinhos do nosso potencial. E precisamos ser lembrados de vez em quando que devemos usá-los em nosso benefício.

EXERCÍCIO

Interrompemos Nossa Programação...

Este exercício serve para ajudá-lo a entender sua programação. Imagine que você tem 6 anos. Seus pais convidaram os melhores amigos deles para jantar. Depois do jantar, enquanto os adultos acham que você está na cama, dormindo, um dos convidados pergunta como você realmente é.

Supondo que receberão a verdade nua e crua dos seus pais:

- Faça uma lista com os adjetivos que seus pais usariam para descrevê-lo quando tinha 6 anos.
- Faça uma lista com os adjetivos que você usaria para se descrever hoje.
- Alguma coisa mudou? O quê? Como? Por quê?

O que você aprendeu com este exercício que o ajudará a planejar o restante da sua vida?

CAPÍTULO 3

A CHECKLIST DO MERECIMENTO

Em 1976, quando tinha 27 anos, escrevi minha tese de doutorado sobre motivação, habilidade, compreensão e confiança, isolando-as como as quatro qualidades cognitivas e emocionais que as pessoas precisam para ser bem-sucedidas.

- *Motivação* foi definida como a força que nos motiva a levantar toda manhã, correr atrás de um objetivo específico e manter esse embalo ao nos depararmos com imprevistos e reveses.
- *Habilidade* era ter a aptidão e os dons necessários para atingir uma meta.
- *Compreensão* era saber o que fazer e como fazer — e também o que não fazer.
- *Confiança* era acreditar que podemos realizar o que nos dispomos a fazer, quer já o tenhamos feito anteriormente, quer estejamos tentando pela primeira vez.

Esses quatro atributos ainda são fatores essenciais para o sucesso (e não são tão óbvios quanto você talvez imagine). Se eliminarmos alguma dessas virtudes da nossa caixa de ferramentas, a possibilidade de fracassarmos aumentará consideravelmente. Também é importante nos lembrarmos de que esses atributos são específicos para determinadas tarefas. Não são forças que se aplicam de modo universal à nossa vida. Por exemplo, não existe isso de pessoa motivada, porque ninguém tem a motivação para fazer tudo. Nossa motivação é seletiva, sendo orientada a uma coisa, mas não a outra. O mesmo vale para a habilidade, a compreensão e a confiança. Cada uma delas é específica a determinada tarefa — porque ninguém tem a habilidade de fazer tudo, de saber tudo ou de estar sempre confiante. Esse foi o meu argumento em 1976, quando tinha 27 anos. Mas quarenta anos no mundo dos negócios como coach executivo me ensinaram que esses quatro atributos não nos dão a visão geral. Minha tese não estava errada; estava incompleta.

O tempo me ensinou que não podemos colorir o sucesso apenas com os tons brilhantes do desejo, do talento, do intelecto e da crença em nós mesmos. Precisamos de *apoio* e de um *mercado* receptivo para cada uma das nossas tarefas ou metas específicas.

Devemos nos lembrar que existem muitos recursos pessoais que aumentam nossas chances de sucesso — por exemplo, a criatividade, a disciplina, a resiliência, a empatia, o bom humor, a gratidão, a educação, a tempestividade, a simpatia etc. Mas quando clientes jovens e idosos me pedem conselhos sobre grandes decisões de carreira — se devem ficar ou seguir em frente, se o novo emprego é o certo para eles, o que fazer na sequência —, nunca deixo de considerar os seis pontos a seguir com eles. Sem boas respostas a cada um deles, não é possível dar o próximo passo. Eles são tão básicos quanto nosso *check-up* anual, quando o médico mede nosso pulso e pressão arterial.

1. MOTIVAÇÃO

Motivação é a razão de tentarmos ser bem-sucedidos em determinada tarefa. É o "porquê" fazemos algo. Em agosto de 1979, Ted Kennedy desafiou o presidente Jimmy Carter quando este se candidatou para a reeleição. Embora os políticos raramente enfrentem presidentes em exercício do mesmo partido nas primárias, Kennedy era, na época, um dos favoritos para derrotar o impopular Carter. Ele anunciou sua candidatura em uma entrevista vista por muitos e realizada por Roger Mudd, da CBS, que a iniciou com uma pergunta óbvia: "Por que o senhor deseja ser presidente?" Infelizmente, Kennedy se atrapalhou; sua resposta longa e incoerente não dava ao povo uma razão para votar nele, acabando com sua campanha antes mesmo de começar.

Como milhões de norte-americanos que assistiram a essa entrevista, lembro-me de ter pensado: "O fato de que ser o presidente satisfaz alguma ambição pessoal de atingir o topo da hierarquia política não é suficiente. Ao me dizer por que deseja ser presidente, você precisa me contar que coisas específicas pretende fazer no cargo, como construir estradas, alimentar crianças famintas ou diminuir as taxas de juros" (que estavam em torno de 18% naquele ano). Não ouvi nem *por que* Kennedy queria o cargo nem *o que* ele faria se passasse a morar na Casa Branca.

A motivação pode ser o combustível de alta octanagem que dirige nossos esforços em prol de uma meta, mas ela não pode estar isolada da realização das tarefas específicas necessárias para atingi-la. É isso o que faz da motivação uma das palavras mais mal interpretadas — e, consequentemente, mal utilizadas — do dicionário da realização de metas. Ouço várias vezes por semana pessoas descrevendo a si mesmas ou a alguém que admiram como "motivadas para serem bem-sucedidas" ou "motivadas para ser um bom chefe" (ou professor, pai, parceiro ou algum outro papel amplamente definido). Usada nesse contexto, a palavra "motivado" não significa nada — porque não conheço ninguém que esteja "motivado *para não ser bem-sucedido*" ou "motivado para ser um *chefe ruim*". A motivação é confundida com *desejo*. Elas poderiam estar dizendo "quero ser bem-sucedido" ou "quero ser um bom chefe". Quem não quer?

Estar motivado não é apenas um estado emocional sobrecarregado e induzido porque você tem uma meta. É um estado emocional elevado e *acoplado* a um impulso sobrecarregado para realizar as tarefas específicas necessárias para atingir aquela meta. Não seria correto dizer que nos sentimos motivados a ganhar dinheiro, perder peso ou nos tornarmos fluentes em mandarim, mesmo que sintamos que essas frases sejam verdadeiras, a menos que realizemos de forma consistente as grandes e pequenas coisas necessárias para atingir tais metas.

O verdadeiro teste para a nossa motivação se baseia em provas. Se queremos correr uma maratona em três horas, será que estamos motivados a realizar as tarefas necessárias que tal atividade física árdua exige: acordar cedo pela manhã seis vezes por semana para atingir nossas metas de quilometragem; reconfigurar nossa dieta para obter o máximo de desempenho; passar horas na academia para aumentar nossa força e flexibilidade e, assim, reduzir as possibilidades de lesões; e ter o bom senso de tirar o dia de folga quando nosso corpo diz que precisa descansar e se recuperar?

Qualquer coisa a menos que nossa "motivação" não será nada além de uma piada.

Como um coach que ajuda pessoas bem-sucedidas a mudar para melhor, não é meu trabalho julgar as supostas motivações delas. Meu trabalho é firmar sua determinação. Nossa vida pode estar cheia de motivações ambíguas. Recompensas como dinheiro, fama, promoções, prêmios e prestígio têm o poder de fazer com que nos esforcemos mais ou então de nos deixar a dúvida: "É só isso?" Nossas obrigações para com nossos entes queridos podem nos deixar orgulhosos por termos cumprido com nosso dever ou podem fazer com que fiquemos amargurados pelo que tivemos que sacrificar. O excesso de confiança e o pensamento positivo podem nos fazer ir além das expectativas (sempre uma surpresa agradável) ou nos deixar aturdidos com nossa tolice ("No que eu estava pensando?!"). Quem sou eu para dizer quais desses deuses são falsos e quais são verdadeiros?

Mal interpretar nossa motivação e superestimar nossa disposição de satisfazê-la podem ser os dois erros definitivos que enfrentaremos ao criar nossa própria vida. Mas precisamos antecipar alguns outros erros que podem ser evitados ao buscarmos nossa verdadeira motivação.

A motivação é uma estratégia, não uma tática. *Motivo* é uma razão para agir de determinada maneira. *Motivação* é a razão de *continuarmos* a agir dessa maneira. É a diferença entre sair impulsivamente para correr em uma tarde ensolarada para gastar energia e correr seis dias por semana, mês após mês, porque queremos entrar em forma, perder peso ou treinar para uma corrida. Ao identificar sua motivação, certifique-se de classificá-la segundo sua sustentabilidade em longo prazo — e seja realístico quanto à sua habilidade de sustentá-la diante do risco, da insegurança, da rejeição e da dificuldade. Duas perguntas: como você lidou com a adversidade no passado? Por que será diferente desta vez?

Podemos ter mais de uma motivação. Joyce Carol Oates, a prodígio norte-americana de letras, na sua tese "Acredito Nisto", identificou não apenas uma, mas cinco razões para escrever: (1) *comemoração* ("celebrar uma região do mundo em que vivi"); (2) *dar testemunho*, porque a maioria das pessoas não consegue fazer isso por si mesma; (3) *autoexpressão* como uma posição contra as concessões da vida adulta; (4) *propaganda (ou "moralização")* para que "desenvolvamos simpatia" pelos seus personagens; e (5) um amor pelo *objeto estético* que é o livro físico. Quando uma motivação deixa por desejar, outra faz com que ela continue escrevendo. Pessoas bem-sucedidas conseguem manter dois pensamentos opostos ou mais na sua mente ao mesmo tempo. O mesmo vale para nossa motivação.

Inércia não é motivação. Conheço aposentados da Flórida que jogam golfe praticamente todos os dias. Seria seu amor pelo jogo ou o desejo ardente de reduzir seu *handicap** que os motiva a passar tantas horas batendo em uma bolinha branca naquele grande gramado? Ou seria a inércia — eles não têm uma ideia melhor de como passar o dia? Se acha que está vivendo o mesmo dia vez após vez, faça-se a seguinte pergunta: estou vivendo minha vida atual dessa forma porque foi essa a maneira que escolhi para obter realização ou porque não consigo imaginar uma alternativa? É fundamental que respondamos

---

* Sistema de pontuação que indica quantas tacadas a mais o jogador deu além da quantidade calculada como ideal para o campo. [N. do T.]

a essa pergunta honestamente, embora a resposta talvez seja difícil de suportar.

Então, como identificamos determinada motivação? A experiência me ensinou que existe pelo menos uma motivação universal básica que pode lançar luz sobre nosso desejo de viver uma vida merecida, que é a seguinte: *quero viver uma vida que aumentará minha realização e minimizará meu arrependimento.*

2. HABILIDADE

Nossa habilidade indica o nível de aptidão que precisamos ter para sermos bem-sucedidos na tarefa que escolhemos. O ideal é que saibamos no que somos bons e no que somos ruins, e que nos envolvamos em tarefas que estão além das nossas habilidades apenas quando queremos nos desafiar. De outra forma, devemos permanecer no nosso campo de habilidades superiores. Se temos uma habilidade superior, algo que faz com que nos destaquemos, ela deve estar em harmonia com nossa motivação. Estarmos motivados para fazer algo em que somos bons não deveria ser difícil. E mesmo assim é.

Minha amiga Sanyin Siang, a cofundadora e diretora do Centro Coach K de Liderança & Ética da Universidade Duke, acredita que cada um de nós tem pelo menos uma habilidade que achamos comum, mas que ficamos perplexos quando descobrimos que isso está além dos demais. Ela chama isso de "fardo da perícia". Um lançamento perfeito. Uma coordenação olho-mão sobrenatural. Uma velocidade atordoante. Repetir a letra de uma música de Kendrick Lamar palavra por palavra depois de escutá-la apenas uma vez. Segundo Sanyin, esses talentos são um fardo porque são fáceis para nós. Em resultado disso, sentimos que não somos totalmente merecedores deles e, assim, diminuímos as muitas formas em que eles nos tornam especiais. É como ter um superpoder e nunca usá-lo.

Essa é uma ideia preocupante. Se não conseguimos aceitar uma habilidade natural que temos, qual seria a alternativa? Seguir uma carreira em áreas em que nossas habilidades estão abaixo do ótimo, onde ficamos no meio e não somos tão especiais? Eu não recomendaria isso também.

Mas nossa definição de "habilidade" está muito limitada aqui — como se ela existisse entre receber um dom divino de um lado e possuir o mínimo de capacidade de realizar um trabalho no outro. Elementos emocionais e psicológicos — temperamento, perseverança, persuasão, compostura — exercem um papel igualmente crucial no estabelecimento da habilidade. Lidar com a rejeição, por exemplo, é uma capacidade essencial para vendedores e atores, independentemente do quão boa seja sua apresentação ou do quão emocionante seja sua interpretação. Oncologistas passam décadas no laboratório testando e esperando que um protocolo de tratamento contra o câncer se mostre eficaz, sem a garantia de que seus esforços terão um avanço. Sua heroica atitude em relação ao repetido fracasso, e não sua especialização como bioquímicos, é o que define sua habilidade de encontrar uma cura. Se queremos ser escritores profissionais, a disposição de ficarmos sozinhos à nossa mesa dia após dia é tão necessária quanto nossa facilidade de criar um enredo, um personagem e um diálogo. Sentir-nos confortáveis com a solidão nos atrai à nossa mesa toda manhã.

Minha mãe foi professora do ensino fundamental entre os anos de 1950 e 1970 no interior de Kentucky. Ao preencher os boletins dos seus alunos, ela lhes dava uma nota em três categorias: Conquista, Esforço e Comportamento. Havia também um espaço ao lado para a Presença. Parece que, naquela época, os educadores sabiam que a habilidade de um aluno se estendia além de dar as respostas em uma prova. Esforçar-se, comportar-se bem e estar presente também contavam. As coisas não mudaram tanto para nós na vida adulta. Nossa habilidade não é apenas um talento isolado; é um conjunto de dons e traços de personalidade que precisam se adequar à vida que queremos ter.

3. COMPREENSÃO

Compreensão significa saber o que fazer e como fazê-lo. Na minha tese de doutorado, que se concentrou em como grupos se comportavam, considerei a compreensão em termos de percepção de papéis, enxergando-a através de um prisma de ordem e níveis. As pessoas entendiam qual era seu papel na hierarquia? Por exemplo, caso seja engenheiro, você tem praticamente a mesma habilidade que todos os outros engenheiros do departamento. Como eles, você é uma peça de uma grande máquina. Nessa situação, que é como estudávamos o comportamento organizacional há cinquenta anos, "compreensão" significa saber que trabalho específico você deve realizar na máquina — e não se desviar disso. Não há *erros* de compreensão entre você e seus superiores no que se refere às suas responsabilidades. Você permanece em sua faixa. Esta pode ser mais complexa e movimentada para, digamos, um médico de pronto-socorro ou um policial, os quais talvez precisem exercer vários papéis durante seus turnos. Mas um médico de pronto-socorro bem-sucedido entende que seu trabalho tem a ver com aliviar a dor e consertar os danos. O policial bem-sucedido entende que deve proteger as pessoas. Eles também permanecem em suas faixas.

Quando comecei a trabalhar individualmente com executivos para aprimorar suas habilidades interpessoais, minha visão mudou. Os papéis ainda eram importantes, mas o mesmo valia para os atributos interpessoais, como *timing*, gratidão, bondade, a capacidade de ouvir e, o mais valioso de todos, confiar na Regra de Ouro. Esses são os valores que nos guiam em qualquer situação, incluindo na busca de uma vida merecida. Precisei de uma aprendizagem pequena, porém dolorosa, para chegar a essa conclusão.

Fui convidado a dar uma palestra em um jantar para os principais gerentes de uma companhia de seguros, e acabei mal interpretando meu público por completo. Fiz muitas piadas para um grupo cuja empresa havia sofrido um grande revés financeiro recentemente.

Logo após, o CEO me disse que eu havia ofendido a ele e a toda sua equipe. A noite havia sido uma decepção para ele (e sua crítica foi difícil de ouvir). É claro, o erro foi todo meu, e foi um erro de Compreensão. Eu não havia entendido bem qual era meu papel, supondo que estava lá na forma de metade professor e metade animador de eventos, quando, na verdade, eu era apenas um convidado da empresa. Esse era meu papel, e basicamente entrei na casa deles com os sapatos sujos de lama.

Para consertar a situação, seriam necessários valores interpessoais — nesse caso, me concentrar na decepção do CEO e não em minha vergonha e enxergar aquele momento com clareza. Eu precisava ler o CEO que estava na minha frente melhor do que havia feito com a sala toda mais cedo naquela noite. Pensei em me oferecer para dar uma palestra gratuita em uma próxima ocasião, mas, com base no meu desempenho, supus que o CEO não estaria a fim de uma próxima ocasião. Pensei em não fazer nada, esperando que o tempo curasse essa ferida. Mas, naquele momento, lembrei-me de que os clientes se esquecem de qualquer problema se virem que nos importamos o suficiente para corrigi-lo o mais rápido possível. Foi aí que a Regra de Ouro entrou em ação. O que esperaria se os papéis estivessem invertidos e eu fosse o CEO irritado? Entendi o que precisava ser feito. Embora o preço da palestra fosse considerável — o valor que algumas pessoas ganham em um ano —, eu disse ao CEO: "Esta fica de cortesia." Quando o cheque chegou alguns dias depois, devolvi-o com um bilhete de desculpas. Entendi que nós dois — eu mais do que ele — precisávamos de um desfecho adequado.

Parte da Compreensão é saber a diferença entre bom e aquém disso — e aceitar que, em qualquer situação, podemos ser um ou o outro.

4. CONFIANÇA

Confiança é acreditar que seremos bem-sucedidos. Adquirimos confiança pela combinação imprecisa de treinamento, repetição, aperfeiçoamento constante e uma sequência de resultados positivos, cada um deles alimentando o próximo. Em geral, sentimos confiança quando enfrentamos um desafio que já superamos antes, como falar em público. Uma fonte subestimada de confiança é ter uma habilidade especial que outras pessoas não têm. Certa vez, perguntei a um amigo que corria em maratonas — ele não era da elite, mas se dedicava ao seu treinamento e chamava a atenção de outros corredores amadores na corrida — quantos quilômetros por semana ele tinha que correr para atingir suas metas. "Não se trata da quilometragem", respondeu ele. "A questão é ganhar velocidade para ter a confiança de que posso correr mais rápido do que qualquer outra pessoa quando chegar a hora. A velocidade me dá confiança. A confiança gera mais velocidade."

Eu sabia que a confiança era essencial em esportes de habilidade, como o golfe ou o beisebol. A história do esporte está cheia de atletas que perderam a confiança e, da noite para o dia, não conseguiram mais dar boas tacadas ou lançar uma bola curva. Mas nunca achei que isso fosse importante em uma corrida de longa distância, que me parecia mais um exercício de resistência de força bruta do que uma habilidade atlética. Mas concordei com meu amigo. Quando temos velocidade e acreditamos que podemos recorrer a ela quando quisermos, criamos um *loop* de *feedback* positivo que gera mais velocidade e, consequentemente, mais confiança.

Essa é a beleza da confiança. Ela é o produto de todas as nossas outras virtudes e escolhas positivas que retribui o favor ao nos tornar mais fortes nessas áreas. De forma geral, se temos a motivação, a habilidade e a compreensão, não ter confiança é lamentável, quase imperdoável. Já conquistamos o direito de ser confiantes.

5. APOIO

Apoio é a ajuda externa da qual precisamos para sermos bem-sucedidos. Ela vem ao nosso resgate, como a cavalaria, através de três fontes:

Podemos obter o apoio de uma *organização* na forma de dinheiro, equipamentos ou espaço para escritórios — qualquer coisa que consideremos como um recurso valioso. Não é fácil adquirir um apoio assim em organizações com recursos limitados. Precisamos conquistar a nossa parte.

Podemos obter o apoio de *indivíduos* na forma de orientação, coaching, instrução, empoderamento ou aumento de nossa confiança. Esses apoiadores podem ser nossos professores, mentores, chefes ou simplesmente alguém de autoridade que foi com a nossa cara. Este último, na minha opinião, é o maior caso de sorte que podemos ter na nossa carreira (mas precisamos valorizá-lo). Certa vez, perguntei ao associado mais jovem de uma grande empresa de advocacia como ele conseguiu se tornar o chefe de contratação da empresa antes dos 35 anos. Ele respondeu: "Eu saí da empresa em que trabalhava antes por causa do meu chefe tóxico, que me antagonizava de forma ativa. O associado a quem presto contas aqui é o contrário. Ele me disse, desde o primeiro dia, que tinha um plano para se aposentar dentro de cinco anos e que me treinaria para substitui-lo. Se fizesse o que ele me dissesse, eu ganharia o cargo. Seu apoio fez toda a diferença."

O apoio também pode vir de um *grupo* específico. O curioso sobre os grupos de apoio não é que precisamos de um para atingir nossas metas, e sim o quanto relutamos para admitir isso. Essa recusa faz sentido quando consideramos o quanto a motivação, a habilidade, a compreensão e a confiança contribuem para o nosso sucesso. Nós as desenvolvemos silenciosamente e em particular, como atores solo, ignorando o efeito do mundo exterior. Isso também faz sentido no contexto de viver uma vida merecida. "Merecer" algo — um aumento, respeito ou nossa vida inteira — envolve autossuficiência, como se nossas conquistas viessem sem a ajuda de ninguém e, assim, fossem mais gloriosas e honráveis.

Essa é uma ideia enganosa. Todo mundo precisa de ajuda. Aceitar isso é um ato de sabedoria, não um sinal de fraqueza. Agir concordemente é uma habilidade essencial. Isso é especialmente verdade se trabalhamos sozinhos ou se somos freelancers. Em organizações — corporativas, governamentais ou sem fins lucrativos —, nossos grupos de apoio fazem parte da sua infraestrutura. Os CEOs têm um conselho administrativo, os gerentes têm suas reuniões semanais e o pessoal de suporte, se deixados por conta própria, criam instintivamente suas próprias células para dar apoio uns aos outros. *Feedback*, ideias e apoio estarão sempre lá se quisermos. Quando recém-refugiados da vida corporativa tentam ganhar a vida por conta própria e dizem que "sentem falta do companheirismo" de uma grande organização, na verdade, estão admitindo que sentem falta do apoio.

Esse é um segredo não tão sujo de pessoas muito bem-sucedidas: as pessoas mais inteligentes e talentosas que conheço são as criadoras mais ávidas do seu próprio grupo de apoio e as que mais dependem dele para obter ajuda (e elas não têm vergonha de admitir isso). Sei disso porque sou o coach de algumas delas; estar no seu grupo de apoio faz parte do meu trabalho. Vejo com que frequência elas vão além dos limites da sua organização em busca de conselho e consolo. Vejo como colocam os conselhos em prática e como isso se relaciona diretamente com seu sucesso. Para elas, um grupo de apoio é como ter uma marcha mais alta para fazer as coisas acontecerem suave e rapidamente. Se funciona para elas, por que não permitir que isso nos beneficie também?

Nosso grupo de apoio pode incluir qualquer pessoa, até um ou dois membros da família. Cerca de seis pessoas é um número que podemos administrar; mais do que isso e o apoio se torna repetitivo ou confuso. Podemos até ter vários grupos de apoio para diferentes situações, dependendo do nível de complexidade e variação em nossa vida. Seus membros podem mudar com o passar do tempo, à medida que nós e o mundo mudamos também. Minha única ressalva: nunca devemos ser a pessoa mais admirada ou bem-sucedida (estamos buscando ajuda, não um fã-clube) nem a menos talentosa do grupo. O ideal é algo no meio.

6. MERCADO

Já vi isso acontecer em muitas famílias. É algo muito comum. Um irmão e uma irmã crescem na mesma casa, vão para a mesma escola e têm objetivos de carreira totalmente diferentes. A irmã quer ser uma profissional com formação avançada — uma engenheira, talvez. O irmão, não menos focado ou ambicioso, prefere um caminho mais sonhador e menos trilhado, ignorando a rota tradicional da faculdade para ter uma vida de, digamos, faqueiro artesanal. A irmã, que queria ser engenheira, termina seu curso e entra em um ecossistema bem estabelecido e próprio para suas habilidades, embora seja altamente competitivo. Ela se dá bem na sua carreira porque já existe um mercado sólido de fabricantes, empresas de alta tecnologia e de design que precisam dos seus serviços. Sempre haverá demanda por engenheiros. O mesmo não se aplica para os faqueiros. Se seu irmão agir na hora errada, ele poderá iniciar sua carreira em um momento em que o mercado para suas habilidades está superlotado ou passando por alguma inovação. O mercado que deveria tê-lo recebido de braços abertos é mais instável e vulnerável às mudanças de preferência do consumidor do que ele imaginava. Talvez esteja até desaparecendo bem na sua frente.

Duas pessoas da mesma casa que sabiam exatamente que vida queriam criar para si mesmas. Dois resultados diferentes, cada um deles dependendo do mercado para suas habilidades.

É romântico pensar que podemos correr atrás dos nossos sonhos mais ardentes sem nos preocupar com o sustento. O fato é que a maioria de nós não apenas *precisa* de uma renda, nem que seja apenas para pagar nossas contas e sustentar nossas famílias, mas graças à nossa criação e inclinação, a maioria de nós não consegue evitar relacionar nosso senso de realização e autoestima à nossa remuneração material. A menos que tenhamos herdado uma fortuna, só depois de acumularmos o suficiente por meio da nossa carreira é que poderemos nos dar ao luxo de iniciar uma nova carreira na qual o dinheiro não é o mais importante. Qualquer pessoa que depende de um salário sabe disso.

Ainda assim, todos os dias, milhares de pessoas abrem um negócio, voltam à escola, se mudam para outra parte do país ou deixam seu emprego confortável para experimentar algo novo — tudo isso esperando melhorar suas perspectivas de uma vida plena — sem se fazer a realística pergunta: existe um mercado para o meu produto ou serviço se eu começar um novo negócio, me formar, me mudar para outra cidade ou parar de trabalhar em uma grande empresa? Um dos meus melhores amigos cometeu esse erro há alguns anos. Ele estava ganhando um salário de sete dígitos como o melhor especialista estratégico de uma poderosa empresa de consultoria, mas achou que poderia se sair melhor por conta própria. Vários de nós, que faziam parte do seu grupo de apoio, o alertamos sobre os riscos óbvios de deixar uma grande empresa, neste caso, o fato de que a credibilidade e a prestigiosa lista de clientes que vinham com sua posição lá diminuiriam quando passasse a administrar sua própria empresa. Ele não acreditou em nós. Infelizmente, ele foi rejeitado pelo mercado. Os clientes com os quais ele contava preferiram continuar com a grande empresa. Ele nunca se recuperou.

Se não houver mercado para o que estamos oferecendo (e se não formos visionários raros a ponto de criarmos um novo ramo do zero), toda nossa habilidade, confiança e apoio não serão suficientes para dar conta do recado. É como Yogi Berra disse: "Se os fãs não querem vir ao estádio, ninguém poderá impedi-los."

*   *   *

ESSES SÃO OS quatro fatores internos e os dois fatores externos que precisamos levar em conta e marcar na checklist para medir nossas chances de sucesso em qualquer tarefa ou meta desafiadora. Um chef talentoso dirá que o ponto crucial mais importante a ser considerado na cozinha é o conceito do *mise en place*: organizar e disponibilizar todos os ingredientes necessários para preparar um prato na cozinha. Só depois começamos a cozinhar. Assim como muitas checklists, o *mise en place* é a ferramenta mais direta da organização, mas também é uma mentalidade que serve de âncora para a motivação, a habilidade, a compreensão e, o mais importante, para a confiança do chef. Com tudo no lugar, o chef tem a liberdade de criar e fazer seu melhor: transformar ingredientes comuns em algo extraordinário. Pense nessa checklist do merecimento como seu *mise en place* antes de se envolver em qualquer atividade desafiadora que seja importante para você. Responda às seguintes perguntas com honestidade: tenho a motivação para fazer isso? Sou capaz? Sei como usar minha habilidade para realizar o trabalho? Minhas realizações passadas me dão a confiança de que consigo fazer isso? Tenho apoio? Existe um mercado que apreciará meus esforços?

Esses seis fatores devem estar em harmonia, um realçando o outro. Eles não são à la carte. Não podemos ser fortes em cinco deles e fraco no último. Cada um deles é suficientemente amplo para incluir nossas qualidades específicas, o que as torna o conjunto ideal de perguntas fundamentais para quando nos confrontamos com uma grande mudança. Marcar cada item na checklist indica se estamos em harmonia ou não. Esta, por exemplo, é uma recapitulação da minha conversa sobre a checklist com uma amiga chamada Marie, que abriu um negócio de molhos de massa há três anos. Ela era uma profissional aposentada da área da gastronomia. Seu molho caseiro era tão bom que seus amigos lhe diziam: "Você deveria vendê-lo." E foi justamente o que ela fez. Diga-me se ela estava em harmonia:

Motivação: "Gosto de fazer um produto especial que os clientes apreciam. Faço isso pela validação, não pelo dinheiro. Pelo menos ainda não."

Habilidade: "Em meu primeiro emprego depois que saí da faculdade, eu criava receitas para empresas alimentícias. Sei como criar uma receita e desenvolver algo realmente novo."

Compreensão: "Ninguém nasce sabendo como criar uma startup. Aprendemos no processo. Sigo a seguinte regra: podem me enganar uma vez, mas não duas vezes."

Confiança: "Criei três produtos diferentes para a marca — nós os chamamos de SKUs. Não seria irrealístico esperar que uma quarta e, depois, uma quinta ideia surgissem. Vai acontecer."

Apoio: "Entramos em uma competição no ano passado e fomos uma das cinco pequenas empresas que foram escolhidas para receber treinamento por seis meses de especialistas da indústria gastronômica, em grande parte para atrair investidores, o que ainda não nos interessa. Quando não sei alguma coisa, ligo para meus mentores."

Mercado: "As pessoas sempre precisarão de molhos prontos para colocar em suas massas e pizzas, para rechear vegetais, para fazer chili. Nosso nicho é de alto nível. Não precisamos que todos comprem, apenas a parte certa do mercado, e essas pessoas estão conseguindo nos encontrar."

Então perguntei a Marie se ela achava que estava em harmonia. "Me senti em harmonia desde o início", disse ela, "porque estava me divertindo. Depois de dois anos, porém, quando estávamos tendo algum lucro, comecei a me perguntar qual era o objetivo de tudo isso se eu ainda não estava recebendo um salário. Qual era meu alvo? Um dos mentores me disse que as startups visam um aumento constante de lucro ao serem compradas. Decidi que nosso objetivo seria fazer alguém nos comprar, após o que poderíamos continuar trabalhando com mais recursos ou seguir em frente. Isso me deu clareza e um propósito. Voltei a me sentir em harmonia."

Marie tinha todas as respostas certas. Você pode dizer o mesmo sobre a vida que está vivendo agora?

EXERCÍCIO
Encontre sua Adjacência

Um fotógrafo de sucesso de meia-idade pode se transformar em cineasta ou em diretor, mas provavelmente não conseguirá se transformar em cirurgião. O cinema e a direção estão adjacentes em habilidade e compreensão à fotografia (trabalhar com câmeras, pessoas e ideias); a neurocirurgia não. É isso o que faz da adjacência uma consideração interessante ao usarmos a checklist para criar uma vida merecida.

Se a motivação, a habilidade, a compreensão, a confiança, o apoio e o mercado, todos funcionando em harmonia, são fatores obrigatórios, então a adjacência é um fator recomendável.

Quando nos sentimos frustrados com nossa vida ou carreira e desejamos algo mais gratificante, nos imaginarmos dando uma guinada de 180° em nossa situação atual pode ser algo emocionalmente tranquilizador. Mas as chances de sucesso favorecem aqueles que não se distanciam muito do seu campo de especialização, experiência e relacionamentos. Isso não quer dizer que devemos nos restringir a pequenas mudanças incrementais nas nossas vidas. A mudança pode ser grande. Mas ela exige adjacência — alguma conexão, por mais indireta que seja, ao nosso histórico de realizações.

Jim Yong Kim é a pessoa mais inteligente que conheço. Ele é médico, obteve seu doutorado em antropologia pela Harvard, é especialista em saúde mundial e doenças infecciosas, cofundador da Partners in Health, presidente de departamento da Harvard Medical School, diretor da divisão HIV versus AIDS da Organização Mundial da Saúde, ganhador de uma "bolsa para gênios" da Fundação MacArthur e sempre aparece em listas anuais de líderes influentes. Isso explica por que, em 2009, quando ele fez 50 anos, a Universidade Dartmouth queria que ele se tornasse seu próximo reitor. O Dr. Jim e eu falamos sobre os prós e os contras. Em Dartmouth, ele teria de lidar com o corpo docente, doadores e com um corpo discente notavelmente rebelde, o que seria uma grande mudança da sua rotina lidando com crises de saúde pública. Por outro lado, ele havia sido bem-sucedido em tudo que havia feito. Ele não ficaria mais tanto tempo longe de casa. Seria uma boa base para sua família de dois jovens rapazes. E ele estava familiarizado com a vida acadêmica da *Ivy League**. Eu disse que ele devia aceitar. Seria um desafio interessante.

O que esqueci de considerar foi a adjacência. Será que esse trabalho seria suficiente para satisfazer sua especialização científica e seria tão motivador quanto seus trabalhos anteriores? Ele dava conta do recado. Mas, embora amasse Dartmouth e seus alunos, ele não estava usando todos os seus talentos.

Três anos depois como reitor, o Banco Mundial pediu-lhe para tomar a liderança dessa organização gigantesca em Washington, D.C. Falamos sobre os prós e os contras novamente. De início, administrar o Banco Mundial parecia ser um salto ainda maior em direção à não adjacência do que a reitoria de uma universidade. Jim sabia muito pouco sobre finanças internacionais. Mas o Banco Mundial não era uma instituição financeira como a JPMorgan Chase. É uma parceria mundial que distribui dinheiro a nações em desenvolvimento para erradicar a pobreza. Mundial. Parceria. Pobreza. Essas palavras definiam a vida de Jim. Na sua mente, a pobreza e as crises de saúde pública não eram apenas adjacentes. Eram a mesma coisa. Se aceitasse o trabalho, ele poderia redirecionar a missão do Banco Mundial de reduzir a pobreza lutando contra doenças específicas que atacam as pessoas mais vulneráveis. Desta vez, não precisei convencê-lo a agir. Ele sabia que essa era sua área. Em resultado dos seus sete anos no Banco Mundial, estima-se que os programas com os quais ele esteve envolvido tenham salvado 20 milhões de vidas. Eu daria um rim, ou até os dois, só para incluir isso no meu currículo.

Em geral, sabemos quando nossas habilidades são adjacentes à oportunidade que está diante de nós. A adjacência é um conceito elusivo apenas quando nossa próxima oportunidade parece improvável

---

* Grupo formado pelas oito universidades mais prestigiadas dos Estados Unidos. [N. do T.]

— um ponto de partida não trilhado de quem éramos para quem desejamos ser. Mas se a adjacência existir e a encontrarmos, essa improbabilidade começa a fazer sentido. Para encontrarmos a adjacência na vida que estamos criando, precisamos identificar algo em nós mesmos que seja essencial para o sucesso da nossa nova vida. Por exemplo, houve uma época, há cinquenta anos, em que a ideia de um atleta profissional ou de um treinador passar a trabalhar na cabine de transmissão esportiva parecia improvável. Esse não é mais o caso, visto que os executivos da TV perceberam que os atletas conheciam *mesmo* o esporte e tinham credibilidade para falar com outros atletas na frente da câmera. A adjacência era o conhecimento que eles tinham sobre o esporte — sua maestria do conteúdo —, não sua habilidade de se apresentar ao vivo, o que podia ser aprendido no trabalho.

FAÇA O SEGUINTE: faça uma lista com umas vinte pessoas da sua carreira com as quais você se comunicou com mais frequência dentro de um período de, digamos, três meses. Você compartilha alguma habilidade ou qualidade pessoal destacada com as pessoas listadas e que mais admira? Se sim, seria esse o tipo de habilidade que poderia levá-lo a um campo totalmente diferente? Ou seja, a pessoa que deseja se tornar bate com quem você já é? De início, ser um diretor criativo de uma agência de publicidade pode não parecer o treinamento perfeito para se tornar um roteirista, mas faz todo o sentido quando identificamos a adjacência desses dois papéis: ambos exigem o dom de contar histórias. O mesmo vale para as vendas. Se temos a habilidade de vender, teremos adjacência com qualquer carreira que exija persuasão e fazer as pessoas gastarem dinheiro. Uma vez que conseguimos identificar a qualidade que nos distingue de outras pessoas, começamos a enxergar todas as oportunidades em que essa habilidade poderia ser útil. A adjacência multiplica drasticamente nossas opções.

CAPÍTULO 4

O ATO DA NÃO ESCOLHA

Sempre que possível, evito tomar decisões. Se olhar dentro do meu guarda-roupas, você encontrará mais de cinquenta camisas polo verde penduradas nele. Do lado delas, haverá 27 pares idênticos de calças cáqui. E, no chão, estarão seis pares de mocassins marrons de couro em várias condições de conservação, dependendo do seu tempo de uso.*

Uma camisa polo verde, calças cáqui e mocassins — pense em um engenheiro aeronáutico por volta de 1976 — são meu uniforme de trabalho. Eu adotei esse *look* de modo consciente depois da observação de Larissa MacFarquhar, da *The New Yorker*, que disse que me viu usando só isso durante o período em que esteve traçando meu perfil para a revista. Logo, meus clientes que leram a matéria começaram a expressar sua decepção quando não me viam usando uma camisa polo verde e calças cáqui. Assim, comecei a fazer a vontade

---

* Há alguns anos, hospedei três executivos da Bell South. Mostrei-lhes a minha casa, incluindo o guarda-roupas. Quando viram a fileira de calças cáqui idênticas, ouvi um dos executivos dizer para os outros: "Ainda bem. Achei que ele tinha só um par de calças."

deles. Por fim, percebi que meu uniforme foi um ato de liberação. Toda vez que fazia as malas para uma viagem de negócios, o que acontecia umas três ou quatro vezes por semana, eu não precisava ficar me perguntando o que levar. Independentemente da reunião ou do público, eu sempre usava camisas polo verdes e calças cáqui — mais uma decisão que não precisava tomar. No meu pequeno mundo de executivos e profissionais de RH, isso acabou se tornando minha marca registrada, assim como (perdoe a arrogância da comparação) Tiger Woods, que usava uma camiseta vermelha e calças pretas no domingo da rodada final de um torneio de golfe. Mas, diferentemente de Tiger, o meu caso não tinha nada a ver com a criação de uma marca; era um pequeno caso de me presentear com a liberdade da não escolha.

Com o passar do tempo, evitar o ato de escolher, pelo menos no caso de pequenas escolhas que não são importantes para mim, tornou-se uma das minhas maiores prioridades. Basicamente, concordo em tirar um tempo para me encontrar com qualquer estranho que faça o esforço de me contatar, dizendo a mim mesmo: "Isso não vai fazer com que me torne mais burro." Quando preciso de um novo assistente, contrato o primeiro entrevistado bem qualificado. Em um restaurante, pergunto ao garçom: "O que você escolheria?" (Isso inclui o benefício adicional de eliminar o arrependimento do consumidor. Não podemos nos arrepender de uma decisão que não tomamos.)

Não se trata de preguiça ou indecisão. Trata-se de uma prática consciente de evitar ter de fazer escolhas não essenciais para poupar meus neurônios para decisões mais importantes que, ocasionalmente, surgem no decorrer do dia, tal como aceitar o compromisso de dezoito meses para ser o coach de um novo cliente. Algumas pessoas amam fazer escolhas — CEOs, diretores de cinema e designers de interiores me vêm à mente. Eles amam ter o poder de aprovar ou desaprovar uma aquisição, o comprimento do cabelo de um ator ou determinado tom de cinza para pintar uma parede. Eu não. O mesmo talvez aconteça com você.

Ainda assim, várias pesquisas mostram que provavelmente utilizamos a maior parte da nossa energia mental no processo de tomar decisões todos os dias — e, por fim, essa energia se esgota, o que acaba resultando em más decisões. Desde a inocente escolha do que tomar no café da manhã à decisão espontânea de atender ou ignorar uma ligação e ao demorado e, muitas vezes, estressante processo de fazer pesquisas, fazer um *test drive* e pechinchar com gerentes de vendas para comprar nosso próximo carro, todas elas se juntam e resultam em uma existência dominada por escolhas.*

Para viver qualquer vida, precisamos fazer escolhas. Para conquistar uma vida merecida, precisamos fazer escolhas com um senso expandido de escala, disciplina e sacrifício.

NA DÉCADA DE 1960, quando estava no ensino médio em Valley Station, após uma grande tarefa de leitura, nossa professora de inglês do primeiro ano nos fazia escrever uma redação sobre qualquer tema que desejássemos. O único requisito era que essa redação tinha que ter alguma coisa a ver com o livro, peça ou conto que havíamos acabado de ler. Ela chamava essa redação de "estilo livre". No segundo ano, nosso novo professor de inglês usava um método similar, mas era ele quem escolhia os temas. Perguntei-lhe por que ele não nos dava estilos livres. Ele respondeu: "Estou fazendo um favor para a maioria dos seus colegas. Os alunos haviam reclamado por anos que não tinham ideias. A liberdade de escolher o próprio tema é a última coisa que desejam."

---

* Se lhe pedisse para registrar todas as escolhas que fez durante o dia (começando, obviamente, com a decisão de aceitar ou recusar este pedido, passando para sua escolha entre papel, bloco de notas, notebook ou aparelho digital para fazer o registro, e, então, para a cor de tinta da caneta, isso se fosse escolher uma caneta em vez de um lápis ou um smartphone... deu para entender aonde quero chegar?), quantas escolhas você acha que faria por dia? Dica: sou um extremista nessa questão de evitar fazer escolhas e parei de contar no registro do meu primeiro dia, quando cheguei a 300 escolhas antes das 16h.

Fiquei sem pensar nesse professor durante décadas, até que outro professor, Alan Mulally, me falou sobre as reuniões de Revisão do Plano de Negócios que ele instituiu em 2006 na Ford Motor Company, quando se tornou seu CEO. As RPNs, tal como eram conhecidas, eram reuniões semanais rigorosamente estruturadas que eram realizadas toda quinta-feira às 7h na Thunderbird, a sala de conferências da sede da Ford, em Dearborn, Michigan, com os dezesseis membros da alta administração da empresa. Eles eram obrigados a assisti-las, presencialmente ou por videoconferência. Não eram permitidos substitutos. Alan começava a reunião da mesma forma toda semana. "Eu me chamo Alan Mulally. Sou o CEO da Ford Motor Company. Nossa missão é..." E então ele falava sobre o plano de negócios de cinco anos, projeções e desempenho da sede, com gráficos onde cada ponto sob seu controle estava marcado na cor verde (conforme o plano), amarelo (melhorando, mas não conforme o esperado) e vermelho (insatisfatório). Ele concluía em cinco minutos. Então, cada gerente devia seguir o passo a passo da estrutura criada por Alan: nome, cargo, plano e a situação dos seus projetos indicada por cores, tudo em cinco minutos. Alan também exigia educação e bom comportamento durante a reunião: nada de preconceito, críticas, interrupção e sarcasmo. "Nunca se divirta à custa de outros", dizia ele. As RPNs eram um lugar psicologicamente seguro.

De início, foi difícil para os executivos da Ford acreditarem que não haveria sarcasmo e preconceito nessas reuniões. Esse era um dos motivos pelos quais os executivos se recusavam a marcar seus projetos na cor vermelha: eles tinham medo de serem zombados pelos seus colegas.

Alan acabou com o sarcasmo na primeira semana por simplesmente dar uma bronca em quem fosse sarcástico na mesma hora. Todos os executivos entenderam a mensagem. Demorou mais para que eles se dispusessem a relatar algo em vermelho — ou seja, admitir que havia um ponto fraco na sua divisão. Ninguém queria colocar à prova a promessa de transparência de Alan de que não haveria represálias. Depois de um mês no cargo, quando o chefe da filial dos Estados Unidos indicou algo como vermelho pela primeira vez devido ao desligamento de uma linha de produção canadense, Alan o aplaudiu por sua honestidade e visibilidade, uma reação que não passou despercebida. Foi então que Alan soube que havia conquistado sua equipe de liderança. Mas não todos.

Tenha em mente que, com exceção das 2 horas semanais das reuniões de quinta-feira, Alan não entrava em contato com sua equipe durante grande parte das 166 horas restantes. Ele estava lá para trabalhar, não analisar cada passo que eles dessem, acreditando que a transparência e a decência exigidas nas RPNs acabariam se espalhando pelo resto da Ford. Esse processo começou a reconfigurar a cultura. Entretanto, dois dos seus executivos seniores lhe disseram que não podiam viver com essa filosofia, admitindo que, na verdade, ao serem legais, eles se sentiam falsos e fingidos. Ele lhes disse que sentia muito por se sentirem assim, mas que essa era a escolha deles, não dele. Eles sabiam as regras, sem exceções. Alan não os estava demitindo. Eles estavam demitindo a si mesmos.

Aqueles que leram meu outro livro, *Gatilhos do Sucesso*, perceberão que esta não é a primeira vez que separei alguns parágrafos para falar sobre os métodos de Alan Mulally. Acho que as RPNs são uma brilhante ferramenta administrativa, a estratégia mais eficaz com a qual me deparei para alinhar os planos informados das pessoas com o quão bem elas os executam. É um golpe de mestre de responsabilização que mais gerentes deveriam implementar. Mas, em anos recentes, comecei a apreciar as estruturas das RPNs pelas suas lições psicologicamente incisivas, não tanto as quem têm a ver com nossas escolhas, mas pelo que vem depois disso, ou seja, como assumimos a responsabilidade por essas escolhas. Isso se aplica especialmente no contexto de criarmos uma vida merecida.

As regras de Alan de como se comportar nas RPNs foram um presente para os executivos, e não, como imaginavam de início, uma tentativa draconiana de controlá-los. Alan presenteou sua nova equipe com o que chamo de Ato da não Escolha. Eles podiam se comportar de forma positiva ou encontrar um trabalho em outro lugar

— o que pode dar a impressão de que ele estava lhes oferendo uma escolha binária, o que não era o caso, pois os executivos já podiam ter deixado a Ford por conta própria e aceitado outros empregos antes de Alan os ter reunido para a sua primeira RPN. Alan não os estava obrigando a sair. Ele estava lhes dando a única opção que tinham — se comportar e se comunicar de uma forma positiva nas RPNs —, o que, na prática, não lhes dava outra escolha. Era um novo show. Eles precisavam se comprometer com isso ou deixar o palco.

Essa era a parte da "não escolha" do Ato da não Escolha. Alan cuidou da parte do "ato" ao fazer com que as RPNs se tornassem um evento *semanal*.

É importante entender o significado do plano no contexto da Ford Motor Company de Alan Mulally. Não havia nenhum mistério quanto à proposta da Revisão do Plano de Negócios. Estava no nome oficial da reunião: *revisar o plano de negócios*. Na Ford, "o plano" era tudo, e havia muitos planos — o plano abrangente da sede e outros dezesseis planos dentro desse plano, um para cada chefe das dezesseis divisões. Todos ajudavam a criar esses planos. Ninguém ficava confuso. Cada plano era revisado palavra por palavra, como um mantra, no início da apresentação de cinco minutos de cada executivo. E ela acontecia toda semana. Todos nas RPNs sabiam qual era a missão, suas metas individuais, o que precisava ser feito para atingir essas metas e quando seria possível cantar vitória.

Pense na dinâmica que isso criou nas RPNs. Ao dar aos executivos apenas uma série de opções — comparecer nas RPNs, conhecer seu plano, relatar seu progresso, praticar a transparência total, ser legal —, Alan estava garantindo o comprometimento deles e encorajando-os a exibir esse comprometimento abertamente. Ele estava fazendo com que todos tivessem que prestar contas para o grupo e para si mesmos. Semanalmente, todos os executivos tinham que ouvir seus colegas anunciarem seu progresso dos últimos sete dias — e compará-lo com seu próprio progresso. Para executivos competitivos acostumados com a validação interna e externa, as RPNs eram um ambiente desafiador e extremamente motivador, em que podiam sentir a vergonha autoinfligida ou a merecida satisfação. A escolha não era difícil.

Obrigá-los a relatar seus números toda semana dava urgência ao processo. Os gerentes seniores não podiam procrastinar ou permitir que outra coisa os distraísse. Eles precisavam se apegar ao plano.

Alan esperava que eles exibissem algum progresso toda quinta-feira, que tivessem transformado alguns vermelhos em amarelos e alguns amarelos em verdes. Mas, se esse não fosse o caso, ele não brigava com eles. Na verdade, ele os aplaudia por sua honestidade. Alguns vermelhos não faziam com que eles se tornassem más pessoas. Eles podiam se sair melhor na próxima quinta-feira. Se continuassem a relatar pontos em vermelho, isso talvez significasse que não podiam resolver o problema sozinhos, e então ele lhes providenciava ajuda. Mas eles acabavam conseguindo. Os executivos sabiam disso. Assim como acontecia com a presença obrigatória nas RPNs, eles sabiam que não tinham escolha a não ser melhorar.

Esse esmagador senso de urgência semanal, ausente em outras partes das suas vidas, fez com que esses executivos passassem a exercer controle sobre seu futuro. Eles sabiam o que se esperava deles e que apenas eles eram responsáveis pelo seu desempenho. Quando relatavam pontos verdes que antes estavam amarelos ou vermelhos, podiam sentir que eram merecedores do seu sucesso. Esse foi o presente das RPNs de Alan. Ele havia dado aos seus executivos a capacidade de atingir seu mais pleno potencial. Quando temos apenas uma escolha, a única resposta aceitável é fazer com que ela funcione.

Se a abordagem de Alan pôde ajudar uma gigante industrial em decadência, sobrecarregada pela concorrência, por dívidas e obrigações esmagadoras, ela poderia ser retrabalhada e aplicada para transformar uma vida medíocre em uma vida merecida. Voltaremos a falar sobre isso na Parte 2. Por enquanto, falemos sobre as escolhas.

SEMPRE ACHEI QUE as pessoas mais sortudas do mundo fossem, pelo menos em termos de carreira, aquelas que podiam honestamente dizer "Eu ganho para fazer o que faria alegremente de graça". Músicos, jogadores de videogames, guardas-florestais, designers de roupas, críticos gastronômicos, jogadores profissionais de pôquer, dançarinos, *personal shopper*, membros do clero. Todos esses são os melhores no que amam fazer e amam fazer aquilo no que são os melhores — e o mundo está disposto a pagar por isso. Seja o salário uma fortuna ou uma miséria, eles raramente se arrependem do caminho que escolheram — porque esse era o único que podiam enxergar para si mesmos. Em outras palavras, eles não tinham escolha.

Não muito atrás desses sortudos vêm as pessoas bem-sucedidas que, quando são questionadas sobre como chegaram onde estão, respondem: "Essa era a única coisa que eu sabia fazer bem." Já ouvi essa frase de grandes publicitários, jardineiros, designers de software e jornalistas. Eles não são aqueles sortudos que trabalhariam de graça, mas a facilidade que sentiram ao escolher sua carreira foi idêntica àquela que o jogador de videogames e o clérigo sentiram. Eles achavam que não tinham escolha.

Criar uma vida merecida começa com uma escolha — peneirando as ideias que temos para o futuro (supondo que temos ideias) e escolhendo nos comprometer com uma delas acima de todas as outras. Isso é mais fácil de dizer do que de fazer. Talvez sejamos do tipo criativo e inquieto, com várias ideias, e não consigamos identificar uma única ideia com a qual trabalhar. Ou talvez tenhamos o problema oposto: não temos ideias e recorremos automaticamente à inércia.

Nessa situação, por onde começar? Como tomamos uma decisão sobre o futuro, sobre os sacrifícios que teremos de fazer, com quem compartilhá-lo e onde ele acontecerá? Como podemos nos certificar de que nossa eventual escolha nos ofereça mais chances de obter a realização em vez de sentir arrependimento?

O primeiro passo convencional seria nos fazer uma pergunta do tipo *O que quero fazer em seguida?* ou *O que me daria mais felicidade?*

Ao que eu responderia: "Não tão rápido!" Se fizéssemos isso, estaríamos colocando a carroça na frente dos bois. Primeiro, precisamos dar alguns passos preliminares — e cada um desses passos nos ajudará a reduzir nossas muitas opções a um ponto em que deixaremos de ter escolha.

Antes de mais nada, criar uma vida merecida é uma questão de escala — de se dedicar totalmente às coisas mais importantes, que nos mantêm focados, e menos àquelas que não influenciam o resultado. Este é o segredo para viver uma vida merecida: *ela é vivida nos extremos*. Maximizamos o que precisamos fazer e minimizamos o que parece desnecessário.

Só cheguei a entender isso quando tinha 40 anos. Dada a realização e os relativamente poucos arrependimentos que tive enquanto escrevia isto aos 73 anos, acredito que mereci minha vida. O crédito disso dou a uma autoavaliação que fiz há 30 anos, em 1989, quando ficou evidente que minha carreira aleatória, porém bastante linear, *não* estava me levando à vida tranquila de descanso nos fins de semana que havia imaginado. Lyda e eu tínhamos dois filhos e um grande financiamento imobiliário. Pela primeira vez na minha vida, estava pensando em trabalhar sozinho — como um treinador corporativo —, sem o apoio de uma organização ou de parceiros. Se fosse bem-sucedido, trabalharia bastante e passaria mais tempo longe da minha família, o que me preocupou. Esse foi o território arriscado e desconhecido que surgiu graças à minha autoavaliação.

Assim, fiz uma análise do custo-benefício do que esse tipo de vida oferecia e exigia. Eu possuía os recursos psicológicos e emocionais para me sustentar e ser feliz? E estava disposto a maximizar esses recursos consistentemente durante um longo período, ignorando outras prioridades e distrações? Em outras palavras, estava disposto a pagar o preço para ser bem-sucedido nesse novo caminho?

Esse não era um teste da minha motivação, habilidade, compreensão ou confiança. Eu podia dar conta do recado. Foi uma avaliação do quanto eu sacrificaria. Estava estabelecendo minhas prioridades e analisando em que pontos estava disposto a ceder. Poderia obter equilíbrio no que algumas pessoas talvez encarassem como uma vida totalmente desequilibrada?

Fiz uma lista, em ordem alfabética, dos seis fatores que achava que nos davam o senso de realização na vida:

- Conquista.
- Dedicação.
- Felicidade.
- Significado.
- Propósito.
- Relacionamentos.

Passei rapidamente para os fatores não mundanos de propósito, dedicação, conquista, significado e felicidade. Eles eram elos da cadeia familiar: *propósito* significava que eu tinha um motivo para fazer o que estava fazendo, o que garantia minha total *dedicação*, a qual aumentava minhas chances de *conquista*, atingindo meu alvo, o que, por sua vez, dava *significado* à minha vida e um senso elusivo de *felicidade*. Não tinha dúvidas de que meu novo trabalho me daria tudo isso. Era só maximizar um fator que os outros viriam em seguida.

O que faltava eram os *relacionamentos*, ou seja, minha família. O que me preocupava era o efeito que viajar o tempo todo teria sobre o meu relacionamento com Lyda e nossos filhos.

Ao pensar nessas perguntas, percebi que não estava lidando com o típico caso de decisão binária do tudo ou nada que confunde tantos de nós, como se eu tivesse a liberdade de escolher entre viajar e ficar em casa. Os fatos eram: (a) essa era minha melhor ideia para viver minha própria vida na época, algo que se harmonizava com meu treinamento, meus interesses e meu desejo de ajudar as pessoas de uma forma significativa; (b) era gratificante saber que as pessoas queriam ouvir o que eu tinha a dizer e podia transformar isso no meu ganha-pão; e, o mais importante, (c) as constantes viagens seriam uma parte não negociável do meu trabalho, da mesma forma como se eu decidisse me tornar caminhoneiro ou comissário de bordo.

Em outras palavras, eu não estava dividido entre duas escolhas. Eu tinha apenas uma escolha, a qual, como disse, não era realmente uma escolha. A única questão com a qual eu tinha de lidar era a escala. Até onde iriam minhas obrigações de viagem? Quantos dias na estrada se qualificavam como "maximizar", e quais seriam as consequências de "minimizar" minha presença em casa? Eu não estava comparando uma decisão difícil com o treinamento corporativo e uma alternativa desconhecida. Isso já havia ficado para trás. Eu estava apenas negociando os termos e dimensões desse arranjo.

Se uma vida merecida é uma vida de exagero produtivo — de se dedicar totalmente ao que importa — acompanhada de sacrifícios e concessões, esse era o momento de falar sério sobre merecer minha vida. Eu não tinha escolha.

EXERCÍCIO

Inverta os Papéis

O primeiro obstáculo para conquistar uma vida merecida é decidir que tipo de vida ela seria. Se não tivermos ideias próprias sobre o assunto, vamos acabar dependendo da sorte ou da ajuda e das ideias dos outros. Mas como podemos saber quando uma ideia inovadora nos é apresentada? Como evitar a inércia ou aceitar o *status quo*, a falta de imaginação ou qualquer outra coisa que esteja nos impedindo de enxergar uma oportunidade que nos foi apresentada? O que fazer para ter uma epifania inovadora e não uma oportunidade perdida? Cada um de nós deve responder a essa grande pergunta.

FAÇA O SEGUINTE: embora eu não possa simplesmente lhe dizer para ser mais criativo ou reconhecer quando a sorte está bem diante dos seus olhos, posso lhe recomendar um exercício de dois passos que o ajudará a fazer isso sozinho:

1. Faça para si mesmo o que fez a outros. Consegue se recordar das vezes em que deu a outra pessoa um conselho que mudou a vida dela? Talvez tenha arranjado para que duas pessoas se conhecessem em um encontro às cegas e elas acabaram se casando. Talvez tenha avisado a um amigo sobre uma vaga de emprego perfeita para ele. Talvez um amigo agradecido tenha lhe lembrado de uma observação casual que você fez há anos, a qual ele encara como o ponto de virada da sua vida. Talvez você tenha demitido um funcionário, convencido de que estava lhe fazendo um favor, e, mais tarde, esse funcionário lhe agradeceu, admitindo que você estava certo, que ser demitido foi a melhor coisa que lhe aconteceu. Talvez tenha identificado algo especial (em vez de falho) em outra pessoa e lhe dito que ela era capaz de muito mais.

Em cada um desses casos, você reconheceu alguma coisa em outros que eles mesmos não podiam ver. Isso por si só já deveria responder à pergunta sobre se você consegue imaginar um novo caminho. Você já fez isso por outros. Faça o mesmo por você.

2. Comece com uma pergunta básica. "O que quero fazer pelo resto da vida?", "O que sei fazer é importante?", "O que me faria feliz?" Essas perguntas não são básicas. Elas são profundas e multifacetadas, e devem ser feitas durante toda nossa vida (mas não espere uma resposta curta ou fácil). Perguntas básicas abordam apenas um fator — porque, no caso de quase todas as grandes decisões de vida, não precisamos de quatro ou cinco motivos. Um é o bastante. Por exemplo, nós nos casamos porque estamos apaixonados — e essa explicação é suficiente como resposta para qualquer raciocínio a favor ou contra.*

---

* Digo isso por experiência. Depois de 35 anos em San Diego, Lyda e eu nos mudamos para Nashville por apenas um motivo: nossos netos moram lá. O fato de que Nashville acabou sendo um ótimo lugar para morar é um bônus; uma qualidade de vida melhor ou qualquer outro motivo nunca chegaram a ser um fator na nossa decisão.

"Você o ama?" é uma pergunta básica. O mesmo vale para "Quem é seu cliente?", "Vai funcionar?", "Podemos pagar por isso?", "Onde foi que erramos?", "Está falando sério?", "Você está fugindo do quê?" e "Você está correndo em direção a quê?" Qualquer pergunta formulada de forma simples que exige um exame profundo e honesto dos fatos e das nossas habilidades e intenções — quer dizer, que faz a dura verdade vir à tona — se qualifica como uma pergunta básica.

As perguntas mais comuns que faço ao aconselhar as pessoas sobre seu próximo grande passo na vida é a mais básica de todas: "Onde você quer morar?" Ela é tão básica que as pessoas raramente se perguntam isso. Mas visto que formamos uma imagem mental do lugar ideal para nós, respondemos com certa hesitação. Então realmente começamos a pensar no futuro: o que nos imaginamos fazendo o dia todo nesse lugar ideal? Podemos encontrar um trabalho significativo lá? Como as pessoas que amamos se sentem sobre essa mudança? Se temos filhos ou netos, aguentaríamos morar longe deles? A escolha específica do lugar também lança luz sobre nosso estilo de vida ideal. As pessoas que respondem "Havaí" ou "os Alpes Suíços" não querem o mesmo que as pessoas que respondem "Nova York" ou "Berlim". Não podemos assistir a um espetáculo da Broadway nos Alpes Suíços nem caminhar em uma montanha em Berlim. Isso nos leva à próxima pergunta básica: "O que farei lá todos os dias?" Esse é o valor da pergunta básica: ela nos obriga a dar respostas básicas, as quais, por sua vez, nos levam a mais perguntas que devem ser respondidas. É assim que descobrimos como realmente nos sentimos sobre nossa vida e como gostaríamos que ela fosse. Às vezes, descobrimos que estamos satisfeitos com o *status quo*. Em outros casos, percebemos que não estamos satisfeitos. É aí que entra a criatividade.

CAPÍTULO 5

ASPIRAÇÃO: PRIVILEGIANDO O FUTURO EM VEZ DO PRESENTE

Até agora, falamos sobre a vida merecida no contexto de encontrar uma carreira realizadora, enfatizando o quão difícil é para muitos de nós escolher e se comprometer com o que será o trabalho da nossa vida. "Trememos antes de fazer nossa escolha de vida", escreveu Isak Dinesen, "e voltamos a tremer, imaginando se não escolhemos errado."

Para muitos, porém, comprometer-se com uma carreira não é um dilema agonizante — porque, para esses, viver uma vida merecida não depende do seu ganha-pão. Os valores e habilidades que aspiram têm pouco a ver com validação profissional ou acúmulo material.

Conheço pessoas cuja explícita missão de vida é "servir". Quanto mais ajudam os outros, mais objetivo e significado elas encontram nas próprias vidas. Ao servir aos outros, elas literalmente acumulam objetivo e significado, um tipo de riqueza mais valiosa para elas do que os convencionais troféus de dinheiro, status, poder e fama.

Conheço outros que se devotam mais a se aperfeiçoarem do que darem a outros (não que haja algo de errado nisso). O constante autoaperfeiçoamento é o objetivo que os define. Toda tarefa — seja abaixar sua pressão arterial ou aumentar sua inteligência emocional — é julgada em comparação com um padrão interno de excelência do qual eles se aproximam, mas nunca alcançam. Porém, quanto mais perto chegam dele, mais sentem que o resultado do seu empenho foi merecido.

Também conheço pessoas cuja maior aspiração é a iluminação espiritual ou moral — criar um sentimento de contentamento no que se refere ao seu relacionamento com o mundo, independentemente de ganho material ou, mais provavelmente, justamente graças à sua ausência. Quanto menos dependem de posses materiais, mais iluminação elas conquistam.

Conheço várias pessoas, especialmente na meia-idade e além, que medem sua realização ao analisar a cena de uma grande reunião de família na companhia dos seus filhos, netos e bisnetos, sentindo a alegria e validação de quantos cidadãos decentes e produtivos elas guiaram no mundo. Elas sentem o merecimento das suas vidas ao tentarem ser patriarcas e matriarcas responsáveis, o trabalho de toda uma vida que, ainda assim, deve ser merecido todos os dias, independentemente da idade.

Essas são apenas algumas das virtudes e valores interpessoais (que não podem ser medidos) que esperamos aperfeiçoar à medida que nos esforçamos para obter a realização. Elas destacam uma diferença que parece óbvia apenas na primeira vez que a ouvimos: decidir *o que queremos fazer todos os dias* não é o mesmo que *quem queremos ser agora* e *quem queremos nos tornar*.

Só entendi essa diferença depois que comecei a escrever este livro e me perguntei se fiz o que preguei — ou seja, se vivi uma vida merecida. Se sim, a parte merecida foi moldada pelo que eu fazia todos os dias ou por quem eu queria ser ou me tornar? Ou foi uma medida do quão bem-sucedido eu fui em integrar essas três dimensões em minha vida, para que eu pudesse me deleitar em um agradável senso de realização e dizer: "Missão cumprida"? Será que duas pessoas com históricos e inícios de carreira idênticos vivem vidas merecidas apesar de correrem atrás de valores e virtudes diferentes? O que queremos nos *tornar* é mais importante para obter realização do que o que fazemos ou queremos *ser em qualquer momento*? Percebi que a resposta para essa última pergunta poderia ser encontrada em uma das minhas amizades mais duradouras.

Sou filho único, mas, se tivesse um irmão gêmeo de outra mãe, Frank Wagner seria essa pessoa. Frank e eu começamos a fazer pós-graduação em 1975, tínhamos os mesmos professores nas mesmas matérias, nos formamos juntos com doutorados no mesmo campo da psicologia, tivemos os mesmos mentores no início das nossas carreiras e acabamos trabalhando como coaches executivos, estabelecendo-nos no sul da Califórnia, a uma distância de duas horas de carro um do outro. Ambos estamos casados há mais de quarenta anos e temos dois filhos. Temos a mesma idade. E temos as mesmas filosofias sobre ajudar outros a mudar de comportamento. Quando não posso trabalhar com clientes em potencial, encaminho-os para Frank. Há muito pouca diferença entre como preparamos nossas carreiras, organizamos nossa vida familiar e o que queríamos fazer profissionalmente.

Mas é aí que as similaridades acabam.

De muitas formas, decidir quem queremos ser é como adotar uma ideologia ou credo para nossa vida, uma única premissa sobre a qual nos baseamos para interpretar nosso passado e determinar nosso presente e futuro. A premissa que orienta Frank — sua ideologia, se preferir — foi o *equilíbrio*. Ele quis viver uma vida equilibrada na qual todas as facetas que moldam uma pessoa funcional recebessem igual espaço e atenção. Ele levava sua vida profissional a sério, mas nunca sacrificou seus objetivos pessoais: seu papel como marido e pai dedicado; seu condicionamento físico, e suas atividades vocacionais de jardinagem e surfe. Era como se cada aspecto da sua vida — suas responsabilidades, sua saúde suas paixões extraprofissionais

— fosse igualmente dividido para que pudesse obter total equilíbrio. Pode-se dizer que ele era radical sobre não ser radical. O exemplo mais extremo da sua vida de equilíbrio era seu peso. Seu peso ideal era 72 kg, e, durante cinquenta anos, ele nunca esteve 1 kg acima ou abaixo desse número. Se a balança marcasse 70 kg, ele comia mais durante alguns dias para voltar para 72 kg. Se desse 74 kg, ele comia menos.

Em comparação com a determinada integração de Frank de todas as partes da sua vida, eu era (e ainda sou) uma verdadeira bagunça de indisciplina e caos. Amo meu trabalho. Os dias em que trabalho são divertidos, mas fico entediado nos dias de folga. Eu não precisava da válvula de escape das férias, de passatempos e de jogos de golfe nos fins de semana. Pensava que se o trabalho me fazia feliz, poderia voltar para casa como um marido e pai feliz, o que não podia ser ruim. No único ano em que intencionalmente diminui meu tempo de 200 para 65 dias por ano longe de casa — porque nossos filhos estavam entrando na adolescência, supostamente os anos mais difíceis para os pais, e me convenci de que precisava aumentar minha presença em casa —, minha filha de 13 anos, Kelly, me disse no fim do ano: "Pai, você exagerou. Você está passando tempo demais com a gente. Pode ir viajar. Estamos bem."

Frank e eu éramos dois amigos que começamos nossas carreiras com currículos e oportunidades idênticos, mas com planos bem diferentes para obter a realização. Ao passo que Frank queria uma vida equilibrada, eu me sentia confortável com o extremo desequilíbrio. Nenhum de nós julgou o outro pelas suas escolhas. Estávamos criando e vivendo nossas próprias vidas. Hoje, com 70 e poucos anos, nenhum de nós sente o fardo do arrependimento. Estamos convencidos de que fizemos por merecer nossas vidas. Na corrida da vida pela realização (e, pode confiar, ela é bem curta e acaba rápido), ambos ganhamos a medalha de ouro. Como isso acontece?

Diagrama

- **Ação** — O que estamos fazendo agora
- **Ambição** — O que queremos realizar
- **Aspiração** — Quem queremos nos tornar

A resposta está em um trio de variáveis independentes — Ação, Ambição e Aspiração — que ditam o progresso que fazemos em direção a viver a vida que buscamos para nós mesmos.

- **Ação**, na minha definição operacional, é **o que estamos fazendo agora**. Ela se refere a todas as coisas específicas que fazemos durante o dia — desde responder a uma pergunta a pagar uma conta e fazer uma ligação à relativa inação de assistir televisão por horas em uma tarde de domingo. Quer nossa Ação seja ativa ou passiva, ela reflete uma escolha consciente. O horizonte de tempo da Ação é imediato, no momento, e, assim, fácil de articular: *aconteceu agora; acabamos de realizá-la*. Às vezes, nossa Ação é realizada a serviço de nossa Ambição ou Aspiração. Frank fez isso muito bem. Sua Ação imediata em qualquer refeição, por exemplo, era determinada pela sua divergência de peso acima ou abaixo de 72 kg. Ele comia mais ou menos de acordo com isso. E ele era igualmente disciplinado em outras partes da sua vida. Eu, por outro lado, era mais indisciplinado na minha Ação — a menos que ela se relacionasse com o trabalho de alguma forma. Era apenas então que minha disciplina se igualava à de Frank. A verdade é que a Ação, para a maioria de nós, é uma atividade sem rumo, sujeita aos caprichos do momento ou, pior, aos nossos objetivos declarados (por

exemplo, supostamente tiramos férias do trabalho para recarregar nossas baterias, mas levamos o trabalho conosco).
- **Ambição é o que queremos realizar.** São nossos esforços em prol de um alvo específico. Ela tem um limite de tempo, terminando assim que atingimos nosso alvo, e pode ser medida. Nossa Ambição não é singular; podemos ter vários objetivos ao mesmo tempo — profissionais, vocacionais, físicos, espirituais e financeiros. Ela pode ser o maior denominador comum entre as pessoas de sucesso.
- **Aspiração é quem queremos nos tornar.** É nossa busca por um objetivo maior do que qualquer alvo específico e limitado pelo tempo. Desejamos servir aos outros, ser pais melhores ou ser mais consistentes em viver de certa forma ou em tratar outras pessoas. Frank, com sua expressa devoção em viver uma vida equilibrada, era um exemplo nisso desde que se tornou um jovem adulto. Eu aprendia mais devagar e nunca atribuí um significado maior à minha vida antes dos meus 60 anos. Diferentemente da Ambição, a Aspiração não tem uma clara linha de chegada. Trata-se de um processo contínuo com um horizonte de tempo infinito. Ela é difícil de medir. É uma expressão do nosso propósito maior. Nossa aspiração pode mudar com o passar do tempo, mas não desaparece, quer digamos isso, quer não. Paramos de ter aspirações quando paramos de respirar.

É tentador chamar a Ambição e a Aspiração de sinônimos. Mas, para mim, não são a mesma coisa. Ambição significa esforçar-nos por um alvo específico com uma linha de chegada; somos o X e queremos Y. Quando conseguimos Y, essa ambição específica acaba, até que estabeleçamos outro alvo ambicioso. A Aspiração, por outro lado, é um ato contínuo de autocriação e autovalidação. Não se trata de X virar Y. Trata-se do X evoluir e ir se transformando em Y, Y+ e, quem sabe, T^2.

A Ambição e a Aspiração não são um duopólio que guiam nossa habilidade de viver uma vida merecida. Elas não conseguem funcionar direito sem a terceira variável: a Ação. Chamo-as de variáveis independentes porque podemos isolá-las para entender suas propriedades únicas. Posso manter um registro de todos os meus episódios de Ação no dia ou na semana e estudá-los para ver como gasto meu tempo, somando as horas em que sou produtivo, estou distraído ou ocioso, ou realizando tarefas, mas nada disso é significativo a menos que esses dados possam ser ligados a um objetivo moldado pela minha Ambição e Aspiração. Qualquer autoaperfeiçoamento positivo e duradouro que obtemos em nossa vida vem do resultado da Ação trabalhando junto com a Ambição e a Aspiração. Quando essas três variáveis independentes se tornam interdependentes, servindo uma à outra, nos tornamos irrefreáveis. Teremos a realização no nosso futuro, e não o arrependimento. Infelizmente, isso não acontece com a frequência que gostaríamos. E é mais fácil entender do que executar.

Falaremos mais sobre a Ação e a Ambição no Capítulo 6, onde elas exercem um papel proeminente ao escolher que riscos podemos assumir e dos quais devemos nos afastar. Mas, neste capítulo, nos concentraremos na Aspiração — para estabelecer o quão radicalmente ela se difere da Ambição e por que tantos de nós conseguem articular nossas ambições, mas não nossas aspirações (e vice-versa).

O MOTIVO PELO qual achamos tão difícil criar nossa própria vida, ou por que hesitamos em fazer mudanças, independentemente dos detalhes, é que não podemos saber de antemão como a vida que imaginamos será ou se gostaremos dela. Isso porque não existe um botão de emergência para interrompermos uma fase da vida, fazendo com que a próxima comece de imediato. Não mudamos do nosso velho eu para o nosso novo eu da noite para o dia. Trata-se de um processo longo e gradual de iluminação com lampejos do nosso futuro no caminho. Esse é o processo que a filósofa Agnes Callard, da Universidade de Chicago, chama de "aspiração" (seu livro sobre esses assuntos tem o apropriado título *Aspiration: The Agency of Becoming* [Aspiração: O Ato de Tornar-se, em tradução livre]).

Pense na decisão de ter filhos. Essa é uma grande escolha de vida, e é diferente de todas as demais porque, além de criar uma nova vida para nós como pais, cria literalmente a nova vida do nosso filho. Antes de nos tornarmos pais, temos a liberdade de aproveitar nosso estado sem filhos, talvez trabalhando quatorze horas por dia, escalando montanhas no fim de semana ou tendo aulas de gastronomia à noite. Sabemos que ter um filho imporá limites ao nosso estilo de vida — e é possível que venhamos a nos ressentir da perda do nosso tempo livre. Mas não podemos ter certeza disso, nem podemos antecipar a realização que sentiremos ao segurar nosso bebê nos braços por horas até ele dormir ou todas as outras obrigações relacionadas com ele que temíamos na nossa vida pré-parental. A aspiração é a ponte entre uma vida sem filhos e tornar-se pai. Os nove meses de gravidez, dominados por euforia, ansiosidade, preparação, testes pré-natais e cuidados pessoais, fazem parte do processo de aspiração à medida que experimentamos as emoções e os valores que esperamos adquirir um dia. É como um estágio de verão — quando testamos um novo emprego —, só que com um compromisso pelo resto da vida no final. A professora Callard diz que não devemos pensar em tornar-nos pais apenas como um único evento discreto quando decidimos ter um filho. É um processo: "A Antiga Pessoa aspira tornar-se a Nova Pessoa." Segundo ela, existe algo de heroico nas nossas aspirações, porque temos uma "ideia anticipatória e indireta" da excelência do que aspiramos. Aspiramos sem garantia de que conseguiremos o que desejamos ou se seremos felizes quando isso acontecer.

A professora Callard também acrescenta que a aspiração é "o processo racional pelo qual nos esforçamos para nos importar com algo novo". Ela nos dá controle sobre nossa aquisição de valores, habilidades e conhecimento. Mas essa aquisição não é instantânea; ela continua com o passar do tempo, exigindo paciência. Ela nos permite molhar os pés na água para ver se gostamos antes de nos comprometer a uma longa nadada, em grande parte nos nossos termos, sem pressa e sem pressão. Nesse sentido, o processo de aspirar é como um jornalista que faz pesquisas para escrever uma reportagem. De início, o jornalista não sabe qual é a história toda, nem sabe como ela acaba até que tenha terminado de investigar e de fazer as entrevistas, nem sabe o quão importante ela é até que tenha reunido todo o seu material e comece a escrever. Escrever a reportagem envolve deletar, revisar, fazer correções no meio do caminho, lidar com interrupções e reinícios frustrantes e, às vezes, abandonar tudo. O jornalista não sabia disso quando começou. À medida que as palavras e páginas se acumulam, ele fica cada vez mais perto de atingir seu objetivo inicial. Esse ato de aspiração — o ato de intencionalmente ligar a Antiga Pessoa à Nova Pessoa que está percebendo essa intenção — é como podemos sentir a realização em vez do arrependimento.

Existe outra diferença entre a ambição e a aspiração que deve ser analisada. Quando atingimos o alvo da nossa ambição, sentimos uma felicidade que não podemos conter e proteger. Recebemos uma promoção, vencemos o campeonato do clube ou terminamos uma maratona em três horas. Celebramos a conquista. Por um breve período de tempo, ficamos felizes (ou, mais provavelmente, não tão felizes quanto imaginamos que ficaríamos). Então, esse sentimento desaparece e, canalizando nossa Peggy Lee interna, perguntamo-nos: "Isso é tudo?"*

Um amigo me contou a seguinte história sobre seus dias na escola: quando tinha 9 anos, ele foi mandado por sua mãe solo, que tinha de trabalhar, para uma escola de ensino fundamental e médio só para meninos que eram órfãos ou, no seu caso, com apenas a mãe viva, "semiórfãos". Ele tinha de morar na propriedade da escola o ano todo com outros duzentos meninos, com todas as despesas pagas. Foi a primeira vez que ele teve bons professores, que se preocupavam com sua educação. Ele começou a levar seus estudos a sério. Em uma parede do auditório da escola, seu fundador havia colocado várias placas retangulares em duas colunas com os nomes dos dois melhores alunos de cada formatura desde 1934.

"A única ambição que tinha no colégio", afirmou meu amigo, "era fazer com que meu nome fosse colocado naquela parede como o primeiro ou segundo da classe. Meu alvo era deixar uma marca permanente na escola. Uma semana antes da formatura, depois de recebermos as notas das provas finais, o diretor da escola pediu que um dos meus colegas e eu fôssemos até a sua sala. Ele parabenizou o meu colega por ter se formado como primeiro da classe e eu como o segundo. E isso foi tudo. Nenhuma medalha, nenhum diploma emoldurado, nenhuma foto para o jornal local e nenhum espacinho

---

* Referindo-se a uma música de Peggy Lee cujo título original é "Is that all there is?" [N. do T.]

para discursar na formatura. Nem sequer uma cerimônia enquanto nossas placas eram colocadas na parede. Nossos nomes seriam reverenciados na parede em algum momento após a formatura. Mas, nessa altura, eu estaria vivendo a centenas de quilômetros com minha mãe, trabalhando durante o verão e me preparando para entrar na faculdade. Eu havia devotado minha adolescência a uma única ambição e pude me deleitar no triunfo de ter atingido esse alvo pelos exatos dez minutos em que estive no escritório do diretor. O engraçado é que nunca cheguei a ver minha placa na parede."

Tenho certeza de que todos nós sentimos algo similar várias vezes desde a infância. Tínhamos um alvo, que foi ou não atingido, sentimos uma emoção passageira que variou desde a euforia à indiferença e à vergonha, e seguimos em frente. É como se estivéssemos pedindo carona e nossa ambição fosse o veículo que nos apanha e nos leva até o nosso destino imediato. Ao chegarmos, saímos do veículo, olhamos ao redor e decidimos se vamos ficar naquele lugar ou pedir carona a outro veículo para nos levar até o nosso próximo destino. Esse é o ritmo repetitivo de uma vida ambiciosa, a qual — e isso é importante — não necessariamente é uma vida feliz ou plena.

Como a aspiração significa aprender a "nos importar com algo novo", ela nos direciona a algo mais duradouro do que a última ambição, que vale a pena desenvolver e proteger. A professora Callard dá o exemplo de aspirarmos ter mais conhecimento sobre a música clássica. Então, vamos tentar fazer isso.

Decidimos que adquirir gosto pela música clássica é um projeto que vale a pena. Nossos motivos podem ser nobres (ela é encarada como uma forma elevada de arte e temos a curiosidade de saber se seus maiores praticantes — Bach, Mozart, Beethoven, Verdi — são tudo isso que dizem ser). Podem ser práticos (queremos satisfazer a um novo status de boa educação). Ou podem ser pessoais (queremos estar no mesmo nível que nossos amigos mais eruditos). Ou talvez tenhamos ouvido uma música clássica famosa em um filme — "Canon" de Pachelbel ou o "Adágio para Cordas" de Barber — e queremos mais. O ponto é que estamos curiosos e dispostos a fazer o esforço, sem ideia do que acontecerá. Não podemos dizer se ficaremos fascinados ou entediados, ou se sentiremos que esse novo valor que decidimos adquirir realmente valeu a pena. Então, lemos livros, ouvimos às músicas, assistimos a concertos e passamos a fazer parte de uma nova comunidade de amigos que compartilham do nosso interesse — depois de vários anos construindo uma invejável base de conhecimento que, há alguns anos, nos parecia impossível. Essa é a dádiva da aspiração: mesmo quando já passamos para outro projeto de autocrescimento — digamos, nos tornar um habilidoso fabricante de armários —, sempre teremos aquela base de conhecimento que adquirimos sobre a música clássica, como se fosse uma habilidade ou valor moral que se tornou parte da nossa identidade. Essa base não desaparece, como a felicidade momentânea de atingir um alvo ambicioso. É algo sobre o qual podemos continuar evoluindo pelo resto da vida.

Entender a aspiração faz uma diferença enorme — embora não muito apreciada — em nossa habilidade de criar nossa própria vida. Incontáveis são as vezes em que vi pessoas, especialmente jovens, hesitando em realizar uma ação arriscada de carreira porque precisavam ter certeza de que o resultado seria positivo, de que o risco seria recompensado. Elas não veem que, por definição, uma escolha que vem com um resultado garantido não é um risco. Também não entendem que aspirar a algo — por exemplo, se tornar um advogado — é um processo progressivo que gradualmente revela seu próprio valor e, se tivermos sorte, continua a aumentar de valor pelo resto da nossa vida.

Quando aspiramos ser um advogado, fazemos faculdade de direito e, ao longo de cinco anos de aulas, palestras e estudos noturnos, temos desvios, surpresas e dificuldades que resultam em algo que não pudemos imaginar no nosso primeiro dia de aula. Ou nos comprometemos totalmente com o direito ou chegamos à conclusão de que essa vida não serve para nós. Apenas aspirando a algo — vivenciando, suportando ou odiando o processo — é que saberemos qual resultado preferimos. Precisamos passar pela experiência aspiradora para compreender a realização que ela fornecerá ou não no futuro. Não podemos apenas imaginá-la.

De qualquer forma, trata-se de uma dinâmica extremamente simples. Sendo otimistas: se aspiramos ser advogados, aprendemos a amar o direito. Se amarmos o direito, nos devotamos mais a ele e, assim, seremos melhores advogados. Sendo pessimistas: encontraremos outra coisa à qual devotar nossas vidas.

É isso que faz da aspiração um dos mecanismos mais eficazes para evitarmos o arrependimento nas nossas vidas. Evitar o arrependimento não é o objetivo da aspiração; é um bônus que vem naturalmente. A cada ponto do processo de aspiração, chegamos cada vez mais perto de saber se nossos esforços serão satisfatórios ou fúteis, o que também sugere que, a cada ponto, especialmente se nos sentimos mal, podemos dar meia-volta — antes de nos tornarmos reféns do arrependimento.

Por exemplo, digamos que empacamos no meio da nossa campanha de aspiração para descobrir os prazeres da música clássica. Não sentimos a alegria e o apreço elevado que achávamos que sentiríamos por esse tipo de música ou não estamos dispostos a continuar nos esforçando para atingir nosso objetivo original — ouvir a música, assistir a concertos e aprender a ler uma partitura. Uma aspiração desafiadora se tornou um fardo, e aprendemos bastante. Não há nada que nos impeça de pôr um fim a essa aspiração específica antes de nos arrepender de ter desperdiçado nosso tempo e energia. Além disso, não precisamos sentir vergonha ou que somos um fracasso por voltar atrás. (Os melhores generais de campo são mestres tanto em bater em retirada como em atacar.) Diferentemente das nossas ambições, que não conseguimos esconder facilmente de outros, nossas aspirações são assuntos particulares, envolvendo nossa busca por habilidades e valores ocultos. Apenas nós sabemos o que estamos fazendo. Apenas nós julgaremos o resultado. Apenas nós percebemos a lenta, porém constante, criação de um novo eu. Apenas nós conquistamos o senso de realização que vem com o trabalho de cuidar de algo novo. E apenas nós temos o poder de acabar com tudo.

Aprecio a ironia de que ao mesmo tempo em que exalto a aspiração como uma função motivacional essencial que faz com que aperfeiçoemos nossos instintos mais nobres, também digo que ela exerce uma valiosa função de frenagem, como um sistema de alerta antecipado que nos manda parar e pensar no que estamos fazendo. Não deixe essa dupla função confundi-lo. A aspiração é nossa melhor amiga, quer ela nos motive ou nos diga para parar de perder nosso tempo. Com toda certeza, isso é melhor do que satisfazer a uma antiga ambição apenas para nos perguntar: "Isso é tudo?"

* * *

MEUS CLIENTES E outros coaches "entendem" quando lhes explico o modelo Ação/Ambição/Aspiração. Seu entendimento inicial é que os Três As (como eu os chamo) são três variáveis independentes que não estão necessariamente conectadas. Nós precisamos fazer essa conexão. Eles entendem o fato de que, para muitas pessoas, a Ação é aleatória e dispersa, servindo apenas para o objetivo de satisfazer a um impulso ou a uma necessidade imediata. As pessoas cozinham porque têm fome. Trabalham porque precisam de um salário. Assistem aos seus times favoritos no bar do bairro porque é isso que seus amigos estão fazendo. Essas são ações justificáveis, não necessariamente ruins ou tristes, mas a que alvo ou objetivo maior elas estão ligadas?

Então, apresento esta tabela aos meus clientes e coaches.

Atividade	AÇÃO	AMBIÇÃO	ASPIRAÇÃO
Horizonte de tempo	Imediato	Com limites de tempo	Infinito
Perfil	O que fazemos	O que queremos realizar	O que queremos nos tornar
Definição (Escreva o quanto desejar)			

Ando pela sala pedindo-lhes para preenchê-la. Fico curioso para ver quantos deles conseguem ligar uma Ação específica à determinada Ambição e à Aspiração das suas vidas. Os executivos e líderes de sucesso não têm dificuldades para definir a Ação e a Ambição, mas não sabem o que escrever na Aspiração, como se nunca tivessem pensado nisso. Não fico surpreso.

A vasta maioria dos empresários de sucesso que conheço vive uma vida regida pela Ambição. Como são altamente motivados a atingir determinados alvos, eles têm a disciplina para submeter sua Ação à sua Ambição. As duas estão em sincronia.* Se não tomarem cuidado, porém, em especial em um ambiente empresarial competitivo, onde atingir metas é como avaliamos nosso progresso, sua disciplina pode facilmente se transformar em uma obsessão por objetivos. Assim como políticos que fazem campanhas com base na sua Aspiração (seus ideais mais elevados), mas que, como a política é uma coisa complicada, em que é necessário fazer concessões, acabam governando com base na Ambição (sua necessidade de ganhar a próxima eleição), os executivos correm o risco de se esquecer dos seus valores e do motivo original para estabelecer o objetivo — mais especificamente, de correrem atrás da sua Aspiração. Assim como o mundo da política pode corromper políticos, o ambiente de trabalho dos executivos pode corrompê-los. Um exemplo muito comum: por se tornarem obcecados com metas, os executivos acabam negligenciando as pessoas palas quais afirmam trabalhar, ou seja, as pessoas que amam. Eles se perdem na sua Ambição, independentemente de terem definido sua Aspiração ou articulado seus valores elevados. Eles poderiam muito bem estar praticando tiro ao alvo.

---

* Eu não conheço muitos executivos que deixariam de incluir "ser reconhecido como um líder superior" perto do topo da sua lista de Ambições. Uma das coisas que lhes ensino é suprimir alguns dos seus julgamentos e comentários mais duros no ambiente de trabalho — porque líderes superiores não criam um ambiente tóxico. Eles procuram ser universalmente bondosos e generosos, mesmo entre colegas que os decepcionam e que talvez mereçam uma correção. Caso tenham lapsos, esquecendo-se de que seu comportamento interpessoal deveria estar contribuindo para um objetivo de carreira maior, é aí que entro em ação — para lembrar-lhes da sua Ambição e ajudar-lhes a harmonizar sua Ação com ela.

Ao preencher a tabela, muitos coaches, que tendem a ser bem-intencionados e idealistas, dão respostas diferentes. Eles são bem claros quanto à Aspiração — por exemplo, estar presente, servir aos outros, fazer o mundo se tornar um lugar melhor —, mas se atrapalham na hora de definir que ações e objetivos estão realizando para atingi-la. Eles relutam em fazer as coisas difíceis e desconfortáveis, porém necessárias, da nossa era online — em grande parte, o correspondente ao "aperto de mão" com o mercado via redes sociais, escrever e falar em público — para expandir seu alcance e ajudar mais pessoas. É verdade que ganham a vida e fazem o bem, mas deixam de contribuir para sua Aspiração porque deixaram de relacioná-la adequadamente à Ação e à Ambição. Em muitos casos, eles nem sequer chegaram à conclusão de quais deveriam ser sua Ação e Ambição.*

NESSE RÁPIDO CURSO sobre Apreciação da Aspiração, deixei o melhor para o final, porque ele se encaixa perfeitamente com o Ponto I do Capítulo 1. Lá, pedi para que considerasse o Paradigma de Cada Fôlego como uma nova maneira, inspirada no budismo, de entender seu eu e seu lugar no *continuum* do seu tempo na Terra. Seu eu é uma série contínua de eus que inclui seu antigo eu, seu eu atual e seu futuro eu, mudando de um para o outro a cada fôlego tomado. Entre suas muitas virtudes, a Aspiração também é um mecanismo que dá o melhor suporte e esclarece esse paradigma. (O fato de que "aspiração" vem do latim *aspirare*, que significa "respirar", é uma bela iluminação.)

Lembra-se de Curtis Martin, de 21 anos, que, apesar de suas reservas, decidiu jogar na NFL como um investimento para seu futuro eu? Ele não jogou por amor ao jogo. Ele não sabia se seria bem-sucedido na NFL, onde o tempo médio da carreira de um *running back* é de três anos. Ele arriscou ter concussões, dano cerebral ou alguma debilidade física

---

* Neste momento, em agosto de 2021, veja como eu preencheria essa tabela. Minha Aspiração é "gerar o máximo de benefício para o máximo de pessoas possível durante o tempo que me resta". Minha Ambição, limitada pelo tempo, é "publicar um livro chamado *A Vida Merecida* em 2022". Minha Ação é "ficar na minha mesa e escrever o dia todo". Neste exemplo, todas estão em harmonia. O que estou fazendo no presente está alinhado com meu próximo alvo para o ano que vem, o qual, por sua vez, contribui para o sonho mais distante de ajudar o máximo de pessoas possível.

— que é como ir para a guerra, mas ninguém nos agradece pelo nosso serviço. Mas esse era um risco aceitável. Ao aspirar pelo eu pós-NFL, ele estava separando todos os seus eus anteriores e, por meio da aquisição de novos valores e autoconhecimento durante sua carreira de onze anos no Hall da Fama, tornando-se uma pessoa totalmente inesperada.

No seu âmago, a Aspiração é um ato de privilegiar o futuro em vez do presente. Pense nisso como passar o poder do antigo para o novo. Independentemente do quão avessos ao risco achamos que somos, quando aspiramos, escolhemos fazer uma pequena aposta. Usando a moeda do nosso tempo e energia, apostamos que o futuro será uma melhoria do nosso eu atual. Não devemos nos surpreender pela quantidade de empenho e criatividade que investiremos para tentar vencer essa aposta. É assim que fazemos por merecer nossa vida.

EXERCÍCIO

A Questão do Herói

Todos nós precisamos de heróis. Essa necessidade é tão grande que toda narrativa com a qual nos deparamos — seja um conto, um filme ou uma piada — deve conter a figura clara do herói para prender nossa atenção. Se não conseguimos identificar o herói (ou o anti-herói), perdemos o interesse. Os heróis existem para receber nossa admiração e nos inspirar. Essa não é uma noção controversa. Mas pedi à minha amiga, a designer industrial turca Ayse Birsel, para me ajudar a levar nosso fascínio por heróis um passo adiante — além da admiração e da inspiração até a aspiração.

Tudo começou com uma simples pergunta depois de eu passar horas incentivando os participantes de um dos seminários de Ayse, chamado *Design the Life You Love* [Crie a Vida que Ama, em tradução livre], a terem mais coragem para decidir o que gostariam de fazer em seguida. Em determinado momento, um deles inverteu os papéis:

"Se você acha que é tão fácil, qual é seu próximo passo?", perguntou-me ele.

Fiquei mudo. Ayse, uma mestre em resolver problemas, tentou ajudar.

"Vamos começar com uma simples pergunta", propôs ela. "Quem são seus heróis?"

Essa era fácil. "Alan Mulally, Frances Hesselbein, Jim Kim, Paul Hersey, Peter Drucker. E, é claro, Buda", respondi.

"Por quê?", perguntou ela.

"Bem, eu sou budista. E Drucker, que se tornou um mentor no fim da sua vida, foi o maior pensador administrativo do século XX."

"Certo. Mas, além de gostar das ideias deles, o que eles fizeram de 'heroico'?"

"Eles deram tudo o que sabiam para o máximo de pessoas possível para que elas pudessem passar isso à frente. Embora o Buda já esteja morto há 2600 anos e Peter tenha morrido em 2005 com 95 anos, suas ideias perduram até hoje", respondi.

"Por que não ser mais como seus heróis?", sugeriu ela.

Foi então que percebi que podia fazer mais do que apenas admirar meus heróis-professores. Podia adotar suas ideias. Podia aspirar, embora modestamente, a me tornar o que mais me impressionava neles. Assim começou minha aspiração de compartilhar o que sei, embora sua execução não tenha sedimentado imediatamente na minha mente. Mas Ayse havia plantado a semente, que cresceu. Foi assim — muito depois de concluir que não haveria um "próximo grande evento" na minha vida, que meus dias de aspiração haviam passado — que "acidentalmente" criei minha pequena comunidade de pessoas que pensavam como eu, chamada de 100 Coaches (sobre a qual falo mais no Capítulo 10). Se eu posso fazer isso, você também pode.

FAÇA O SEGUINTE: colocamos nossos heróis em pedestais altos demais para alcançar, raramente considerando-os como modelos para copiar. Os quatro passos deste exercício corrigem esse erro:

- Escreva o nome dos seus heróis.
- Descreva os valores e as virtudes que o atraiu a eles com uma palavra.
- Risque seus nomes.
- Substitua-os pelo seu nome.

Agora, aguarde sua próxima aspiração surgir.

EXERCÍCIO

Resolva suas Dicotomias

Este exercício também foi inspirado em Ayse Birsel (e também envolve riscar palavras, então deixe seu lápis por perto). Em 2015, quando estava lançando um de seus seminários *Design the Life You Love*, ela me pediu para levar alguns amigos para uma das suas primeiras exibições em Nova York — para ocupar assentos vazios, visto que apenas seis pessoas haviam se inscrito. Eu levei setenta pessoas. Se Ayse ficou nervosa ou se sentiu intimidada pela multidão, não consegui perceber. Mas também sabia que falar durante uma hora ou mais a um público de dezenas de estranhos exige um pouco mais de projeção de personalidade do que falar a seis pessoas. Seis pessoas é um jantar, seis dúzias é um público. Assim, decidi ajudar a aumentar seu nível de energia.

Ayse me disse certa vez: "Se eu estivesse em uma ilha e pudesse ter apenas uma ferramenta criativa, ela seria a resolução de dicotomias." Sua parte favorita do design de produção era escolher entre duas coisas que o cliente deixava a seu critério — por exemplo, se o design seria clássico ou moderno, pequeno ou funcional, se seria um produto único ou se poderia se transformar em uma linha de produtos etc. No design, o ideal é uma mistura dos dois — um design clássico atualizado com materiais modernos, como a caminhonete Ford F-150 com carroceria de alumínio em vez do aço tradicional. Mas as dicotomias do nosso comportamento diário parecem demandar uma resolução em vez de uma integração forçada. Otimista ou pessimista? Social ou solitário? Ativo ou passivo? Precisamos escolher um ou o outro; não podemos ser ambos.

Lembrando-me da sua afinidade com as dicotomias, conversei com Ayse momentos antes do seminário começar.

"Não sei se você já resolveu a dicotomia entre extrovertida e introvertida da sua vida", disse eu, "mas hoje não é o dia de ser introvertida. Vamos cantar." Comecei a cantar "There's No Business Like Show Business". Para minha surpresa, ela conhecia a letra e começou a cantar comigo. Logo após, quando ela havia parado de rir, eu lhe disse: "Lembre-se desse sentimento. O público não está aqui para assistir outra reunião de negócios. É hora do show."

Metade de nós vê o mundo em preto e branco; a outra metade o vê em tons de cinza. Como Ayse, pertenço ao primeiro grupo (a frase anterior é uma prova disso). Se for como eu, você sabe que ver o mundo como uma série sem fim de dicotomias não simplificará automaticamente nossa tomada de decisões. Apenas reduzimos nossas muitas opções a duas. Ainda precisaremos escolher. Isso é especialmente fundamental no início do processo de aspiração. A menos que estejamos esperando mudar nossa personalidade por completo, nossas aspirações não devem entrar em conflito direto com nossas principais preferências, virtudes e peculiaridades. Precisamos identificar as dicotomias que ressurgem com regularidade na nossa vida, em especial quando elas são uma fonte recorrente de problemas ou fracassos (como a procrastinação em oposição à ausência de limites de tempo). Então, precisamos resolvê-las, decidindo qual metade vamos querer.

FAÇA O SEGUINTE: passo um, faça uma lista com o máximo de dicotomias que conseguir pensar. (Fiz uma lista com quarenta para ajudá-lo a começar; sinta-se à vontade para acrescentar as suas.)

Passo dois, use um lápis para riscar cada dicotomia não marcada e que não se aplica a você.

Passo três, estude as dicotomias restantes para determinar que metade do par reflete a sua pessoa. Você é um líder ou um seguidor? A alma da festa ou uma mosca na parede? Presente ou distraído? Peça a opinião dos seus parceiros ou amigos, se isso for ajudar. Agora, risque a metade do par que não se aplica a você. Você deve acabar com uma folha cheia de palavras riscadas que se parecerá com um memorando de um agente da CIA editado pelo governo.

PASSO 1
Faça uma lista

Copo Meio Vazio	Copo Meio Cheio
Que Abandona	Que se Apega
Talento	Trabalho Duro
Que Julga	Que Aceita
Famoso	Anônimo
Paciência	Impaciência
Conservador	Progressista
Caseiro	Gosta de Sair
Cidade	Interior
Sério	Divertido
Líder	Seguidor
Dador	Tomador
Interno	Externo
Razão	Sentimento
Que Confia	Suspeito
Pensativo	Impetuoso
Avesso ao Risco	Corre Riscos
Dinheiro Importa	Dinheiro não Importa
Falta de Tempo	Falta de Dinheiro
Equilibrado	Desequilibrado
Quieto	Barulhento
Precisa Ser Amado	Não Precisa Ser Amado
Curto Prazo	Longo Prazo
Aceita sua Cultura	Rejeita sua Cultura
Decisivo	Indeciso
Exibido	Discreto
Irônico	Sincero
Proativo	Reativo
Status Quo	Progresso
Profundo	Superficial
Empregado	Autônomo
Casado	Solteiro
Viagem	Ficar em Casa
Validação Interna	Validação Externa
Não É Justo	Tudo Bem por Mim
Procrastinar	Na Hora
Confrontar	Evitar
Pragmático	Sonhador
Presente	Distraído
Gratificação Posterior	Gratificação Instantânea

PASSO 2
Risque as coisas que não são importantes para você

(com os itens riscados: Talento, Paciência, Conservador, Caseiro, Cidade, Interno, Razão, Pensativo, Dinheiro Importa, Quieto, Aceita sua Cultura, Irônico, Pragmático, Presente, e pares correspondentes marcados)

PASSO 3
Risque um dos itens dos pares restantes

(itens restantes após seleção final)

O restante das palavras que não foram riscadas revelará as qualidades que o definem. Você não poderá reclamar da imagem que elas pintam. Foi você quem pintou. Essas qualidades influenciam não apenas o que você aspira, mas também se será ou não merecedor disso. Passo bônus: compartilhe (se quiser) o resultado da sua folha com pessoas que o conheçam bem. Esse *feedback* será valioso.

CAPÍTULO 6

OPORTUNIDADE OU RISCO: O QUE ESTAMOS PRIORIZANDO?

Lembra-se de Richard, o jovem taxista que conhecemos na primeira página da Introdução e que cometeu um erro colossal do qual vem se arrependendo durante toda sua vida adulta? Quando Richard me contou sua triste história de não aparecer para o primeiro encontro que havia marcado com uma bela jovem que conhecera uma semana antes ao levá-la do aeroporto para a casa dos seus pais, achei que sua escolha fosse inexplicável. Mas, à medida que pensei nisso no decorrer dos anos e discuti o assunto com Richard, acho que acabei entendendo por que ele travou a três quadras da casa dela, deu meia-volta e nunca mais a viu. O erro de Richard não foi o resultado de um súbito caso de medo do palco ou covardice; esses eram os efeitos, mas não a causa da sua má decisão. Seu erro foi a incapacidade de avaliar apropriadamente a oportunidade e o risco que aquele encontro lhe apresentava. Ele priorizou o risco e menosprezou a oportunidade. E, assim, perdeu a oportunidade.

Ele não foi o único a cometer esse erro infeliz. Todos nós fazemos isso o tempo todo.

Voltaremos a falar sobre o erro de Richard, mas, primeiro, vamos analisar mais a fundo a relação entre a oportunidade e o risco — e por que muitas vezes fracassamos em equilibrá-la, resultando em más escolhas.

*   *   *

A OPORTUNIDADE E O risco são as duas variáveis-chave que devemos considerar em qualquer decisão de "investimento", quer estejamos investindo recursos materiais ou nosso tempo, energia ou lealdade. A oportunidade representa a magnitude e a probabilidade do *benefício* resultante da nossa escolha. O risco é a magnitude e a probabilidade do *custo* resultante da nossa escolha.

Quando nossas escolhas tendem muito mais para um dos lados da decisão oportunidade-risco* — e podemos medir tal equilíbrio com precisão, se não perfeitamente —, fica mais fácil tomar uma decisão que nos deixará dormir bem à noite. Se temos quase certeza de que nossa escolha resultará em um grande benefício com praticamente nenhuma chance de perda, seguiremos em frente. Se temos quase certeza de que nossa escolha resultará em uma grande perda, sem chance de ganho, a evitaremos.

---

* Esse tipo de decisão costuma ser chamada de decisão risco-recompensa. Na minha opinião, esse termo é enganoso, porque ele inadequadamente dá a ideia de que o risco e a recompensa andam de mãos dadas. Faça um e ganhe o outro. Ele passa a ideia de que, se assumimos o risco, a recompensa será inevitável. Obviamente, isso não faz sentido. Onde fica o risco se a recompensa é inevitável? Prefiro usar a palavra "oportunidade", porque ela descreve melhor o que está em risco. O benefício de assumirmos um risco não é a recompensa em si, mas ter a oportunidade de ganhar a recompensa. Um risco não é uma tolice simplesmente porque não antecipamos a recompensa. Outros fatores, muito além do nosso controle, podem afetar o resultado negativamente. Quando assumimos um risco, estamos escolhendo aproveitar uma oportunidade. A recompensa pode ou não vir depois.

Às vezes, nos preocupamos com o risco. Então, procuramos informações que nos ajudem a equilibrar o risco com a oportunidade atraente. Por exemplo, queremos passar as férias em um lugar de clima quente e ensolarado que não fique a muitas horas de viagem de sua casa. Escolhemos uma ilha no Caribe que satisfaz essas condições. O maior risco é quando ir. Não queremos tirar nossas férias quando o clima está instável. Então, pesquisamos os padrões climáticos da ilha que escolhemos e descobrimos que ela é quente demais de junho a agosto, que a temporada de furacões é em setembro, que ela é úmida demais em outubro e novembro, e que ela oferece a menor quantidade de luz do dia em dezembro e janeiro. Concluímos que os meses de março e abril são perfeitos para tirar uma folga dos amargos invernos de nossa região — muito sol e horas de claridade, com chances mínimas de chuva. É assim que equilibramos o risco e a oportunidade e fazemos uma escolha que aumenta nossas probabilidades de ter ótimas férias. Não temos nenhuma garantia, mas ela nos deixa confortáveis o suficiente. Obrigado, Google.

Às vezes, a oportunidade supera o risco, e nosso único risco é deixar de aceitar esse unicórnio — aquela oportunidade boa demais para ser verdade — que apareceu na nossa vida. Digamos que temos a oportunidade de comprar widgets pela bagatela de US$1 cada. Como acompanhamos de perto o mercado de widgets, apenas nós conhecemos alguém que precisa desesperadamente de 100 widgets e está disposto a pagar US$10 em cada. Diferentemente de nós, esse cliente não sabe que estão sendo vendidos por US$1. Nesse exemplo, a ignorância desse cliente é nossa vantagem. Compramos os widgets por US$100, os vendemos por US$1.000 e guardamos a diferença — um retorno de 900% sobre nosso investimento. Tirando o improvável evento de que o mercado de widgets quebre no breve intervalo entre comprá-los e revendê-los, isso é o mais perto de uma decisão de total oportunidade e zero risco que podemos tomar. Esse tipo de coisa acontece milhares de vezes por dia no mercado de ações e no comércio de mercadorias. Alguém acha que as pancetas suínas estão subvalorizadas, as compra barato e as vende com lucro a alguém que precisa urgentemente delas (ou acha que ainda estão subvalorizadas). Esse é o tipo de cálculo complexo, envolvendo milhões de dólares, que se beneficia de softwares sofisticados e computadores de alta velocidade.

Perceba que, em cada uma dessas escolhas, nas quais o dinheiro troca de mãos — e com risco financeiro —, existe um sistema e uma infraestrutura na forma de uma poderosa tecnologia apresentando dados históricos rapidamente para calcular o equilíbrio entre a oportunidade e o risco, que aumenta nossa habilidade de fazer uma boa escolha — e, devo acrescentar, diminui nossas chances de fazer uma má escolha. Várias decisões de negócios são tomadas com base em vantagens baseadas em dados; isso é melhor do que depender demais da nossa emoção ou intuição.

Isso não acontece na vida diária. Existem poucas métricas úteis que nos ajudam a equilibrar a oportunidade e o risco quando estamos escolhendo, digamos, com quem devemos nos casar, onde moraremos ou qual seria o momento certo para trocar de carreira. Essas são algumas das decisões mais importantes que podemos tomar, cheias de consequências e potencial de arrependimento, e não temos muitas ferramentas instrutivas para garantir uma escolha sábia. Antes, escolhemos rápida e impulsivamente. Somos influenciados pelas nossas lembranças de êxitos e erros do passado, ou pelas opiniões de outros. Ou pior, deixamos outra pessoa escolher em nosso lugar.

E se houvesse um método ou uma estrutura conceitual que diminuísse a emoção e a irracionalidade que guiam nossas escolhas de risco e nos ajudasse a escolher melhor?

Honrando o ditado dos advogados de nunca fazer uma pergunta para a qual não sabemos a resposta, tenho uma resposta.

Podemos encontrá-la no mesmo trio de variáveis independentes — os Três As de Ação, Ambição e Aspiração — que foi apresentado no Capítulo 5. Para mim, a característica que distingue cada variável é seu horizonte de tempo. Para onde no futuro cada uma delas aponta? São minutos, anos ou toda uma vida?

Aspiração se refere a todas as coisas que fazemos em prol de um objetivo maior da nossa vida. Seu horizonte de tempo é infinito. A nossa aspiração não tem linha de chegada.

Ambição representa nosso foco para atingir determinadas metas. Ela opera dentro de uma dimensão limitada pelo tempo, determinada por quanto tempo é necessário para atingir essa meta. A Ambição pode correr ou engatinhar em direção à linha de chegada, dependendo da complexidade e dificuldade da meta. Podemos satisfazer uma ambição dentro de alguns dias, meses ou anos — e, então, passar para o próximo alvo.

Ação representa nossas atividades em um momento específico do tempo. O horizonte de tempo da ação é imediato, sempre no agora. Ela não serve a nenhum objetivo além da nossa necessidade imediata. Estamos com fome, então tomamos o café da manhã. O telefone toca, então o atendemos. O farol passa de vermelho para verde, então pisamos no acelerador. A maior parte das coisas que fazemos sob a categoria de Ação é reativa, não recebendo muita consideração e, às vezes, nem está sob nosso controle. Nossa Ação costuma estar ligada a cordas de marionete — e não necessariamente somos nós que as estamos puxando.

Acredito que fazer a distinção entre essas três dimensões e perceber como elas contribuem (ou deixam de contribuir) uma com a outra pode influenciar e muito o quão perto chegamos de viver uma vida merecida. Como observado, muitos dos CEOs com os quais trabalho são tentados a residir quase que totalmente na dimensão da Ambição. Eles estão sempre tentando atingir metas e usando (ou subornando) sua Ação para atender aos desejos da sua Ambição. A Aspiração na forma de buscar e se esforçar em prol de um propósito maior em suas vidas raramente entra em jogo, pelo menos não até que estejam perto do fim da sua vida como CEOs e comecem a se perguntar: "Para que serviu tudo isso?" O contrário parece acontecer no caso dos meus colegas e amigos de mentalidade mais elevada e idealísticos. Eles priorizam a Aspiração às custas da Ambição. Eles sonham grande e fazem pouco.

O que eu gostaria que você, leitor, enxergasse é que nossa vida pode ser mais gratificante se harmonizamos essas três variáveis de modo que a Ação, a Ambição e a Aspiração estejam em sincronia.

O ponto que gostaria de salientar é o seguinte: a dinâmica de harmonizar a Ação, a Ambição e a Aspiração também se aplica às nossas decisões de risco. Os Três As oferecem uma estrutura conceitual que nos ajuda a tomar decisões melhores. Ao lidar com a escolha de aceitar ou rejeitar um grande risco, precisamos pausar e nos perguntar que horizonte de tempo a escolha de risco está atendendo: seria nossa Aspiração de longo prazo, nossa Ambição de curto prazo ou entra na categoria da Ação, atendendo mais ao estímulo de curto prazo que vem com a satisfação de uma necessidade imediata? Se soubermos isso, saberemos quando vale e quando não vale a pena assumir um risco. E, supostamente, vamos assumir riscos mais inteligentes, que transformam nossas oportunidades em recompensas totalmente materializadas.

Por exemplo, quando tinha 27 anos e morava em Los Angeles, eu gostava de ir à Manhattan Beach usando uma roupa de neoprene e minha prancha de bodyboard. Eu não tinha experiência para surfar em pé. Era um novato que deitava na prancha. Mas o sol, o surfe e a sensação do perigo quando pegava uma onda, independentemente do quão pequena fosse, era emocionante e viciante. Certo dia, eu estava com meus amigos Hank e Harry, e estava me sentindo especialmente ousado. Na água, temos duas escolhas: ondas pequenas ou grandes. Podemos pegar mais ondas pequenas, mas a sensação é reduzida em comparação com as ondas grandes pelas quais os surfistas experientes esperam mais para dentro do mar. À medida que o dia passava, as ondas iam aumentando. A cada onda pequena que pegávamos, Hank, Harry e eu desafiávamos uns aos outros para pegar uma onda grande.

Podia sentir minha confiança e adrenalina aumentando com esse desafio mútuo. Aos poucos, fui me aproximando de onde ondas melhores se formavam, esperando por uma grande. No horizonte, pude ver uma se aproximando. Nadei até essa onda de 3m que, do meu ponto de vista, deitado na prancha, parecia uma montanha a ponto de me engolir. Para a surpresa de ninguém, não me posicionei a tempo, fui engolido pela onda e arrastado até a parte rasa do mar. Quebrei meu pescoço em dois lugares: C5 e C6. Por um tempo, não sabia nem se ia voltar a andar. Fiquei sem usar o braço esquerdo durante nove meses. Mas acabei me recuperando. Três surfistas menos afortunados sofreram lesões similares naquele verão e nunca mais voltaram a andar.

Durante as duas semanas que fiquei deitado no meu leito de hospital, tive bastante tempo para sentir emoções que mesclavam o arrependimento pela minha decisão e gratidão por não estar paralisado ou morto. Se tivesse compreendido o trio Ação-Ambição-Aspiração naquela época, poderia ou não ter tomado uma decisão mais prudente. Mas, pelo menos, teria sido uma decisão bem pensada, com a qual me sentiria confortável, independentemente do resultado. Teria sabido que minha aspiração de vida não tinha nada a ver com surfe. Nunca me tornaria um grande surfista. Isso não era uma parte importante de quem eu queria me tornar como ser humano. Teria sabido que minha ambição quanto ao surfe se limitava estritamente a desenvolver proficiência suficiente apenas para me divertir sem arriscar sofrer uma lesão. Também teria visto que minha escolha estava sendo guiada pela Ação, tudo a serviço de uma emoção imediata que não estava em sincronia com quem eu era ou queria me tornar. Mas prefiro pensar que se pudesse usar os Três As naquela época como minha ferramenta de tomada de decisões de risco, eu teria feito uma escolha diferente, mas não posso dizer isso com certeza. (Usar os Três As reduz nossa irracionalidade, mas não a elimina.) Sei que teria feito isso hoje.

NOSSOS ERROS AO calcular o risco e a oportunidade não precisam ser tão drásticos ou ter consequências tão sérias como meu pescoço quebrado. Eles podem ser pequenos e discretos, resultando em benefícios imediatos em curto prazo e nada mais. Pense no exemplo de pessoas em um cassino que jogam nas máquinas de caça-níqueis.

Essas máquinas, que costumam ser chamadas de "crack e cocaína dos jogos de azar", chegam a representar 75% da renda dos cassinos. Quando estudamos sobre o vício na pós-graduação, o vício nas máquinas de caça-níqueis era o que mais me deixava intrigado. E ele continuou me intrigando durante vários anos. Por que as pessoas investiam seu dinheiro em um jogo que favorecia tanto a casa à custa dos jogadores? E todos sabiam disso! Embora as chances variem entre máquinas diferentes, essa informação é apresentada em cada uma delas. E, invariavelmente, elas são a segunda ou terceira pior maneira de ganhar muito dinheiro em um cassino.

Graduei-me em economia matemática, de modo que entendo as equações que os teóricos da probabilidade usavam para explicar a tolice de jogar nas máquinas de caça-níqueis para ganhar dinheiro. Como seres humanos racionais, os teóricos estavam encarando as máquinas de caça-níqueis como uma jogada financeira com baixo retorno sobre o investimento. Eu pensava da mesma maneira. Sendo eu um pensador mais racional que se concentra no futuro, meu problema era supor que o horizonte de tempo dos jogadores em relação às recompensas era o mesmo que o meu. Em termos de Aspiração, eu não podia imaginar ninguém obtendo uma vida significativa gastando incontáveis horas vendo luzes brilhando em uma tela. Em termos de Ambição, não conseguia imaginar ninguém estabelecendo o objetivo de se tornar um jogador de nível mundial de máquinas de caça-níqueis. Com o passar do tempo, consegui entender que a Aspiração e a Ambição não têm nada a ver com jogar nelas. As pessoas que ficam paradas como estátuas nessas máquinas por horas não estão lá para obter algum benefício em longo prazo. Isso se encontra em um futuro indistinto e longe demais para interessá-las. Seu horizonte de tempo se restringe unicamente à dimensão da Ação, concentradas na próxima puxada da alavanca e, depois, na próxima e na próxima, até ficarem entediadas ou ficarem sem dinheiro (em média, um jogador que começa com US$100 fica sem dinheiro em menos de 40 minutos).

Comecei a entender por que tantos clientes de cassino ficam viciados nas máquinas de caça-níqueis — eles ficam presos na dimensão da Ação — e como todos nós podemos cair nessa mesma armadilha nas jornadas da nossa vida. É uma questão de horizonte de tempo. Com a Aspiração, nós nos concentramos no benefício final do que estamos fazendo, sem limites de tempo. Com a Ambição, nos concentramos no benefício futuro do que estamos fazendo, com limites de tempo. E com a Ação, nos concentramos no benefício imediato do que estamos fazendo. Aqueles que jogam nas máquinas de caça-níqueis estão todos na ação e nos seus benefícios imediatos.

Do meu ponto de vista, todos eles estão desperdiçando dinheiro pela breve e pequena emoção de esperarem para ver se "ganharam". Mas, dado o horizonte de tempo imediato desses jogadores, isso quase faz sentido. Pelo baixo custo de US1 por puxada de alavanca, eles aceitam a baixa probabilidade da grande recompensa financeira, mas aproveitam a alta probabilidade de sentirem um estímulo imediato. Eles estavam jogando um jogo que eu não estava conseguindo enxergar — no qual quase todo o benefício era tão imediato quanto a próxima puxada da alavanca. E esse era um risco que eles estavam dispostos a correr — o retorno em emoções e "entretenimento" em curto prazo compensava seu prejuízo financeiro. Do ponto de vista do investimento, esse talvez seja o investimento mais sábio que eles poderiam ter feito.

Porém, essa não é uma aposta que eu teria feito. Nada sobre jogar nas máquinas de caça-níqueis se harmoniza com a Ambição e Aspiração da minha vida. Para mim, é só risco e zero oportunidade.

OS RISCOS QUE assumimos na vida devem ser as decisões mais bem informadas que tomamos — porque há muito em jogo e as consequências podem mudar nossa vida. Usar os Três As para revisar nossas melhores e piores decisões de risco, como eu deveria ter feito com meu acidente de surfe, é tão fácil quanto ir desmarcando os itens em uma lista curta de compras. Veja como os Três As poderiam ter me ajudado naquele dia ensolarado com Hank e Harry na água:

- O risco que estou assumindo representa uma Ação que se harmoniza com minhas necessidades imediatas? *Sim*.
- Se sim, a minha Ação se harmoniza com a minha Ambição? *Não*.
- O risco se harmoniza com a minha Aspiração? *Não*.

Quando temos mais "nãos" do que "sins", é hora de pensar melhor no risco que estamos a ponto de assumir. (No meu caso, teria concluído que minha única necessidade imediata de pegar aquela grande onda era impressionar meus amigos, Hank e Harry. Esse dificilmente seria um dos motivos mais persuasivos se estivesse pensando além daquele momento.) No mínimo, nos surpreenderemos pela frequência em que nos baseamos na mera emoção e no impulso irracional para assumir um risco.

Em retrospectiva, a maior lição dessa rápida checklist dos Três As é óbvia: quando priorizamos a Ação à custa da nossa Aspiração e Ambição, tendemos a tomar decisões muito ruins de oportunidade versus risco. Esse é o clássico conflito — nossa antecipação de um benefício em curto prazo entra em conflito com nosso bem-estar em longo prazo, e o curto prazo está ganhando! E isso resulta em riscos desnecessários. (Talvez esse clássico conflito tenha lhe custado caro também.)

Nosso outro erro clássico de análise de risco é o outro lado da mesma moeda. Ele acontece quando nosso medo do custo em curto prazo (o risco) nos impede de aproveitar a oportunidade e obter ganhos em longo prazo.

Foi aí que Richard errou. Discuti esse assunto com ele desde que me contou essa história pela primeira vez (o nome daquela jovem era Cathy), e concordamos que a emoção que dominou sua lamentável escolha foi um potente coquetel de medos, todos eles uma variação do medo de ser julgado e considerado culpado dos seguintes "crimes":

- Medo de parecer ridículo (ele dirigia um táxi; ela estudava na *Ivy League*).

- Medo de ser descoberto (ela morava em um casarão de um bairro chique e era demais para ele).
- Medo de rejeição (os pais dela desaprovariam).
- Medo do fracasso (esse primeiro encontro seria o último encontro deles).

Richard estava priorizando drasticamente o risco de sair em um encontro com Cathy e, atordoado pelos seus medos, ignorou completamente a oportunidade que tinha em mãos. Se ele simplesmente conseguisse enxergar além dos seus medos do momento e se concentrasse no futuro — ou seja, se tivesse pesado a Ação que estava para tomar em comparação com sua razoável Ambição de criar um relacionamento com Cathy com base no que haviam começado naquela corrida de táxi — sem mencionar sua Aspiração de ter uma parceira amorosa pelo resto da vida —, talvez ele ainda não estivesse se arrependendo da sua escolha cinquenta anos mais tarde.

Naquele momento, a três quadras da casa de Cathy, antes de dar meia-volta e abandoná-la, ele poderia ter pesado a ação em comparação com sua Ambição e Aspiração, e refletido no que seria melhor para ele em longo prazo. "Qual é a pior coisa que pode acontecer?", poderia ter se perguntado. "Os pais dela não gostarem de mim. Eu dizer alguma coisa idiota. O nosso encontro ser ruim e nunca mais nos vermos. *C'est la vie.*" E seguir com sua vida. Com toda certeza, isso teria diminuído bastante seu nível de arrependimento.

Quando começamos a sentir medo de aproveitar uma oportunidade, devemos nos perguntar por que estamos sentindo isso. Do que exatamente temos medo? Se for a possibilidade de ter um contratempo em curto prazo, como sermos rejeitados ou parecermos tolos, devemos mudar nosso horizonte de tempo. Devemos procurar enxergar essa experiência como se fôssemos mais velhos. Essa rejeição vai nos marcar para sempre ou resultará apenas em um desconforto momentâneo que sarará rapidamente? Então, devemos considerar a oportunidade sob esse ponto de vista. Qual é a melhor coisa que poderia acontecer se aproveitássemos a oportunidade? Como seria nossa vida a partir de então? Como nos sentimos com isso?

A CHECKLIST DOS Três As é uma ferramenta simples que aumenta nossas chances de avaliar o risco com precisão. Mas não permitamos que tal simplicidade nos faça diminuir sua importância ao pesar decisões aparentemente insignificantes. Afinal, quando estamos tomando decisões que afetam nossas ambições e aspirações, estamos lidando com algumas das questões mais importantes da nossa vida. A verdade é que não somos muito bons em separar as coisas insignificantes das coisas importantes da nossa vida. No momento da decisão, damos importância demais ao efeito de algumas escolhas que acabam sendo insignificantes, e de menos a outras que mudam nossa vida. Eu casualmente decidi nadar mais para dentro do mar para pegar uma onda maior e quase acabei com a minha vida. Richard decidiu não ir a um encontro quando tinha 21 anos e continua sendo atormentado pela sua tolice 50 anos mais tarde. Assim como não conseguimos prever o que nos fará felizes, também não conseguimos ver as consequências do que achamos que são pequenas decisões. Quando a Ambição e a Aspiração estão em jogo, não existem pequenas decisões. Usar a checklist dos Três As não fará com que nos tornemos tomadores de decisões perfeitos, mas eliminará parte da surpresa que sentimos quando decisões que parecem inconsequentes acabam sendo de muita importância.

CAPÍTULO 7

CORTANDO O PÃO PARA SE TORNAR UM GÊNIO DE UM TRUQUE SÓ

Talvez você tenha notado que há uma óbvia omissão na minha lista de dicotomias no Capítulo 5. Essa omissão foi intencional. Estou falando das escolhas perenes que precisamos fazer na vida adulta: *é melhor ser um generalista ou um especialista?*

Não existe uma resposta certa para essa pergunta. As pessoas podem conquistar uma vida merecida escolhendo qualquer um desses caminhos. Sua posição no debate entre generalista ou especialista é uma preferência pessoal, ditada com o passar do tempo, pela sua experiência. Mas, em determinado ponto, precisamos resolver essa dicotomia, comprometendo-nos com um ou com o outro. A alternativa — uma vida indistinta e indeterminada, na qual não somos bons em muitas coisas nem ótimos em uma — não é algo bonito de ser ver.

Embora nunca julgaria sua escolha, eu não sou um observador neutro. Na verdade, já quero deixar avisado que resolverei essa dicotomia a favor de nos tornarmos especialistas — porque foi esse o caminho que escolhi para a minha carreira e, agora, não consigo enxergar outra alternativa. Como disse, não sou neutro nessa questão — e não me arrependo disso. Você foi avisado.

Baseando-me no essencial da minha carreira, não podia prever que terminaria assim. Tornei-me um especialista sem ter a intenção de fazer isso de início. Afinal, tenho um doutorado em ciências comportamentais. O que é mais generalizado do que todo o comportamento humano? Mas tudo o que fiz depois de me formar foi um exercício de cortar o pão dos meus interesses profissionais em fatias mais finas de especialização.

Na verdade, eu não estava interessado no comportamento humano como um todo; estava interessado no comportamento organizacional, ou seja, uma parte muito mais específica de como nos comportamos durante as horas em que estamos no ambiente de trabalho (e deixo que outros se preocupem com as horas que passamos em outros lugares).

Então, descobri que não queria trabalhar com pessoas descomprometidas e perturbadas, frustradas com sua falta de sucesso. Queria trabalhar com pessoas bem-sucedidas. E não com todas as pessoas bem-sucedidas, mas apenas com pessoas *muito* bem-sucedidas, como CEOs e outros grandes líderes.

Continuando a cortar em fatias mais finas, também disse a possíveis clientes que, se estavam buscando ajuda para lidar com problemas administrativos tradicionais, como estratégias, vendas, operações, logística, salários e acionistas, eu não era a pessoa certa para eles. Eu estava concentrado em uma única coisa: o comportamento interpessoal do cliente. Se ele estava fazendo algo contraproducente entre seus colegas no serviço, poderia ajudá-lo a mudar para a melhor.

Esse processo não aconteceu da noite para o dia. Levei anos fazendo experiências e tropeçando, absorvendo o *feedback* dos clientes, eliminando os pontos fracos do meu portfólio e mantendo o que funcionava. Quando tinha 40 e tantos anos, minha fatia de pão já estava fina o suficiente. Eu não era apenas um especialista em comportamento interpessoal no ambiente de trabalho. Eu havia propositalmente limitado meu universo de clientes em potencial a um número ínfimo — apenas CEOs e pessoas de nível similar. Poderia muito bem ter me limitado a ser um cirurgião cardíaco que repara apenas válvulas aórticas em canhotos de Nova Hampshire. Mas quanto mais eu me apegava a essa limitada descrição de trabalho, melhor se tornava meu desempenho, até que chegou o dia em que eu podia realmente dizer que havia me tornado um "gênio" no meu único truque — ajudar executivos de sucesso a fazer uma mudança duradoura em seu comportamento. Não havia muitas pessoas fazendo isso há trinta anos. Eu não só tinha criado um trabalho único e adequado aos meus interesses e habilidades limitados, como, por um tempo, era o único nele. Eu havia criado uma vida que podia dizer que realmente era apenas minha.*

Quando isso acontece, o mundo vem até nós. E estou convencido de que isso aumenta drasticamente nossas chances de viver uma vida na qual a realização supera o arrependimento. Criamos um círculo vicioso no qual estamos fazendo o que deveríamos fazer, somos bons nisso, as pessoas nos dão reconhecimento por isso e nos procuram, e estamos sempre melhorando. Essa é uma posição invejável, a essência de uma conquista merecida. Tornamo-nos o que gosto de chamar de "gênio de um truque só".

Estou usando a palavra "gênio" de modo liberal aqui, referindo-me a qualquer pessoa cuja dedicação à excelência no seu campo limitado de especialização se torna imediatamente manifesto tanto a amigos como a desconhecidos. Por exemplo, eu estava visitando Nova York e quebrei um dente antes de uma reunião realizada durante o café da manhã. Senti dor durante toda a reunião e precisava urgentemente de um dentista. Meu anfitrião, percebendo minha angústia, insistiu que eu fosse ver seu dentista no Rockefeller Center naquele dia — e

---

* Gostaria de dizer que havia planejado cada passo dessa estratégia de carreira. Mas isso não seria verdade. Precisei de tempo para entender que (a) as consequências dos problemas que os CEOs enfrentam eram maiores do que as de executivos medianos e que, portanto, são mais interessantes, e que (b) eu poderia ganhar mais me concentrando no topo.

marcou um horário para mim enquanto ainda estávamos à mesa. "Ele vai cuidar de você", garantiu-me o anfitrião. "Ele é um gênio." Já havia ouvido recomendações exageradas como aquela antes. Todo mundo acha que *seu* médico, *sua* babá, *seu* encanador ou *seu* massoterapeuta é um gênio de nível mundial que pode resolver nosso problema. Nesse caso, meu anfitrião tinha razão. Desde o momento em que pisei no seu consultório, onde a recepcionista me cumprimentou por nome antes mesmo de eu ter a oportunidade de dizer uma palavra, à higienista que limpou meus dentes, ao equipamento de ponta que o dentista usou para me atender e à sua maneira atenciosa, certificando-se de que não estava fazendo nada para aumentar minha dor, soube que estava nas mãos de um especialista que tinha muito orgulho do que fazia.

Se cresceu em uma comunidade em que a rua principal tem mais do que três semáforos, você conhece pessoas como esse dentista. Elas são artesões, advogados, professores, médicos e treinadores que nos impressionam imediatamente com sua hipercompetência no seu campo de escolha. Vejo todos eles como gênios de um truque só (ou GTS para encurtar). São o tipo de pessoa que o ganhador do Prêmio Nobel de física e professor Richard Feynman tinha em mente quando aconselhou seus alunos:

> *Apaixonem-se por alguma atividade e pratiquem-na! Quase tudo se torna muito interessante se nos aprofundamos o suficiente. Trabalhem e esforcem-se tanto quanto desejarem nas coisas de que mais gostam. Não pensem sobre o que desejam ser, mas no que querem fazer. Continuem fazendo o mínimo das outras coisas para que a sociedade não os impeça de fazer algo.*

Não posso lhe dizer que tipo de "especialista" ou GTS você deve ser. Os clientes e amigos que conquistaram o status de GTS aos meus olhos são vários, mas, com poucas exceções, eles empregaram algumas ou todas das cinco estratégias a seguir para se tornarem "gênios":

1. TORNAR-SE UM GÊNIO É DEMORADO

São poucas as pessoas que sabem como se posicionam no debate entre generalistas ou especialistas no início das suas carreiras. Como no meu caso, elas são jovens demais. Ainda não têm a experiência de ter tentado isso ou aquilo. E ainda menos delas sabem em que são "geniais". Esse processo leva pelo menos uma ou duas décadas da vida adulta para resolver. Já ouvi chamarem esse período de "tempo de exposição". Desde que começamos a usar nossa base de conhecimento e habilidade, *expomo-nos* constantemente a novas pessoas, experiências e ideias. Desenvolvemos novas habilidades que funcionam ao nosso favor e eliminamos aquelas que não funcionam. Mais cedo ou mais tarde, limitamo-nos a nos empenhar por aquelas que nos interessam e nos realizam. Isso aconteceu comigo, mas um exemplo mais vívido seria Sandy Ogg. Além de se tornar um especialista no fim da sua carreira, sua genialidade particular acabou se resumindo a identificar outros especialistas, mais especificamente aqueles que acrescentam mais valor a uma organização.

Conheci Sandy Ogg na pós-graduação, quando trabalhávamos lado a lado no escritório do Professor Paul Hersey. Sandy começou sua carreira em recursos humanos corporativos, tornando-se rapidamente o chefe de RH na maior divisão da Motorola. Em 2003, ele assumiu a mesma posição na gigante empresa de bens de consumo Unilever. Até então, Sandy tinha uns 45 anos e era especialista em todos os aspectos comuns de RH — treinamento, desenvolvimento, benefícios, salários, diversidade etc. Mas o CEO da Unilever lhe pediu para delegar tais deveres a seus subordinados. Ele queria que Sandy criasse uma maneira de identificar os futuros líderes da empresa. Esse desafio engajou Sandy por completo. Dentro de um curto período de tempo, ele desenvolveu uma metodologia que media o que ele chamava de Talento de Valorizar. Analisando os 300 mil funcionários da Unilever por meio de uma fórmula proprietária, ele concluiu que apenas 56 pessoas da companhia eram responsáveis por 90% de seu valor.

Minha definição de brilhante é ter uma ideia que ninguém mais teve, embora pareça óbvia quando a ouvimos pela primeira vez. A ideia de Sandy era tão brilhante e teve um impacto tão positivo no preço das ações da Unilever que a poderosa empresa de *private equity* Blackstone o contratou para fazer a mesma análise de quem estava acrescentando mais valor às empresas do seu portfólio. Sandy descobriu que havia pouca correlação entre o salário de um grande gerente e o valor que ele acrescenta. Sua ideia revelou um dado que todo CEO gostaria de saber sobre uma organização: *quem estava ganhando de mais e quem estava ganhando de menos*. Isso foi especialmente importante em uma empresa de *private equity*, em que investimentos eram feitos com dinheiro alavancado, aumentando drasticamente a importância de uma avaliação adequada quando há a venda de um ativo. Cada dólar recebido na venda pode representar dez vezes o investimento original. Além de identificar quem valia a pena manter e que gerentes podiam ser dispensados, as equações de Sandy o ajudaram a chegar à conclusão de que algumas pessoas eram tão valiosas que, dados os retornos descomunais de sucesso em *private equity*, nenhum salário era alto demais. Sandy também descobriu que essas pessoas sempre eram especialistas — e seu valor estava atrelado a esse termo: elas eram "especiais". "Pague a elas o que for necessário para mantê-las", disse ele.

Quando Sandy se aprofunda no talento subvalorizado de uma empresa, ele sempre busca pelos especialistas que a gerência ignora. Esses raramente fazem parte da classe de liderança de generalistas que comparecem nas reuniões semanais de gestores seniores. Em geral, ele entrevista pessoas de toda a organização perguntando sobre seus colegas, anotando um ou dois nomes mencionados repetidamente como superastros. Em uma dessas ocasiões, ele estava ouvindo o chefe de compras da empresa ser descrito constantemente com elogios. Quando apresentou seu relatório inicial ao CEO, ele pediu: "Me diga quais são os dez cargos mais importantes daqui."

O CEO começou com ele mesmo, e foi descendo na hierarquia de subordinados diretos.

"E o chefe de compras?", perguntou Sandy.

O CEO ficou mudo.

"Você faz ideia de quem seja seu chefe de compras?"

Ele não fazia ideia.

Sandy explicou que ele provavelmente deveria procurar conhecer esse cara porque ele tinha o dom de economizar o dinheiro da empresa. Sandy sabia exatamente qual era esse valor. "Se o perder", concluiu ele, "você vai ter um déficit de US$600 milhões na sua projeção de valores."

Sandy estava revelando a total desconexão entre o papel que acrescenta muito valor a uma empresa e o investimento em termos de treinamento, salário e ajustes que a empresa faz na pessoa que exerce esse papel. Na opinião de Sandy, essa pessoa é quase sempre um especialista, muitas vezes ignorada e desvalorizada, mas não por muito tempo.

Sandy é meu ideal de "gênio de um truque só". Começando com o amplo conhecimento de um profissional de recursos humanos, ele se concentrou em determinar um dado específico de interesse da alta administração. Quem está recebendo demais e quem está recebendo de menos? Então, ele resumiu isso a uma pergunta que os CEOs nem sequer sabiam que deviam estar se fazendo: na organização, quem nunca estará recebendo demais? A fascinante ironia aqui é que, quando Sandy identifica os geradores de valor da empresa, ele está identificando alguém que é como ele: um especialista que faz um trabalho tão valioso que não pode ser tratado como um qualquer ou ser substituído. Ele é *o* especialista no conceito de gênios de um truque só.

Lembre-se disso da próxima vez que se perguntar por que está demorando tanto para identificar um trabalho ou uma carreira que o engaje por completo e o faça sentir-se realizado. Precisamos de anos, e não meses, de experiência para desenvolver a base de conhecimento, os hábitos de trabalho e os relacionamentos que nos permitirão cortar o pão em uma única fatia de perícia que nos seja própria. E, para ir mais além na metáfora, precisamos deixar o pão assar por completo antes de cortá-lo.

2. O TALENTO CERTO NÃO PODE BRILHAR NO PAPEL ERRADO

Quando Sandy Ogg tentou ligar o talento ao valor na Unilever, ele descobriu que estava ignorando um ingrediente importante, no caso, o papel que as pessoas estavam sendo convidadas a exercer. Se tivermos pessoas talentosas no papel errado, esse talento é desperdiçado e elas fracassarão. Nenhuma quantidade de talento pode compensar um papel inapropriado.

O que Sandy havia descoberto não era que a Unilever tinha 56 pessoas dentre 300 mil funcionários que contribuíam com 90% do valor da empresa. Na verdade, ela tinha 56 *papéis* que estavam exercendo essa grandiosa contribuição, e seu trabalho era unir cada um desses papéis à pessoa certa. Quando isso aconteceu, ele sentiu um "clique", como se estivesse colocando o cinto de segurança. Deixar de fazer esse clique seria um fracasso em gerar valor.

O mesmo acontece na vida particular. Cada um de nós assume vários papéis na vida: parceiro, colega, pai, amigo, irmão ou filho. Sabemos por intuição que o comportamento que exibimos em um papel não seria necessariamente produtivo em outro, e é por isso que não falamos com nosso cônjuge da mesma forma que falamos com um subalterno direto. Mas estar em harmonia com nosso papel exige mais de nós. Estamos acrescentando valor em cada um desses relacionamentos? Nossos esforços de gerar valor ao nosso papel se harmonizam com nossas habilidades? E, por último, esse papel é importante para nós? É algo que adotamos alegremente ao acordarmos cada manhã ou o aceitamos de má vontade porque não temos outra opção? Quando respondemos "sim" a essas três perguntas, nossas chances aumentam de nos tornarmos GTS.

3. UM GÊNIO DE UM TRUQUE SÓ NÃO É UM PÔNEI DE UM TRUQUE SÓ

Não devemos confundir "gênio de um truque só" com o termo pejorativo "pônei de um truque só". Este último é crítico e difamatório, referindo-se a pessoas que abusam de um conjunto limitado de habilidades — quer seja a mesma resposta previsível a todas as situações ou uma jogada habilidosa na quadra de basquete — porque não têm escolha. Isso é tudo o que elas têm.

Em contraste com isso, os GTS são assim porque fizeram uma escolha bem pensada que representa o que desejamos, e não aquilo com que nos conformamos. Vasculhamos nossa caixa de ferramentas, descartando as habilidades nas quais não enxergamos potencial de excelência e concentrando-nos em um talento cujo aperfeiçoamento pelo resto de nossa vida não nos incomodaria.

Esse talento específico — nosso único truque — não é tão importante quanto nossas sinceras tentativas de aperfeiçoá-lo. Com base nisso, todo mundo pode ser um gênio de um truque só. Não precisamos ter um dom sobrenatural em matemática, música ou tênis para conquistar o título de GTS. O melhor sushiman da cidade é um gênio de um truque só (o "único truque" dele é trabalhar apenas com peixe cru; a parte do "gênio" é demonstrar que o peixe cru não impõe um limite ao sushiman). O mesmo vale para o advogado especializado em falência e recuperação judicial mais procurado, para a cabeleireira com a agenda cheia e para o técnico da escola cujos jogadores sempre vencem o campeonato estadual. Muito provavelmente, dadas as validações interna e externa que acompanham ser o melhor na cidade, todos eles se sentem realizados por serem GTS.

4. SUA SINGULARIDADE PODE FAZER DE VOCÊ UM GÊNIO

Betsy Wills, fundadora da YouScience, uma empresa de testes de aptidão de Nashville, sugere que, como possíveis fontes para descobrir no que podemos nos tornar "gênios", examinemos não apenas as inclinações e hábitos que nos encantam, mas também aqueles que nos frustram. Ela observou isso na opção de carreira do seu marido, Ridley

Wills. Enquanto era adolescente, Ridley desenvolveu um olhar para ordem estética e refinamento. Seu avô materno era arquiteto e seu pai um erudito de preservação histórica. Assim, Ridley era bem versado no comércio de prédios. Ele conseguia ver a diferença entre trinta tons de azul. Podia dizer quando o trabalho de um carpinteiro não estava nivelado. Se alguma coisa estivesse errada com o projeto ou construção de um prédio, ele não só conseguia identificar isso de imediato, como queria consertá-la. Ele sentia o mesmo quando o assunto eram quartos desarrumados; ele precisava limpá-los. Esse era seu dom e maldição — uma maneira enlouquecedora e cansativa de viver.

As coisas só melhoraram durante os primeiros dois anos de faculdade de Ridley, quando ele percebeu que devia se tornar um arquiteto. Ele fez uma transferência de Stanford para a Universidade da Virgínia por causa do seu forte corpo docente de arquitetura e pelo seu belo campus neoclássico. Depois da faculdade, ele abriu um escritório em sua cidade, Nashville, onde logo se estabeleceu como a melhor empresa de projetos e construção residencial da cidade. Quando tinha uns 30 anos, ele participou de um projeto de pesquisa que indicava carreiras com base no perfil psicológico das pessoas. Depois de dois anos de testes, os pesquisadores concluíram que Ridley tinha um grande senso de "percepção de tom". Era parecido com um músico com ouvido absoluto para notas musicais ou um degustador de vinho com um olfato perfeito. No caso de Ridley, ele usava sua percepção de tom no design, sempre notando pequenas diferenças na qualidade e beleza de uma casa. Os pesquisadores, sem saber qual era sua profissão, lhe disseram que deveria trabalhar com algo que exigisse precisão, atenção aos detalhes e um discernimento altamente refinado de estética. Eles sugeriram que ele se tornasse um fotógrafo de belas artes ou um especialista de renovação de casas de luxo.

"A maioria de nós fica satisfeito em entregar um trabalho que esteja 90% perfeito", contou-me Betsy. "O alvo do meu marido é 99%. De alguma forma, ele conseguiu escolher o campo no qual pode satisfazer essa compulsão de 99% e ser feliz em vez de triste."

Essa não havia sido a primeira vez em que ouvi falar sobre possíveis fontes de tristeza envolvendo GTS. Anos atrás, conheci um homem em um jantar que conseguia dizer o que estava sendo preparado na cozinha a dois cômodos de distância. Ele dizia que tinha um senso tão apurado de olfato que podia sentir o cheiro de doenças mentais (evidentemente causadas por uma falha metabólica, mais especificamente a esquizofrenia). Quando alguém com uma doença mental subia em um ônibus na sua cidade natal de Amsterdã, ele descia de imediato para fugir do cheiro desagradável.

"Esse seria um talento muito valioso para um profissional de saúde mental", observei. "É isso que você faz em Amsterdã?"

"Não. Isso seria terrível para mim", respondeu ele. "Sou *parfumier*. Mesclo perfumes personalizados para pessoas ricas que querem ter um aroma só seu."

"Isso é uma profissão?", perguntei.

"As pessoas sempre querem cheirar bem. Eu as deixo felizes."

Um talento especial pode nos fazer subir na vida ou nos atormentar. Está em nossas mãos permitir que ele seja nosso aliado ou nosso inimigo. A escolha é nossa.

5. GENERALISTAS TAMBÉM PODEM SER GTSs

De relance, os CEOs parecem ser os maiores generalistas. Mas, se eliminarmos as necessárias, porém generalizadas, habilidades de liderança de comunicação clara, persuasão e tomada de decisões, descobriremos que todo bom CEO possui uma habilidade ou valor principal específico que faz com que ele se torne GTS. Um CEO GTS pode estar realizando uma reunião produtiva; outro consegue harmonizar por completo todos os níveis da organização. A genialidade do truque de cada CEO é que essa habilidade isolada é a base da credibilidade e respeito do CEO; ela orienta tudo.

Tal qualidade especializada nem sempre é aparente em grandes líderes, talvez sendo mascarada por suas grandes autoridade e personalidade. Mas, se olharmos mais de perto, ela está lá. Por exemplo, li um perfil admirável da minha grande amiga Frances Hesselbein no best-seller de 2019 de David Epstein *Por que os Generalistas Vencem em um Mundo de Especialistas*, um livro cujo tema parece contradizer o que estou tentando dizer aqui. Epstein faz um relato bem detalhado da grandiosidade de Frances — seus anos iniciais como voluntária ativa, como ela reergueu as Escoteiras depois dos seus 60 anos, a Medalha Presidencial da Liberdade que recebeu de Bill Clinton e a afirmação de Peter Drucker de que ela era a melhor CEO dos Estados Unidos —, supostamente dizendo que a grande habilidade de liderança de Frances é resultado do seu histórico bastante variado. Ainda assim, ele não consegue dizer qual habilidade a destaca. Frances enxerga tudo através de um prisma de uma única pergunta: como posso servir aos outros? É aí que sua "genialidade" se destaca, por meio da qual todos seus formidáveis pontos fortes de sabedoria, autoridade, integridade e compaixão fluem. É como Frances faz os outros verem o mundo do seu jeito. É como ela lidera.

Por exemplo, em 2014, convidei alguns clientes para virem até minha casa em San Diego para uma sessão intensa de dois dias para ajudarmos uns aos outros a entender o que eles queriam fazer em seguida. Também convidei Frances, que estava com 98 anos na época, sabendo que sua presença elevaria automaticamente o nível de sabedoria no cômodo. No segundo dia, nossa atenção se voltou para uma mulher que chamarei de Rose Anne. Ela tinha quase 50 anos, havia vendido seu negócio 3 anos antes por uma quantia considerável e se mudado de Minneapolis para uma cidadezinha no Arizona para aproveitar os frutos do seu trabalho. Essa mudança foi um desastre. Rose Anne não havia sido feita para ficar admirando os pores do sol do Arizona. A incansável empreendedora dentro dela investiu em um restaurante e uma academia locais, negócios que lidam diretamente com os clientes, o que era muito diferente de como ela havia ganhado sua fortuna original. Dentro de um ano, ao aplicar suas habilidades práticas de negócios na cidade, ela conseguiu alienar todos que conhecia, tanto que seu marido ameaçou voltar para Minneapolis se ela não fizesse alguma coisa. Ao contar suas dores na minha casa, demos algumas sugestões, mas nenhuma delas foi muito útil — até Frances se manifestar, o que fez por último. Ela disse a Rose Anne:

"Me parece que você passou um bom tempo pensando em como servir a si mesma. Talvez você deva experimentar ajudar outros." Todos nós sabíamos que ela estava certa. Até Rose Anne, perdida em seu desespero, concordou com a cabeça e agradeceu Frances. Frances só precisou de duas frases concisas, óbvias para nós quando foram ditas, para dar uma ideia a Rose Anne de como consertar sua vida. É aí que ela brilha como GTS. Frances vive para servir aos outros e seu exemplo convence estranhos a seguir sua liderança. Sua autoridade vem desse único atributo, e não o contrário. Em seu âmago, ela é uma especialista disfarçada de generalista. Cinco anos depois, Rose Anne se candidatou a prefeita — e venceu.

Gostaria de acrescentar que não estou zombando do livro de Epstein. Ele é fascinante, bem argumentado e rico em detalhes. Se o li corretamente, Epstein é *a favor* da especialização mais tarde na vida, o tipo que vem depois de termos experimentado várias disciplinas e decidido em qual delas vale a pena nos concentrar. Acredito que estamos dizendo a mesma coisa: se tivermos sorte, começamos como generalistas e terminamos como especialistas.

A VIDA DE um artesão — um trabalhador sério e comprometido em realizar uma tarefa que valha a pena ser feita da melhor forma possível — é minha visão de um gênio de um truque só. Ela sugere uma carreira que encaramos como um chamado em vez de um trabalho, o qual buscamos mais por causa da realização pessoal do que pelo salário. Esse é o benefício de se ser um GTS: quando nos sentimos realizados, nosso mundo se expande em vez de se reprimir. Descobrimos que nossa perícia específica pode ser aplicada a um conjunto cada vez maior de problemas e oportunidades. GTS não é um insulto que nos sentencia a uma vida limitada e unidimensional. Ao contrário, quando desenvolvemos uma habilidade altamente especializada e a praticamos como um artesão dedicado, nós podemos estar no comando. Tornamo-nos únicos e, assim, nossa demanda será maior. Somos mais engajados e privilegiados com um propósito maior. Satisfazemos todos os requisitos da realização e, consequentemente, passamos a viver nossa própria vida.

EXERCÍCIO

Como Ouvir o Discurso sobre "Você Pode Ser Mais"

Curtis Martin me descreveu um dos momentos mais importantes da sua carreira na NFL. O fato aconteceu no campo de treinamento do New England Patriots em 1996, após a temporada de Curtis como novato, quando ele liderou a Conferência Norte-Americana com 1.487 jardas corridas com a bola. O treinador-chefe Bill Parcells, um motivador lendário, reuniu todos os *running backs* e *receivers* para um teste de resistência de corridas e exercícios que seriam realizados até que houvesse apenas um jogador em pé. À medida que jogadores exaustos começavam a desistir depois de cinquenta minutos, Curtis estava determinado a não parar antes de Parcells apitar. Uma hora depois, ele era o único jogador ainda em campo, engatinhando para terminar suas corridas, mas recusando-se a ceder até que Parcells misericordiosamente encerrou a sessão. Depois disso, no vestiário, Parcells disse a Curtis: "Fiz isso porque queria que soubesse o seguinte sobre você mesmo: *você pode ser muito mais.*"

A história de Curtis me lembrou que cada um de nós já ouviu uma variação do discurso sobre Você Pode Ser Mais (ou VPSM) na vida. Tenho certeza de que você já foi alvo de um. De uma forma ou de outra, ele foi um componente essencial do repertório de frases motivacionais ditas por seus pais quando estavam fascinados com você ("Estou orgulhoso de você...") ou decepcionados ("Esperava mais de você...").

Precisamos ouvir esse discurso em intervalos regulares na nossa vida. Infelizmente, esse discurso pode ser inserido tão casualmente em uma conversa — de várias formas — que talvez nem sequer cheguemos a identificá-lo. Raramente um alarme soa quando um míssil VPSM está sendo lançado em nossa direção.

Sandy Ogg ouviu o discurso VPSM na forma de uma *atribuição* quando o CEO da Unilever lhe pediu para identificar os talentos de valor da empresa. Esse discurso tomou a forma de um *desabafo de frustração* quando gritei a Mark Tercek: "Que droga, quando você vai começar a viver sua própria vida?" Ele foi expresso como uma *pergunta* quando Ayse Birsel me questionou: "Quem são seus heróis?" Felizmente, em todos os três casos, a mensagem VPSM foi recebida em alto e bom som. Ela mudou a vida de três pessoas — a de Sandy, a de Mark e a minha.

Os poucos momentos decisivos da minha vida — momentos que me ajudaram a me tornar um GTS — foram instigados por um discurso VPSM não solicitado e inesperado: Paul Hersey me pedindo para fazer uma palestra no lugar dele e me dizendo que eu conseguiria; o chefe da American Express me dizendo que seria melhor para mim trabalhar sozinho, sem um parceiro sênior; um agente literário de Nova York me procurando e dizendo: "Você deveria escrever um livro." Essas são apenas algumas das vezes em que fui alvo da mensagem VPSM. Quem sabe quantas vezes deixei de identificar mensagens equivalentes porque não estava prestando atenção?

FAÇA O SEGUINTE: por um grande período de tempo — pelo menos um mês —, registre quantas vezes outras pessoas lhe disseram algo que passou a ideia de que veem um potencial latente que você não havia percebido. Pode ser uma frase específica ("Você fez uma boa observação na reunião. Eu nunca havia pensado nisso"); uma sugestão aberta ("Você deveria ser mais assertivo"); ou uma atitude severa visando nosso bem-estar ("Refaça. Esperava mais de você"). Isso não é um teste no qual você pode estar certo ou errado sobre o significado do comentário. O objetivo aqui é abrir seus olhos e ouvidos a como as pessoas se comunicam e enxergar algo promissor ou subdesenvolvido em você que possa ser explorado. Não se trata apenas de ganhar elogios. Seu alvo é procurar ideias de como melhorar.

Os elogios, significativos ou não, devem ser fáceis de identificar (somos ótimos em perceber um elogio dirigido a nós). Pode ser mais difícil identificar críticas específicas e comentários brutalmente honestos, embora eu acredite que esses toquem mais fundo e contenham os conselhos mais práticos.* Manter um registro meticuloso aumenta nossa percepção e compreensão — sempre.

---

*   Certa vez, um banqueiro me disse que o ponto de virada da sua jovem carreira foi instigado por um discurso sobre Você Pode Ser Mais disfarçado de um insulto espontâneo. Pedi-lhe para colocar sua experiência por escrito:

"No início da minha carreira, em fins da década de 1970, apresentei ao CEO de um icônico conglomerado norte-americano uma ideia muito criativa de refinanciamento que poderia economizar muito dinheiro à sua empresa. Levei quase dois anos para convencer esse CEO e, por fim, fechar o negócio. Durante esse tempo, certificava-me de atualizá-lo periodicamente quando alguma coisa importante acontecia. Ele era ocupado, e não queria incomodá-lo. Não diria que éramos amigos — ele era um titã e eu insignificante —, mas ele me ligava às vezes e tínhamos essas estranhas conversas sobre política ou esporte, raramente sobre o negócio, após as quais eu me perguntava: 'O que foi isso?' Dadas as nossas posições extremamente diferentes, tive dificuldade de aceitar que podíamos ser amigos."

"Alguns dias depois de fecharmos o negócio, marquei uma reunião com ele e o presidente do meu banco para celebrarmos. Apenas nós três no seu escritório brindando com taças de champanhe. Os dois estavam de muito bom humor. O negócio havia encantado os membros da diretoria do meu cliente e garantido uma boa comissão para o banco. Então, eles fizeram uma coisa incrível. Começaram a falar sobre mim como se eu não estivesse lá. Contaram piadas sobre minha pouca idade (eu tinha 29 anos) e sobre como eu lhes devia minha carreira. Em seguida, o CEO deu sua sincera opinião sobre mim para o meu presidente. Suas palavras ainda fazem meus ouvidos tinir. Ele disse que eu era 'criativo e um ótimo negociador', mas que também era 'desleixado'. Ele estava sorrindo quando disse isso, mas não estava brincando. Ele queria que eu ouvisse. Mas não explicou o que queria dizer. A conversa mudou de rumo, mas ele havia dado o soco intencionado e deixado uma marca."

"Fiquei pensando por dias nesse comentário sobre eu ser 'desleixado'. O que eu tinha feito para desagradá-lo? Não conseguia pensar em nenhum erro na papelada nem nas etapas legais. Então, lembrei-me de todas as vezes que ele me ligou para jogar conversa fora, como eu mal podia esperar para desligar por temer estar desperdiçando seu tempo. Eu não entendi que ele estava se sentindo bem por me ajudar a ser bem-sucedido. Essas ligações não programadas eram sua maneira de criar confiança e selar nossa amizade. Ele estava dizendo que havia mais nos negócios do que criatividade e fechar negócios. Se ignorasse o elemento humano — em especial a parte da reciprocidade, como a satisfação de ajudar alguém e permiti-lo sentir a satisfação de fazer isso —, então estaria ignorando o que faz do trabalho emocionalmente gratificante. Basicamente, ele estava dizendo que eu poderia ter feito um trabalho muito melhor em dar suporte ao cliente. Eu nunca mais cometi esse erro."

Para ganhar pontos extras, registre também os momentos em que você transmite mensagens VPSM em vez de receber — quando se oferece para dar *feedback* para fazer com que alguém se torne um pouco melhor. Talvez você esteja fazendo isso mais do que perceba. Isso é bom. A mensagem VPSM é uma das formas mais puras de generosidade que temos na vida. É um bom remédio tanto para quem dá como para quem recebe. É como diz a poetisa Maggie Smith: "Brilhe sobre alguém — e a luz o alcançará também."

EXERCÍCIO

Mesa Redonda do Gênio de um Truque Só

Esse é provocador, mas divertido.

FAÇA O SEGUINTE: reúna seis pessoas que se conheçam bem na sua sala de estar. Começando por você, identifique a habilidade que você acha ser seu talento especial, oculto ou evidente, que o torna o mais eficaz, um gênio de um truque só. Então, as outras cinco pessoas devem responder. Ninguém pode pular. Se discordarem, elas devem apresentar uma alternativa. Repita o processo com cada membro do grupo.

Sintam-se à vontade para debater qualquer comentário. Cinismo e maldade são proibidos. O mesmo vale para raiva e hostilidade contra qualquer um por serem honestos. Trinta e seis opiniões concordando ou discordando serão dadas pelo grupo, mas ninguém deve ser desagradável.

Haverá lisonjas, dor e surpresa. Mas esse não é um exercício de autoparabenização ou de autoflagelo. Como o VPSM, trata-se de autoconsciência e de ajudar uns aos outros. A primeira vez que fiz esse exercício, afirmei com confiança que meu talento único era entender a motivação dos outros antes deles mesmos. Pensava isso sobre mim desde que tinha uns 20 anos, depois de 3 anos organizando reuniões intensas de grupos na UCLA (um fenômeno de meados do século no qual os participantes eram encorajados a expressar seus sentimentos, em geral, em reuniões de confronto). Ninguém discordava que eu tinha esse talento, mas isso não me tornava único. Várias pessoas também sentiam que eram excelentes em entender a motivação de outros. A observação mais precisa, que foi feita por uma mulher a quem vinha orientando há vários anos, foi a mais pé no chão. Segundo ela, meu dom era não ficar entediado com atividades repetitivas, como passar uma mensagem mais de cem vezes por ano com o mesmo nível de entusiamo. "Várias pessoas entendem as motivações", disse ela. "Mas não são muitas as que continuam transmitindo a mensagem." Nunca havia visto essa habilidade como especial até que ela disse isso. Minha única resposta foi: "Obrigado."

Parte II

FAÇA POR MERECER SUA VIDA

Part II

SAGA OF
MÜNCHEN-
SEA VIDA

CAPÍTULO 8

COMO FAZER POR MERECER: OS CINCO FUNDAMENTOS DA DISCIPLINA

Para iniciar esta nova seção, vamos fazer uma revisão do que vimos até agora.

Na Introdução, afirmamos que *vivemos uma vida merecida quando nossas escolhas, riscos e esforços se harmonizam com um objetivo abrangente das nossas vidas, independentemente do resultado.* Cada capítulo se concentrou em uma faceta da mentalidade necessária para conquistarmos uma vida merecida. Começamos com o Paradigma de Cada Fôlego, abordando nosso senso de eu, baseado nos ensinamentos do Buda de que "a cada fôlego que tomo, surge um novo eu". Então, revisamos as muitas forças que nos compelem a viver outras vidas que não são nossas. Combatemos isso usando uma checklist de fatores essenciais para obtermos uma vida merecida (motivação, habilidade, compreensão, confiança, apoio e mercado). Em seguida, vimos um capítulo que abordou o valor de reduzir as grandes escolhas da nossa vida de muitas opções para apenas uma, seguido de um capítulo sobre aspiração, observando que existe uma diferença crucial entre decidir o que queremos ser e quem queremos nos tornar. No Capítulo 6, examinamos como determinamos o nível de risco que estamos dispostos a correr na nossa vida. E, por fim, no Capítulo 7, eu o incentivei a se tornar especialista quando chegar a hora de resolver a eterna dicotomia entre especialista e generalista. A cada página, o persistente tema unificador foi a escolha — como refinar nossas escolhas para que elas nos beneficiem em vez de nos sabotarem.

Na Parte 2, em vez de nos concentrar na mentalidade, nosso foco será nas ações que devemos tomar para viver uma vida merecida. Esse é um desafio que exige uma nova estrutura de como executamos nossas escolhas e fazemos as coisas.

O paradigma tradicional para realizar qualquer objetivo enfatiza a disciplina e a vontade de agir. Se queremos ser bem-sucedidos, precisamos (a) seguir nosso plano religiosamente e (b) resistir a qualquer distração que nos tente a desviar-nos desse plano. A disciplina nos dá o poder de dizer "sim" todos os dias para fazermos as coisas difíceis. A força de vontade nos dá a determinação de dizer "não" às coisas ruins. Admiramos — quase até o ponto de nos maravilharmos — qualquer pessoa que exiba essas duas virtudes na realização de algo difícil ou extraordinário: o irmão que perde 30kg e permanece assim; o vizinho que realiza seu sonho de vida de falar italiano; o viciado que abandona o mau hábito.

Mas, na nossa vida, não somos tão admiráveis ou merecedores do elogio de outros. De todas as qualidades pessoais que superestimamos em nós mesmos — nossa inteligência, nossa discrição, nossa habilidade de condução, nossa disposição de aceitar críticas, nossa pontualidade, nossa sagacidade, só para mencionar algumas —, a disciplina e a força de vontade provavelmente estão nos primeiros lugares. Temos as dietas fracassadas, as matrículas de academia nunca utilizadas e os livros de idiomas que nunca foram abertos para provar isso.

Parei de superestimar minha disciplina quando tinha 30 e poucos anos (e admito que senti orgulho por deixar de fazer isso). Ainda assim, não estendi tal *insight* àqueles a quem eu treinava naquela época; vez após vez, eu continuava superestimando a disciplina deles. Precisei que um cliente me fizesse uma pergunta óbvia para abrir meus olhos. Em 1990, eu estava fazendo uma série de seminários sobre "Valores e Liderança" na Northrop Corporation, a empresa aeroespacial e de defesa que hoje conhecemos como Northrop Grumman. Após uma das sessões que levavam o dia inteiro, Kent Kresa, o sincero CEO da Northrop, que havia assumido o posto recentemente e dado início à espetacular reestruturação da empresa, levando-a a um status admirável depois de sua quase falência, me perguntou: "Isso funciona mesmo?"

Meu primeiro impulso, totalmente autojustificativo, seria dizer: "É claro". Mas ninguém havia me perguntado isso antes.

"Acho que sim", respondi. "Mas nunca fiz nenhuma pesquisa para provar isso. Então acho que não sei. Vou descobrir."

Nas minhas aulas de treinamento, orientava os líderes a pedir o *feedback* regular dos seus colegas sobre como estavam se saindo na aplicação do que aprendiam na sala de aula, supondo que seguiriam minhas instruções. Pedir o *feedback* das nossas atividades é uma maneira comprovada de regular e aperfeiçoar nosso desempenho em determinada atividade. Mas nunca havia perguntado a ninguém se realmente estava seguindo minhas instruções à risca.

Não é nenhum mistério por que eu havia deixado de questionar a eficácia do meu programa de treinamento: tinha medo da resposta. Era melhor enterrar minha cabeça na areia e esperar pelo melhor. Depois da pergunta de Kresa, mudei minha forma de agir. A equipe de RH da Northrop e eu passamos a fazer uma pesquisa com os líderes que haviam participado das aulas de treinamento a cada mês para ver se estavam praticando o que haviam aprendido com seus colegas. Depois de vários meses, os números eram animadores. Quanto mais eu pedia o *feedback* dos participantes, melhor eles ficavam em pedir o *feedback* dos seus colegas sobre suas habilidades administrativas. Nosso questionamento servia como um lembrete constante de que os participantes haviam passado um dia em uma sala de aula com um manual de estratégias que deviam absorver e colocar em prática. Isso, combinado com a mensagem implícita de que a administração estava prestando atenção, fez com que melhorassem sua busca por *feedback* e, consequentemente, a aplicação do que aprendiam nas aulas.

Alguns meses depois, eu estava pronto para responder à pergunta de Kresa: "Sim, as pessoas melhoram, mas só com acompanhamento."

"Meu jovem", respondeu ele, "acabei de fazer sua carreira."

Ele estava certo (sua pergunta foi outro episódio de Você Pode Ser Mais para Mim). Daquele momento em diante, o acompanhamento em todas suas formas se tornou um componente essencial em meu pensamento e coaching. Até então, eu dependia da motivação e disciplina individuais para motivar as pessoas a seguirem minhas instruções. Pensei: "Eu ensino; os alunos devem aprender e utilizar o que aprendem." Isso era loucura, é claro — contradizendo séculos de evidência de que os seres humanos são ruins em qualquer tipo de autocontrole. Fui curado pela pergunta básica de Kent Kresa: *isso funciona mesmo?*

Descobri que, embora o acompanhamento mude nosso comportamento, ele não é eficaz por si só. Ele precisava ser combinado com várias outras ações para instilar motivação, energia e autocontrole que passamos a entender como disciplina e força de vontade.

Esse novo modelo de ações oferece uma reinterpretação da disciplina e da força de vontade na nossa vida. Temos a tendência de pensar nesses dois atributos nobres, porém supergeneralizados, como habilidades essenciais para o sucesso. Sugiro que não são. Antes, são *prova* do nosso sucesso, qualidades que reconhecemos apenas após o fato. Em termos bem simples, nós as chamamos de disciplina e força de vontade (ou coragem, resiliência, perseverança, apego, ousadia, virtude, tenacidade, fibra moral, determinação e assim por diante). Conceitos tão únicos e precisos não deveriam ter tantos sinônimos.

Os elementos da "disciplina" e da "força de vontade" são muito mais concretos e compreensíveis:

- Observância.
- Responsabilização.
- Acompanhamento.
- Medição.

Essas quatro ações não substituem a disciplina e a força de vontade; elas são reservas que correm para o campo como parte de um novo plano de jogo. Cada uma dessas quatro ações é situacional: a observância resolve um problema diferente da responsabilização, do acompanhamento ou da medição. Recorremos a ações diferentes em momentos diferentes do processo de merecimento. Juntas, elas se tornam nosso modelo para estruturar nossos esforços em prol de qualquer objetivo. Nós provavelmente já as estamos praticando, mesmo que inconscientemente. Se queremos viver uma vida merecida, elas entrarão em ação. Sem elas, não temos a menor chance. Veja por quê.

1. OBSERVÂNCIA

Observância reflete nossa aderência a uma política ou regra externa. Isso acontece muito comumente no contexto do tratamento médico. Nosso médico receita um remédio, e nossa única tarefa é tomar esse remédio na hora certa. Não estamos sendo orientados a fazer nada de extraordinário. Basta seguir as instruções e melhoraremos. Ainda assim, calcula-se que 50% dos pacientes norte-americanos se esquecem, abandonam ou nem sequer tomam seus remédios. Isso mostra como a observância é difícil. Mesmo quando nossa saúde e, possivelmente, nossa vida está em jogo, não aderimos a um tratamento infalível.

Quando tinha 24 anos, machuquei o dedo médio da minha mão direita recebendo um passe em um jogo de basquete. A ponta do meu dedo ficou pendurada na minha mão, como um galho quebrado em uma árvore. Fiz uma pesquisa sobre a lesão na biblioteca e descobri que eu provavelmente estava com "dedo de beisebol". O tratamento era simples, porém tedioso. Precisava usar uma tala por oito semanas, até no banho, após o que deveria lavar e secar meu dedo em uma superfície reta para me certificar de não voltar a estirar o tendão e desfazer o processo de cura. Quando descrevi o que havia descoberto com minha pesquisa ao médico da clínica da UCLA, ele disse: "Isso mesmo. Dedo de beisebol. Apenas siga o procedimento da tala e volte aqui dentro de doze semanas. Você estará bem até então."

Minha observância foi total. Lavei, sequei e voltei a colocar a tala no meu dedo com a devoção de uma mãe que está trocando a fralda do seu bebê recém-nascido. Ao voltar oito semanas depois, o médico examinou meu dedo e disse que eu estava curado. Então, ele acrescentou: "Estou impressionado com o fato de você realmente ter seguido as instruções. São muito poucos os pacientes que fazem isso por doze semanas."

Essa foi uma das frases mais decepcionantes que tive de escutar de um médico. Ele havia diagnosticado meu problema e me indicado o procedimento de cura apropriado, mas não havia feito nenhum esforço para me avisar de que me apegar a esses passos seria difícil nem que esperava que eu fracassasse por completo. A observância dependia totalmente de mim, e o médico não se sentia otimista. Era como se ele tivesse me enviado em uma jornada de carro por uma rota sem placas de pare, limites de velocidade ou avisos de "Declive Acentuado" ou "Curva Acentuada".

Isso me lembra da famosa exortação de Hipócrates aos médicos: "Primeiro, não causar dano." Mas ele também os incentivou a "fazer o paciente cooperar". Além de duvidar da minha observância, meu médico não estava observando as orientações de Hipócrates. Infelizmente, isso é a regra e não a exceção. A falta de observância por parte dos pacientes continua sendo um problema da medicina norte-americana que custa US$100 bilhões por ano. Levante a mão se seu médico alguma vez verificou na farmácia se você foi apanhar o que ele receitou ou ligou depois de uma ou duas semanas após a sua consulta para se certificar de que estava tomando seu remédio.

Obviamente, o médico estava certo. A observância é fácil de entender ("Se eu obedecer, vou melhorar"), mas difícil de colocar em prática ("Preciso fazer isso todo dia. Aff!"). Os seres humanos são terríveis em obedecer — quer estejamos falando das recomendações do nosso médico, da lista de leitura ou da lição de casa dos nossos professores, dos pedidos dos nossos pais para fazer a cama ou dos prazos do nosso editor. Só queria que ele tivesse sentido um pouco a responsabilidade de avisar seus pacientes disso.

Essa é uma simples verdade: não podemos contar com as pessoas dando ordens ou nos pegando pela mão para garantir nossa observância. Estamos por conta própria. Nem podemos contar com cada situação para compelir a observância. Concluí meu tratamento com a tala só porque estava sentindo dor e não queria ter uma mão aleijada pelo resto da vida. Se não estivesse sentindo dor e minha mão não estivesse desfigurada, duvido que teria seguido tudo à risca.

O incidente do dedo de beisebol me ensinou o seguinte: a probabilidade de seguirmos determinado curso de ação é maior quando deixarmos de fazer isso resultará em extrema dor ou punição, seja ela física, financeira ou emocional. Nossa saúde não melhorará. Nossa lesão não sarará. Perderemos o emprego. Nosso relacionamento acabará. Nos arrependeremos pelo resto da vida por causa da oportunidade que deixamos passar.

Quando nos deparamos com uma dessas situações extremas que nos ameaçam com dor ou punição existencial — e reconhecermos a seriedade do momento —, a observância não deverá ser um desafio. Não temos outra escolha. Em outras situações, talvez precisemos de outra tática.

2. RESPONSABILIZAÇÃO

Diferentemente da observância, que é nossa resposta produtiva às expectativas impostas sobre nós por outras pessoas, a *responsabilização* é nossa resposta às expectativas que impomos sobre nós mesmos. Há dois modelos de senso de responsabilização: privado ou público.

A lista de afazeres é um exemplo comum de responsabilização privada. Escrevemos nossa lista de afazeres em um caderno ou a digitamos no celular, e vamos riscando os itens no decorrer do dia. Cada item riscado é uma vitória particular. Se riscamos apenas metade da nossa lista, levamos os itens que sobraram para o próximo dia. Se algum deles ainda não tiver sido feito depois de uma semana, a frustração ou a vergonha resultante serão apenas nossas. Ninguém mais precisa saber.

Eu prefiro a versão pública. Quando todos sabem das nossas intenções, os riscos aumentam automaticamente (os outros estão vendo), e o mesmo acontece — assim se espera — com o nosso desempenho. O espectro de um revés público, somado à nossa decepção particular, é um forte motivador. É por isso que insisto que meus clientes de coaching falem sobre seus planos de mudar seu comportamento às pessoas com quem trabalham: essa revelação torna os esforços para mudar visíveis; a visibilidade aumenta a responsabilização.

3. ACOMPANHAMENTO

A observância e a responsabilização são os dois lados da mesma moeda. Ambas nos impõem um peso que devemos levar como indivíduos — uma imposta sobre nós por outros e a outra autoimposta. *Acompanhamento* introduz a força coerciva do mundo exterior na jogada. De repente, outras pessoas estão nos monitorando, mostrando interesse nas nossas opiniões e valorizando nosso *feedback*. Não estamos mais agindo como donos da nossa vida. Fomos alistados em um grupo com o objetivo de ser observados, testados e julgados. E esse alistamento nos altera. Quer gostemos, quer não, o acompanhamento é um processo valioso que aumenta nossa autoconsciência. Ele nos obriga a avaliar nosso progresso com honestidade. Sem o acompanhamento, talvez nunca tiraremos o tempo para nos perguntar como estamos indo.

O acompanhamento se manifesta de várias formas. Pode ser alguém do RH realizando uma pesquisa na empresa toda, nosso chefe requisitando um relatório semanal de progresso ou um vendedor confirmando se estamos satisfeitos com uma compra. O tipo específico de acompanhamento que recomendo nos capítulos seguintes, derivado da Revisão do Plano de Negócios da Ford, é uma reunião semanal em grupo formada por cerca de seis participantes onde um monitora o outro. Independentemente da forma que nosso acompanhamento assume, devemos acolhê-lo em vez de nos ressentir dele. Esse é um gesto de suporte, não uma intrusão à nossa integridade e espaço pessoal.

4. MEDIÇÃO

A medição é o verdadeiro indicador das nossas prioridades — porque o que medimos nos faz ignorar o que não medimos. Se a segurança financeira é nossa maior prioridade, verificamos nosso patrimônio líquido todos os dias. Se levamos a perda de peso a sério, nos pesamos toda manhã. Se temos problemas de estômago, medimos a composição do nosso bioma intestinal. Em 2020, aqueles que passaram todos os dias com medo da COVID-19, talvez tenham usado um pequeno aparelho chamado oxímetro para medir seus níveis de SpO_2 (também conhecido como saturação), um dado do qual você talvez nunca tenha ouvido falar.

Não sou um tipo de membro que fica carregando sua carteirinha do movimento Eu Quantificado, uma comunidade crescente de cientistas e gênios da tecnologia que desejam encontrar um significado particular medindo todos os tipos de dados pessoais, desde passos diários a minutos semanais gastos com socialização. Mas, em anos passados, quando me importava com isso, fiz um registro das horas que passei dormindo, dos dias que fiquei longe de casa, das vezes que disse aos meus filhos que os amava, dos momentos diários de gratidão e dos restaurantes com estrelas Michelin que visitei. Cada número me ajudava a melhorar, e, em muitos casos, parei de registrá-los quando alcançava um nível "bom o suficiente". Durante muitos anos, registrei obsessivamente minhas milhas aéreas; parei de contá-las e declarei vitória quando alcancei 10 milhões de milhas e recebi meu cartão ConciergeKey da American Airlines. No momento de redação destas páginas, estou registrando meus passos diários, as palavras bondosas que digo a Lyda, meus minutos diários de reflexão silenciosa, o tempo que passo com meus netos, quanto de carboidratos eu como (açúcar, macarrão, batatas) e os minutos diários que gasto em atividades de menor prioridade (como assistir TV).

Nem toda medida que é importante para nós precisa ser um número certo e objetivo. Números imprecisos e subjetivos também podem ser significativos.

Considere meu amigo Scott, que adotou uma dieta estrita e supervisionada pelo médico para um problema de saúde. Depois de seis meses de dieta, o internista de Scott (que havia adotado a mesma dieta como uma medida preventiva para o mesmo problema) lhe pediu para avaliar o quão bem ele havia seguido essa dieta estrita. Scott respondeu: "Noventa e oito vírgula cinco porcento." O internista não disse nada em resposta e passou para a próxima pergunta. A falta de *feedback* irritou Scott. No dia seguinte, ele ligou para o internista e disse: "Quando eu disse 98,5%, senti que você estava me julgando de forma dura."

"O contrário", respondeu o internista. "Estava impressionado. Eu não passo dos 80%." Ouvir outra medida para comparar com a dele, por mais imprecisa que pudesse ser, foi muito importante para Scott. Isso fez com que ele se sentisse melhor quanto ao seu nível de observância.

A medição que pedirei que faça no próximo capítulo também será um número impreciso e subjetivo. Você calculará seu nível de esforço em uma escala de 1 a 10. Seus 6s e 9s serão tão científicos quanto o 98,5% de Scott — afinal, são estimativas —, mas no contexto de correr atrás de uma vida merecida, eles serão muito importantes para você, em especial ao comparar seus números com os de outras pessoas.

QUANDO COMEÇAMOS A implementar as estratégias para viver uma vida sem arrependimentos, esses quatro componentes do modelo de merecimento se tornam instintivos para nós. A observância e a responsabilização deixarão de ser provas diárias do nosso instável comprometimento — como se tivéssemos uma escolha entre trabalhar e tirar o dia de folga. Elas evoluirão e se tornarão respostas automáticas, como nosso batimento cardíaco ou nossa respiração. O acompanhamento e a medição serão os loops de *feedback* que darão significado e propósito ao nosso dia. Insistiremos nos dados em vez de cobrir nossos olhos e ouvidos. É assim que a disciplina e a força de vontade passarão a fazer parte da nossa vida aos poucos. Nós não as herdamos ao nascer. Nós a conquistamos a cada dia.

MAS EXISTE OUTRO componente que une essas quatro ações. E é um grande componente que já conhecemos bem. Ele inclui todas as pessoas da nossa vida. É o domínio que chamamos de *comunidade*.

Talvez se considere um individualista que não precisa de ninguém, que assume a responsabilidade pelas escolhas que faz, que nunca choraminga "isso não é justo!" e sempre rejeita o papel de vítima ou de mártir. Já conheci pessoas admiráveis que incorporam todas essas características, com exceção de uma: *nenhuma delas acha que não precisa de ninguém*. Elas sabem que uma vida merecida não pode ser conquistada em isolamento. Isso só acontece dentro de uma comunidade.

Elas não só entendem que suas escolhas e aspirações afetam outros (essa é uma das primeiras lições do Curso Básico de Humanidade: "Nenhum homem é uma ilha" e tudo o mais), como nunca deixam de atentar-se ao fato de que uma comunidade não é composta de vias de mão única. Tudo é recíproco em uma comunidade. Muito do bem que fazemos a outros sem esperar nada em troca — consolá-los, monitorá-los, apresentá-los a alguém ou simplesmente estar presente e ouvi-los — volta a nós queiramos ou não, porque a reciprocidade é um fator que define a comunidade.

Mas, em uma comunidade, essa reciprocidade não é meramente do tipo bidimensional entre dois indivíduos. No tipo certo de comunidade, ela é tridimensional — como se todos tivessem uma licença para ajudar e orientar outros a qualquer momento. Não se trata da reciprocidade transacional do tipo "uma mão lava a outra" da criação agressiva de redes de contatos. Ela acontece quando alguém diz: "Preciso de ajuda." E outra pessoa, sem fazer o cálculo do "O que ganho com isso?", ouve o pedido e responde: "Posso ajudar." Em comunidades saudáveis, "Posso ajudar" é a resposta padrão. Se fôssemos traçar as linhas entrelaçadas da comunicação e dos atos generosos entre os membros de uma comunidade saudável, o resultado seria tão louco e aleatório como uma pintura por gotejamento de Jackson Pollock ou um mapa do sistema nervoso.

Só cheguei a entender plenamente esse fenômeno quando tinha quase 70 anos e acordei certa manhã e havia descoberto que, por acidente, eu havia criado minha própria comunidade — meu projeto 100 Coaches — e que ela era uma força multiplicadora para ajudar outros a viver uma vida merecida. A forma como cheguei a esse novo lugar ainda é um milagre para mim, uma história de origem que vale a pena contar.

CAPÍTULO 9

UMA HISTÓRIA DE ORIGEM

J́á sabemos o que fazer para conquistar uma vida merecida: *decidir como queremos que a nossa vida seja e fazer o que for necessário para transformar isso em realidade.*

Só nós podemos pintar essa visão. As pessoas influentes na nossa vida, com suas opiniões e empurrões, podem nos oferecer ferramentas intelectuais e emocionais para nos ajudar a escolher um caminho sábio. Mas, no fim das contas, a escolha, quer feita no começo, quer depois de anos de falsos inícios, é apenas nossa para fazer.

Quanto à parte difícil, esse é um desafio superado pela aplicação da estrutura. A estrutura é como domamos os impulsos selvagens que nos levam para longe da realização dos nossos alvos. A estrutura é a ferramenta mais eficaz que temos para consertar e renovar nossa vida, e, diferentemente de decidir que caminho de vida escolher, a estrutura pode ser facilmente adotada graças a outros ou inspirada neles.* Se não conseguimos proporcionar a estrutura apropriada a nós mesmos, devemos procurar fontes que possam fazer isso — como um *personal trainer* que estabelece nosso regime de exercícios, um chefe que determina a programação do nosso trabalho ou um livro que oferece um plano para desentulhar nossa casa.

Meu cartão de negócios poderia muito bem incluir CONSULTOR ESTRUTURAL abaixo do meu nome. É isso que faço. Eu tiro a casca externa de um problema comportamental para examinar a infraestrutura e, então, reestruturo-a para lidar com o problema *real*.

Confesso com alegria que não sofro da síndrome do Não Inventado Aqui. Conheço bem as ideias de outras pessoas, e, quando ouço uma boa ideia criada por alguém, eu a internalizo como se fosse minha. O valor que acrescento é que eu pego essa ideia e a insiro com outras ideias dentro de uma estrutura que funciona para mim e para os meus clientes. A Revisão do Plano de Vida (ou RPV), que discutiremos no Capítulo 10, é essa estrutura. Ela é o maior ponto de ação deste livro: um programa de avaliação semanal para realizar uma mudança significativa que resulta em uma vida merecida. Esse é o produto final da minha tentativa de acrescentar uma estrutura inteligível em um único lugar para as sete epifanias que adotei em vários momentos da minha vida profissional e que moldaram meu pensamento sobre ajudar pessoas a mudarem para melhor. Trata-se de um desenvolvimento recente. Não poderia tê-lo imaginado há cinco ou dez anos. Eu não estava pronto.

---

* A estrutura é especialmente útil com coisas pequenas. Certa vez, um amigo zombou de mim por registrar quantas vezes eu dizia algo bondoso à minha esposa todos os dias. "Você não devia ter de ser lembrado que deve ser gentil com sua esposa", disse ele.

"Aparentemente, eu preciso", respondi. "Não tenho vergonha de precisar de um lembrete para ser melhor. Teria vergonha se soubesse disso e não fizesse nada."

Esse é o poder de nos impor uma estrutura. Ela nos lembra de que não devemos baixar nossos padrões, em especial no que se refere a gestos pequenos, porém necessários, aos quais não damos o devido valor. Agora, meu amigo mantém um registro diário de quantas vezes ele pergunta "como posso ajudar?" à sua esposa.

Para entender o conceito da Revisão do Plano de Vida do próximo capítulo, é útil familiarizar-se com as epifanias que me marcaram tão profundamente, como elas podem ser combinadas e por que a soma das suas partes é importante.

1. GRUPO DE REFERÊNCIA

Voltemos a algo que já discutimos no Capítulo 2. Em meados da década de 1970, quando Roosevelt Thomas Jr. me apresentou sua ideia de grupos de referência, eu não havia entendido sua importância, encarando-a apenas como um conceito que ele desenvolveu para ensinar às empresas norte-americanas sobre a necessidade da diversidade no ambiente de trabalho. Roosevelt acreditava que uma organização podia se tornar mais rica e mais forte quando incluía várias diferenças. O conceito do grupo de referência era a estrutura que ele havia criado para ajudar as pessoas a entender que quando alguém se identificasse com um grupo de referência específico, seu desejo de aprovação no grupo moldaria seu comportamento e desempenho. As pessoas fariam quase tudo para serem aceitas pela tribo com a qual se identificavam. Parte da sua estrutura para as empresas era a diferença do que ele chamava de *preferência* e *exigência*. As preferências de uma pessoa — como ela se veste, a música que gosta, suas opiniões políticas — não são relevantes se essa mesma pessoa satisfaz ou ultrapassa as exigências para o emprego. Se os líderes pudessem aceitar essa diferença — que as preferências de um subordinado direto não precisavam ter correlação com as exigências para o emprego —, isso possibilitaria que várias diferenças e excentricidades existissem no ambiente de trabalho. Os líderes se irritariam menos com superficialidades, ficariam menos obcecados com conformidade e seus subordinados diretos se sentiriam mais em casa. Foi uma ideia brilhante, feita para esclarecer o ponto de vista do líder sobre os indivíduos em uma equipe.

Eu vi esse conceito sob o ponto de vista de como ele ajudou executivos a se tornarem líderes melhores. Mas não consegui enxergar o poder dos grupos de referência pelo outro lado, ou seja, sob o ponto de vista dos membros do grupo de referência. Também não era muito adepto de aplicar o conceito além do ambiente de trabalho e, por falar nisso, nem na minha própria vida. Por décadas, frustrei-me com a inteligência de outras pessoas cujos valores sociais e base de conhecimento não faziam sentido para mim. Como elas podiam acreditar em coisas que, pelo menos para mim, eram tão ignorantes e ilógicas? Minha confusão se estendeu até os meus 60 anos. Então, me lembrei do ponto principal de Roosevelt Thomas: se sabemos qual é o grupo de referência de uma pessoa — a quem ou a que ela se sente profundamente conectada, a quem ela deseja impressionar, de quem ela deseja ganhar respeito —, podemos entender por que ela fala, pensa e se comporta de determinada maneira. Não precisamos concordar com ela, mas a probabilidade de a classificarmos como alguém que sofreu lavagem cerebral ou que é mal-informada será menor. Ao mesmo tempo, percebemos que nossa visão talvez seja igualmente incompreensível para ela. Isso fez com que eu me tornasse mais tolerante, quase empático. E me fez começar a pensar sobre a utilidade dos grupos de referência. Haveria uma estrutura na qual eu pudesse inserir a ideia de Roosevelt e ajudar as pessoas a mudar seu comportamento?

Roosevelt Thomas foi um gigante sobre os ombros de quem eu deveria ter subido muito antes.

2. FEEDFORWARD

"Feedforward" é uma palavra que comecei a usar depois de uma conversa com John Katzenbach, quando comecei a trabalhar como coach de CEOs. Ela é meu contraponto ao *"feedback"*, o termo mais comum para a troca de opiniões no ambiente de trabalho. Enquanto o *feedback* inclui a opinião de outros sobre nosso comportamento passado, o *feedforward* representa as ideias de outros sobre o que deveríamos usar no futuro. O *feedforward* foi o elemento estrutural final em um projeto de doze a dezoito meses no qual um cliente concordou em mudar determinado comportamento — depois que o cliente se compromete a mudar, ele anuncia publicamente sua intenção de fazer

isso, se desculpa pelo seu comportamento passado, pede às pessoas para indicar qualquer deslize e está sempre lhes pedindo ajuda. O passo do *feedforward* não foi complicado:

- Depois de escolher o comportamento que deseja mudar, informe alguém que você conheça em uma conversa particular sobre sua intenção.
- Peça que essa pessoa — pode ser qualquer pessoa, não necessariamente um colega de trabalho — lhe dê duas sugestões que poderiam ajudá-lo a atingir seu alvo.
- Ouça sem julgar e diga "obrigado".
- Não prometa adotar todas as ideias. Aceite-as e prometa que fará o que puder.
- Repita esses passos com outras partes interessadas.

O *feedforward* foi um sucesso instantâneo com os CEOs, que não estavam acostumados a receber conselhos sinceros dos seus subordinados. Isso resultou em discussões sobre seus comportamentos até a escala íntima de dois seres humanos conversando. E funcionou porque, embora pessoas bem-sucedidas não necessariamente gostem de críticas, elas aceitaram ideias para o futuro. Além disso, os CEOs não eram obrigados a colocar nenhuma das sugestões em prática. Eles apenas precisavam ouvi-las e dizer "obrigado".

Certa vez, sugeri que os CEOs devolvessem o favor e pedissem às suas contrapartes para identificar algo que elas gostariam de mudar, transformando a conversa em um intercâmbio de mão dupla. Esses conselheiros raramente faziam parte da equipe administrativa sênior dos CEOs; eles estavam mais embaixo na cadeia alimentar. Ainda assim, o *feedforward* lhes permitiu conversar como iguais com o chefe — apenas duas pessoas se ajudando. (Imagine Barack Obama jogando basquete com o pessoal da Casa Branca enquanto ainda era presidente. Na quadra, o cargo não importa; todos — o presidente, os membros do seu time e seus oponentes — são iguais.)

O conceito do *feedforward* é bem fácil de entender e aceitar (porque se trata de uma ideia ou dica, e não de uma crítica), mesmo quando é praticado entre estranhos. Eu fui um dos oradores em um grande evento em Moscou, em um estádio com 50 mil pessoas, a maioria das quais estavam me ouvindo através de tradução. Pedi à multidão para se levantar, encontrar um parceiro, se apresentar, escolher uma coisa para aprimorar, pedir o *feedforward*, agradecer, perguntar ao seu parceiro o que ele gostaria de aprimorar e oferecer o *feedforward*. Eles deveriam continuar fazendo isso com novos parceiros até que eu lhes pedisse para parar. O volume e a temperatura no ambiente foram aumentando claramente enquanto fiquei no palco por 10 minutos observando os 50 mil participantes conversando.

A estrutura de *feedforward* criou algo que eu não via todos os dias nos níveis mais altos da hierarquia corporativa: *reciprocidade com genuína boa vontade e sem julgamento*.

3. COACHING FOCADO NA PARTE INTERESSADA

Eu tirei essa ideia da famosa pergunta de Peter Drucker: "Quem é seu cliente e quanto ele vale?" Transformei essa pergunta no coaching focado na parte interessada. Entre as muitas ideias de Drucker, posso afirmar que seu grande foco no cliente será a mais duradoura. Drucker acreditava que tudo nos negócios começava com o cliente. Quando perguntou "Quem é seu cliente?", ele estava nos guiando a adotar sua definição expansiva de "cliente". Um cliente é muito mais do que alguém que paga pelo nosso produto ou serviço. Um cliente pode ser alguém que nunca conhecemos, como o consumidor final do nosso produto ou serviço, o tomador de decisões que aprova a compra, um indivíduo que está determinado a refinar e adaptar nosso produto para seus próprios fins ou uma figura pública que pode influenciar futuros clientes. Drucker estava dizendo que, como muitas das situações da nossa vida não são tão abertamente transacionais como o intercâmbio de "você compra o que eu vendo" entre o vendedor e o cliente — em especial quando o dinheiro não troca de mãos —, identificar o "cliente" em cada circunstância pode ser desafiador. Talvez ele não necessariamente seja quem imaginemos.

Essa ideia me tocou profundamente. No meu trabalho como coach, acabei entendendo que meus clientes também precisavam ampliar sua definição de quem eram seus clientes — e, na primeira posição, acima de todas as outras, estavam as pessoas que trabalhavam para meu cliente. Afinal, os colegas de um líder se beneficiarão pessoal e profissionalmente se ele aprimorar seu comportamento. Assim, troquei a palavra "cliente" de Drucker por "parte interessada" — para enfatizar aos meus clientes que seus funcionários faziam um investimento pessoal e esperavam uma melhoria da sua parte. Queria que meus clientes CEOs pensassem em si mesmos como funcionários-líderes, sempre dando prioridade a fazer o que seus funcionários — ou seja, suas partes interessadas — valorizavam, e não se preocupando consigo mesmos. A estrutura que forneci se concentrava nas partes interessadas, e não no líder. Ela também era transacional, na qual todos ganham: os líderes ganham o respeito dos seus funcionários e os funcionários ganham a gratidão dos seus CEOs.*

Essa foi uma nova perspectiva que gerava valor além do ambiente de trabalho. As pessoas em empresas que lidam diretamente com os clientes não sobrevivem se forem rudes e não tiverem consideração por eles. Elas tratam o cliente do melhor modo possível, muitas vezes melhor do que seus colegas e membros da sua família. Na minha experiência, quando líderes adotam em seu trabalho o pensamento focado nas partes interessadas, essa atitude acaba invadindo sua vida pessoal também. Eles se tornam mais simpáticos com as pessoas que amam — suas partes interessadas em casa. Todos na sua vida se tornam "clientes". Quando isso acontece, criamos ao nosso redor um ambiente mais perdoador, prestativo e bondoso. As pessoas se sentirão atraídas a esse lugar — e permanecerão lá.

---

* Em 19 de agosto de 2019, a Business Roundtable, em uma proclamação assinada por 181 CEOs, endossou formalmente o conceito de beneficiar todas as principais partes interessadas como o objetivo da corporação.

4. RPN

RPN significa Revisão do Plano de Negócios. Lembre-se de como o ex-CEO da Ford, Alan Mulally, estruturava uma reunião semanal em uma organização. Já falamos sobre isso no Capítulo 4. Alan me explicou esse brilhante conceito de liderança quando começamos a trabalhar juntos, mas eu não estava prestando muita atenção. Eu achava que essa era uma forma muito rígida de realizar uma reunião — horário e dia fixos, presença obrigatória, cinco minutos para relatar seu progresso, cores de semáforo (vermelho, amarelo e verde) para classificar as atualizações de status, nada de julgamento, cinismo e outras regras —, o tipo de estrutura que encantaria um engenheiro superior como Alan. Ele trouxe esse conceito com ele à Ford e fez com que se tornasse o eixo administrativo central da sua transformação dessa fabricante de automóveis em decadência. Observando mais de perto, entendi que as RPNs não eram frias, impessoais e tecnocráticas; eram baseadas em um entendimento preciso das pessoas, como se Alan tivesse internalizado as ideias de Drucker sobre o "cliente" e usado as RPNs para tratar sua equipe de executivos não como seus subordinados diretos, mas como as partes interessadas no sucesso uns dos outros (clientes, fornecedores, membros da comunidade etc.). Com isso, ele fez com que todos nas RPNs se tornassem responsáveis por si mesmos e pelo grupo, satisfazendo sua necessidade dupla de validação interna e pertencimento a algo maior do que eles mesmos.

Com as RPNs, o engenheiro Alan havia construído uma fortaleza intransponível que podia ser adaptada a qualquer empresa e objetivo. Eu só queria poder descobrir uma forma de aplicá-las para ajudar pessoas de sucesso a realizar mudanças positivas e duradouras no seu comportamento.

5. O FIM DE SEMANA DO "E AGORA?"

Por volta de 2005, comecei a convidar um punhado de clientes para irem até a minha casa para sessões "E agora?" de dois dias, para ajudá-los a descobrir o que fazer na próxima fase das suas vidas. Eu mantinha contato com a maioria dos meus clientes por um longo período depois que nosso trabalho particular terminava, até o inevitável dia em que tinham de preparar um sucessor e pensar em seguir em frente. (Meu conselho era sempre o mesmo: *é melhor ficar um ano a menos do que um minuto a mais*. Em outras palavras, é melhor sairmos agora, enquanto ainda estamos por cima. Nunca devemos esperar um convite do conselho administrativo. Os candidatos que estão esperando para nos suceder não ficarão ressentidos com isso.) Mesmo depois de saírem, eu continuava me envolvendo para ajudá-los a decidir o que fazer em seguida. Já sabia que líderes de sucesso têm muitas opções do que fazer posteriormente — dar consultoria ou aulas, trabalhar com *private equity*, fazer filantropia, participar de conselhos administrativos, assumir outro cargo como CEO, esquiar em Aspen —, mas um cardápio completo de opções não facilita essa escolha. Quando podemos fazer qualquer coisa e não precisamos mais do salário, é fácil ficar parado, sem fazer nada. Um cliente chamou isso de "problema do terceiro ato". Descer do cume é sempre mais perigoso do que a escalada.

A revelação mais interessante depois de algumas versões do fim de semana do "E agora?" foi o quão isolados muitos dos participantes se sentiam, e como estavam ansiosos para falar, em especial os ex-CEOs. O topo da hierarquia é um lugar solitário; poucos deles tinham companheiros com quem podiam conversar com franqueza. Os fins de semana do "E agora?" lhes davam uma maneira de conversar com pessoas que respeitavam sobre qualquer coisa, revelando que todos nós temos problemas similares e que, no ambiente certo — uma sessão que reúne um pequeno grupo de histórico variado, porém em situações similares —, estamos dispostos a nos abrir e compartilhar experiências. Esses fins de semana se tornaram o evento do ano.

6. PERGUNTAS DIÁRIAS

Nós somos grandes planejadores, porém maus executores. Perguntas Diárias é a ferramenta que escolhi há quinze anos para lidar com meu padrão reincidente de boas intenções seguidas de execuções não confiáveis. Expliquei isso em detalhes em *Gatilhos do Sucesso*, incluindo uma lista de 22 perguntas que testam minha resolução diária de fazer com que minhas execuções e ações correspondam às minhas intenções e planos. O segredo: cada pergunta começa com "fiz o meu melhor para..." seguida de um objetivo específico, como "estabelecer metas claras?", "me exercitar?" e "não desperdiçar energia no que não posso mudar?" No fim do dia, pontuo cada pergunta de 1 a 10, baseado no quanto me esforcei. Esse processo mede o esforço, e não o resultado. Nem sempre podemos controlar o resultado, mas todos nós podemos nos esforçar. Como preciso de ajuda para não me afastar do plano, há alguns anos, contratei um "coach" para me ligar todas as noites e pedir minha pontuação. Essa foi a melhor rotina de execução que encontrei para conquistar um resultado desejado. Mas ela pode ser dolorosa; é desanimador relatar notas 1 e 2 para objetivos que realmente consideramos importantes. Essa dor pode nos fazer desistir. Mas se persistirmos, veremos que essa rotina funciona. Para qualquer coisa.

Eu não a inventei. O crédito vai para Benjamin Franklin, o pai fundador norte-americano do autoaperfeiçoamento ("Um centavo poupado é um centavo ganho").

Além de incluir uma lista de afazeres diários na sua *Autobiografia* ("Levantar, tomar banho e orar; planejar as atividades e fazer a resolução do dia; continuar o estudo atual; e tomar o café da manhã"), Franklin também descreveu um regime de autossupervisão em longo prazo. Ele listou treze virtudes que desejava aperfeiçoar em si mesmo.* Em vez de lidar com todos eles de uma só vez (o objetivo quintessencialmente irreal), Franklin escolhia uma virtude de cada vez e se concentrava nela até dominá-la. Toda vez que tropeçava,

---

* Temperança, Silêncio, Ordem, Resolução, Economia, Diligência, Sinceridade, Justiça, Moderação, Limpeza, Castidade, Tranquilidade e Humildade.

ele anotava isso em um livro e somava essas falhas no fim do dia. Quando o total era zero, ele se declarava vitorioso e passava para a próxima virtude. Embora essa rotina tenha mais de 250 anos, ela ainda é muito atual. (Ela me lembra da regra da rotina de cem lançamentos de Steph Curry, o cestinha da NBA: Curry pratica arremessos com pulo a partir de cinco locais da quadra, e não passa para o próximo ponto até acertar vinte arremessos seguidos. Se errar um, ele volta do zero.) Ela é a inspiração para as Perguntas Diárias.

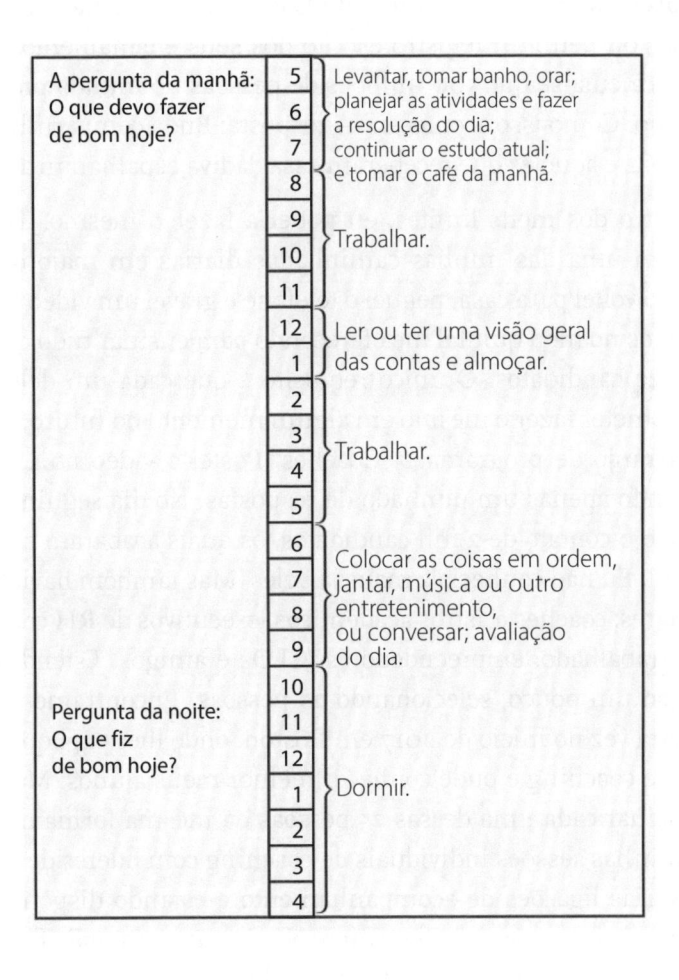

A pergunta da manhã: O que devo fazer de bom hoje?	5 6 7 8	Levantar, tomar banho, orar; planejar as atividades e fazer a resolução do dia; continuar o estudo atual; e tomar o café da manhã.
	9 10 11	Trabalhar.
	12 1	Ler ou ter uma visão geral das contas e almoçar.
	2 3 4 5	Trabalhar.
	6 7 8 9	Colocar as coisas em ordem, jantar, música ou outro entretenimento, ou conversar; avaliação do dia.
Pergunta da noite: O que fiz de bom hoje?	10 11 12 1 2 3 4	Dormir.

7. 100 COACHES

Fazer parte de uma comunidade é o elemento estrutural mais recente que passei a levar a sério — e que solucionou o quebra-cabeças do merecimento para mim.

Quando Ayse Birsel me pediu para dizer quais são meus heróis, ela me fez aspirar a algo que eu não podia ter antecipado. Dizer em voz alta que o Buda era meu herói fez a bola começar a rolar. Uma das coisas interessantes sobre o Buda é que ele viveu há 3 mil anos e não deixou nenhum registro escrito dos seus ensinamentos. Ainda assim, calcula-se que 560 milhões de pessoas no mundo praticam o budismo. Como isso aconteceu? A resposta: Buda compartilhou tudo que sabia, e aqueles que receberam essa dádiva espalharam a palavra.

Dentro dos meus limites, eu poderia fazer o mesmo. Tive essa ideia em uma das minhas caminhadas diárias em maio de 2016. Quando voltei para casa, peguei o telefone e gravei um vídeo de trinta segundos no meu quintal me oferecendo para ensinar tudo que sabia a quinze candidatos. O único requisito é que cada um deles tinha que prometer fazer o mesmo em algum momento no futuro. Chamei esse arranjo de programa 15 Coaches. Postei o vídeo no LinkedIn, esperando apenas um punhado de respostas. No dia seguinte, havia recebido o contato de 2 mil candidatos, os quais acabaram chegando a 18 mil. Eu não conhecia a maioria deles. Mas também havia nomes familiares: coaches e astros acadêmicos, executivos de RH com quem havia trabalhado, empreendedores, CEOs e amigos. Estendi minha ambição um pouco, selecionando 25 pessoas. Encontramo-nos pela primeira vez no início de 2017 em Boston, onde lhes expliquei o processo de coaching e pude conhecer melhor meus alunos. Meu plano era ensinar cada uma dessas 25 pessoas da mesma forma que realizava minhas sessões individuais de coaching com líderes de sucesso, com várias ligações de acompanhamento e estando disponível. Era um grande compromisso de tempo. Nos meus anos mais frenéticos, conseguia dar conta de oito clientes individuais. Agora, estava assumindo uma quantidade três vezes maior. Mas isso não me importava. Na minha mente, esses projetos seriam o meu legado, nos quais eu encararia meus alunos como 25 tarefas individuais, e não como um grupo coletivo. Se esse empreendimento fosse uma roda, eu seria o eixo e eles os raios. A única coisa que eles tinham em comum era *eu*. (Algo digno de nota é que meu entusiasmo por algo sobe até as nuvens quando sou o centro das atenções.)

Eu não havia antecipado que eles poderiam ter uma ideia melhor. A curva de aprendizagem do meu processo de coaching é curta, e meus alunos mostraram que aprendiam rápido. Depois de alguns meses, eles perceberam que não precisavam de mim. Antes, eles recorriam uns aos outros para trocar histórias e ideias e para obter apoio. Meus supostos acólitos estavam se tornando seu próprio grupo de referência. Eles também estavam ansiosos para trazer novos membros, uma noção que eu não havia considerado, mas que não demorei para entender (comunidades fortes insistem em crescer, ao passo que as fracas se recusam a fazer isso). Dentro de um ano, o 25 Coaches se tornou o 100 Coaches. Não havia indicação nem processo de entrevista (não éramos um clube de campo ou uma sociedade de honra*). Se um membro conhecesse alguém que poderia se beneficiar por fazer parte do nosso grupo, o convidado entrava e era acolhido como aluno daquele membro específico. Isso tornava esse grupo incrivelmente diversificado, o que sempre é uma coisa boa.

Eu já havia feito esforços esporádicos no passado para formar uma comunidade profissional, mas o 100 Coaches estava se tornando algo especial. Não tinha certeza do porquê, até que comecei a ouvir que coaches em Londres, Nova York, Boston e outras cidades estavam se reunindo socialmente durante o ano. Quando uma integrante de Tel Aviv me avisou que estaria visitando San Diego, os membros locais me convidaram para o jantar que estavam organizando para ela. Aquela cena abriu meus olhos. Não havia autopromoção nem esforços para aumentar as redes de contatos naquele cômodo. Era como uma reunião de família, sem tios malucos e histórias estressantes de

---

* Organização profissional cujo ingresso depende da excelência do candidato. [N. do T.]

família — uma reunião de pessoas em uma zona livre de julgamentos, celebrando a sorte de terem conhecido uns aos outros.

Essas sete ideias têm uma coisa em comum: elas não podem ser executadas apenas por uma pessoa. Elas são muito mais eficientes quando duas ou mais pessoas estão envolvidas. Em outras palavras, esses conceitos são mais robustos em um ambiente que chamamos de "comunidade". Até os rituais obviamente individuais como as Perguntas Diárias funcionam melhor com um parceiro peguntando qual foi nossa pontuação no fim do dia; isso aumenta nosso senso de responsabilidade e nosso potencial para seguir em frente.

Não fico surpreso nem triste com o fato de que levei quarenta anos para ligar os pontos. Eu precisei fazer por merecer para ter cada uma dessas ideias no meu próprio tempo — quando estava pronto para ouvi-las. As RPNs de Alan e suas ideias sobre as dinâmicas de grupo em reuniões semanais definitivamente foram um ponto de virada. Certo dia, cheguei à conclusão de que, se juntássemos a implacável autossupervisão das Perguntas Diárias com os benefícios em longo prazo resultantes da Revisão do Plano de Negócios de Alan, teríamos uma estrutura que poderia ser aplicada em qualquer vida. Alan concordou com isso. Nós a chamamos de Revisão do Plano de Vida.

Em janeiro de 2020, 160 membros da nossa crescente comunidade 100 Coaches viajaram de todas as partes do mundo para uma conferência de 3 dias que realizei em San Diego. Ao ver os membros do 100 Coaches se divertindo naquele fim de semana, maravilhei-me com essa comunidade de grande coração que havia criado por acidente. Foi um verdadeiro milagre.

Seis semanas depois, o mundo entrou em *lockdown* por causa da pandemia — e tudo mudou. A pandemia do coronavírus foi uma grande ameaça para a saúde, para o emprego e para a segurança financeira das pessoas, e também atacou nossa comunidade 100 Coaches. Eventos catastróficos testam a saúde de uma comunidade. As fracas se desfazem. As fortes dão um passo à frente e se tornam mais fortes. Qual será que éramos?

❶ Grupo de Referência
As afinidades tribais influenciam nossas escolhas

❷ Feedforward
O contrário do feedback: ideias para o futuro, e não uma crítica ao passado

❸ Coaching Focado na Parte Interessada
Quem são seus "clientes" e quanto eles valem?

❹ Revisão do Plano de Negócios
Reunião semanal para informar se estamos progredindo como esperado, sem julgamento nem cinismo

❺ O Fim de Semana "E agora?"
Sessões de dois dias com grupos pequenos sobre sua próxima fase de vida

❻ Perguntas Diárias
Acompanhamento dos esforços diários para fazer as execuções corresponderem às intenções

❼ 100 Coaches
Criar uma comunidade de pessoas que ajudam umas às outras a serem melhores, só isso

Uma das apresentações para o grupo em San Diego, antes do *lockdown*, foi minha introdução, com a ajuda de Alan Mulally, ao conceito da Revisão do Plano de Vida. Ela combinou os elementos que valorizo ao ajudar as pessoas a fazer mudanças significativas, incluindo o poder da influência de uma comunidade. A Revisão de Plano de Vida é um conceito que ajudou a fortalecer nosso grupo em um ano como nenhum outro. Se tiver que tirar apenas uma lição das ideias destas páginas, que seja essa.

CAPÍTULO 10

A RPV

O objetivo da Revisão do Plano de Vida (ou RPV) é preencher a lacuna entre o que planejamos fazer na nossa vida e o que de fato fazemos.

Seu método está contido nas três palavras do seu nome: revisão, plano e vida. Ela parte do pressuposto de que já decidimos como queremos que a nossa *vida* seja e como será o futuro se tudo acontecer como *planejamos*. Mas, diferentemente de muitos outros sistemas de autoaprimoramento focado em objetivos, ela não se baseia em exortações para sermos mais heroicos em nossa motivação, desenvoltura, coragem e nossos hábitos. A RPV é um exercício de autossupervisão: devemos realizar uma *revisão* semanal dos nossos esforços para conquistar a vida que afirmamos desejar. Ela mede o quanto nos esforçamos, esperando por lapsos em vez da constância, honrando a probabilidade de que não seremos perfeitos na maioria das semanas. O quanto de fracassos, negação e inércia estaremos dispostos a aceitar na nossa vida e o que faremos sobre isso dependerá apenas de nós. A RPV nos pede apenas que prestemos atenção ao nosso nível de esforço. Não seremos merecedores de nada sem nosso esforço heroico.

Então, como um treinador que nos pede para fazer mais uma série de abdominais, ela nos pede mais uma coisa: devemos compartilhar nossos resultados com outros — em uma comunidade —, não apenas para recitar números, mas para comparar observações e ajudar uns aos outros.

A RPV é uma estrutura simples de quatro passos que perde muito do seu valor sem uma comunidade:

Passo 1. Na RPV, cada participante da reunião semanal reveza ao responder a um conjunto de seis perguntas que podem nos ajudar a melhorar nossa vida. "Fiz o meu melhor para..."

1. Estabelecer metas claras?
2. Fazer progresso para atingir minhas metas?
3. Encontrar significado?
4. Ser feliz?
5. Manter e criar relacionamentos positivos?
6. Comprometer-me totalmente?

Respondemos a cada pergunta atribuindo um número de 1 a 10 (10 sendo o melhor), que medem nosso nível de esforço, e não nossos resultados. É fundamental separar o esforço do resultado, porque isso nos obriga a reconhecer que nem sempre controlamos os resultados (acidentes acontecem), mas não podemos dar nenhuma desculpa por não ter tentado.

Passo 2. Nos dias entre as reuniões semanais da RPV, fazemos um registro diário dessas perguntas — para criar o hábito da autossupervisão. Esse ritual é tão importante quanto tomar o café da manhã ou escovar os dentes. Eu prefiro me avaliar no fim de cada dia e ligar para o meu coach às 22h para lhe dizer qual foi minha pontuação. Mas não quero criar nenhuma regra sobre *quando* cada pessoa deve responder às suas perguntas. Algumas esperam até a manhã seguinte, preferindo pensar nas respostas e usar a pontuação alta ou baixa do dia anterior para motivá-las durante o novo dia. A chave é acumular os dados para enxergar padrões instrutivos: onde o nosso desempenho está baixo e onde as coisas estão sob controle?

Sinta-se à vontade para acrescentar suas próprias perguntas à minha lista ou eliminar uma ou duas que não se apliquem ao seu caso. Essas seis perguntas não são sagradas, embora satisfaçam à Ingestão Diária Recomendada de ingredientes nutricionais necessários para termos uma vida merecida. Estabelecer e atingir metas, o significado, a felicidade, os relacionamentos e o comprometimento são termos bem abrangentes, mas são suficientes para incluir todos os detalhes, independentemente do quão extraordinária ou excêntrica seja nossa vida. Eu poderia ter incluído outras perguntas, tais como:

- Fiz o meu melhor para expressar gratidão?
- Fiz o meu melhor para perdoar meu eu anterior?
- Fiz o meu melhor para acrescentar valor à vida de alguém?

Essas perguntas estavam na minha lista. Mas já passei vinte anos realizando esse processo. Ele é dinâmico, o que significa que devemos aprimorar e criar objetivos que vão além. Seria desanimador se não tivesse feito nenhum progresso nessa revisão diária — e adaptado as perguntas ao melhorar. Durante esse processo, percebi que eu não precisava mais responder a essas três perguntas. Eu sempre agradeço as pessoas. Sou um especialista de nível mundial em perdoar a mim mesmo. E, quando não estou sendo pago para acrescentar valor à vida de uma pessoa, faço isso de graça. As seis perguntas restantes são existencialmente exigentes e incluem muita coisa — e duvido que eu venha a me tornar tão bom nelas a ponto de parar de tentar.

Passo 3. Revise seu plano segundo sua relevância e necessidades pessoais uma vez por semana. Quando medimos nossos esforços, monitoramos sua qualidade. Mas, de tempos em tempos, também devemos revisar o objetivo dos nossos esforços. Estamos nos esforçando bastante para atingir um alvo que não tem mais importância?

Nosso esforço é um valor relativo. Ele não é fixo, objetivo nem exato. É uma opinião dada pela única pessoa qualificada para tanto — você. E ela muda à medida que procuramos atingir um alvo. Por exemplo, se um *personal trainer* pedisse ao nosso eu fora de forma para fazer vinte flexões no nosso primeiro treino, nem sequer um esforço nota 10 nos ajudaria a fazer as vinte flexões. Seis meses depois, nosso eu com um bom condicionamento físico poderia fazer as vinte flexões com um esforço nota 2. Quanto mais praticamos algo, menos esforço precisaremos dispensar para fazê-lo bem. Mas, como o sapo na água que esquenta aos poucos, talvez não percebamos como a passagem do tempo diminui nossa exigência de esforço. A tentação é nos acomodar em fazer menos esforço e permanecer no mesmo lugar (ou seja, fazer as vinte flexões); o desafio é aumentar nosso esforço para atingir nossa meta (quer dizer, aumentar o número de repetições para trinta flexões, depois quarenta e assim por diante).

Fazer uma revisão dos nossos esforços é uma maneira de reconsiderar o valor dos nossos alvos. Se queremos manter o mesmo alvo, talvez seja hora de aumentar nossos esforços. Se não estivermos mais dispostos a fazer o esforço necessário, talvez seja hora de escolher um novo alvo.

Passo 4. Não faça isso sozinho. Esse conselho é resolvido de forma inerente pela característica-chave de uma reunião RPV: trata-se de um evento em grupo. Ela nos insere em uma comunidade de pessoas que pensam da mesma forma. O bom senso nos diz que revisar nosso plano na seleta companhia de outros é muito melhor do que fazer isso sozinhos. Por que deveríamos aderir a um ambicioso plano de vida e recusar compartilhar essa experiência com outros, em especial se não precisamos fazer isso? Que benefício existe em fazer isso sozinho? Seria como fazer um bolo de aniversário e comer tudo sozinho ou fazer um discurso para um auditório vazio.

Pense no jogo de golfe. Embora seja uma daquelas raras atividades esportivas que possam ser agradavelmente realizadas por apenas um jogador — esquiar, nadar, andar de bicicleta e correr também me vêm à mente —, o golfe nos apresenta o argumento mais convincente para jogar bem com outros. E é um modelo exato dos benefícios da RPV.

Um ávido jogador de golfe joga sozinho quando nenhum parceiro está disponível, quando está com pressa ou quer treinar para melhorar algumas características do seu jogo. Mas, se ele encontra outro jogador que está jogando sozinho no campo, os dois começam a jogar juntos de imediato. Esse é um dos muitos belos exemplos da boa educação no golfe: ninguém ignora outros jogadores, e eles só jogam sozinhos se preferirem assim.

Dada a escolha, esse mesmo ávido jogador de golfe sempre preferirá jogar com outras três pessoas, quer esse grupo seja composto por amigos, membros da família ou desconhecidos. O golfe é o mais social de todos os esportes. Caminhamos pelo campo juntos, conversando entre as jogadas sobre negócios, férias ou eventos do dia. Às vezes, até paramos no meio do jogo para fazer uma refeição.

São esses elementos sociais que fazem um quarteto de jogadores de golfe satisfazer todos os requisitos de uma reunião bem feita, como a reunião semanal da nossa RPV que estou recomendando. O jogo incorpora as quatro ações do nosso modelo do merecimento, assistido e auxiliado pelo tecido conjuntivo da comunidade.

Ele exige *observância*. Em um quarteto sério, os jogadores comparecem no primeiro *tee* na hora marcada, jogam a bola do jeito que ela cai (sem melhorar a situação), não podem voltar atrás em uma tacada (também conhecido como *mulligans*), e contam todas as tacadas e penalidades. Existe até um código de vestimenta.

Ele honra a *responsabilidade pessoal*. Somos responsáveis pelo crédito ou descrédito de cada tacada. Não podemos culpar outros por nossos erros. Não podemos enganar a nós mesmos ou a outros quanto à qualidade do nosso jogo. Se estamos enferrujados, despreparados ou simplesmente não somos tão bons quanto afirmamos ser, uma rodada de golfe revelará a verdade.

Ele exige *acompanhamento* e *medição*. Os jogadores marcam os pontos deles mesmos e dos seus parceiros. Indicamos qual é nossa pontuação depois de cada buraco. Postamos nossa pontuação em um banco de dados público para manter um índice honesto de *handicap*.

E, independentemente da intensidade com que nos lembramos das nossas boas tacadas e ignoramos as ruins na revisão pós-rodada com nossos parceiros de jogo, a única evidência admissível será o que está escrito no nosso cartão de pontuação. O jogo não tolera fatos alternativos.

E o mais importante: o jogo incorpora o que valorizo em uma *comunidade*. Existem regras de comportamento. O julgamento e o cinismo não são tolerados. Aplaudimos uma tacada bem dada por um jogador, mas não dizemos nada maldoso de uma tacada ruim. Ajudamos a procurar a bola perdida de outro jogador.

Além disso, essa é uma comunidade cujos membros estão empenhados em melhorar — e compartilhar suas ideias com outros. Essa não é uma diferença irrelevante. Diferentemente da maioria dos esportes de um contra um, o golfe pode ser uma experiência de aprendizagem. Se enfrentasse um arremessador profissional de beisebol ou o jogador profissional do clube de tênis, a única coisa que eu aprenderia seria como ser humilhado, que estou muito longe do nível deles. Isso não acontece no golfe. Jogadores medianos querem jogar com os melhores jogadores, sabendo que poderão melhorar seu jogo apenas por observá-los — a mecânica da sua tacada, seu ritmo suave, a disciplina da sua rotina pré-tacada. Os melhores jogadores aceitam bem isso; eles são muito generosos ao dar conselhos quando são convidados a fazer isso (*feedforward*).

Essa é uma comunidade em que o gênero não importa, na qual qualquer um pode ser igual ou superior a qualquer outra pessoa em habilidade ou pontuação. Na presença de um bom jogador de golfe, não existe condescendência ou interrupção — apenas respeito.

O bom golfe respeita a meritocracia e a justiça. Nada vem de graça. Tudo é merecido — o resultado da prática, maximizando o talento e o desejo de constante melhoria. Ele incorpora nossa definição de uma vida merecida porque as escolhas, riscos e esforços que fazemos podem estar diretamente ligados a uma experiência que valorizamos, independentemente da nossa pontuação.

Se substituirmos a palavra *golfe* por *reunião RPV* nos parágrafos anteriores, teremos todos os motivos de adotarmos a RPV e fazer com que ela se torne um exercício de grupo. Não desanime se acha que formar um grupo de RPV lhe parece desafiador — uma dor de cabeça logística, muitos problemas, mais risco do que recompensa. Confie em mim: não é o caso. Ela é uma reunião semanal que pode salvar seu dia, seu ano e seu mundo. Posso dizer isso porque ela salvou o meu.

EM 5 DE março de 2020, Lyda e eu começamos o processo de venda da nossa casa, que possuíamos há 32 anos no subúrbio de San Diego, e nos mudamos para um apartamento de um quarto a 16 km de distância que alugamos em La Jolla, na costa do Oceano Pacífico. Para nós, essa foi uma grande mudança de estilo de vida, porém não inesperada. O plano imediato era procurar uma casa em Nashville para que pudéssemos ver nossos netos gêmeos de 5 anos crescer. Decidimos que, enquanto ficássemos no nosso apartamento de um quarto por algumas semanas, faríamos algumas visitas a Nashville, encontraríamos um lugar perto da nossa filha Kelly e dos filhos dela, encheríamos nossa nova casa com os móveis que guardamos no depósito e nos acomodaríamos para aproveitar nossos anos como avós. Profissionalmente, nos mudarmos não seria um problema; era apenas uma troca de local. Os dois anos seguintes da minha agenda ainda estavam lotados com aulas e palestras, a maioria delas no exterior. Estava mais comprometido do que nunca com a comunidade 100 Coaches. E tinha um livro para escrever.

Seis dias depois, todos os nossos planos foram por água abaixo! Como muitos norte-americanos, posso indicar o momento exato: quarta-feira de manhã, 11 de março, quando ouvi que a NBA havia suspendido o restante da sua temporada de 2020, incluindo as eliminatórias e finais, por causa da emergente pandemia do coronavírus. Por algum motivo, o súbito desaparecimento de um grande esporte profissional do calendário nacional foi o ponto de virada quando os líderes e cidadãos norte-americanos perceberam que a coisa era séria.

Uma semana depois, a Califórnia estava em *lockdown*, as viagens aéreas pararam, minhas palestras foram canceladas e comecei a olhar pela janela em direção ao Oceano Pacífico. Lyda e eu ficaríamos bem. Ela se sente muito mais confortável vivendo no presente do que eu. Não olhamos para trás nem nos arrependemos de ter saído da nossa casa maior uma semana cedo demais. A vida ainda era boa. Além disso, tínhamos uma vista para o oceano.

Eu estava mais preocupado com a comunidade 100 Coaches. Meras 6 semanas antes, Alan Mulally e eu passamos 4 horas ensinando o conceito da RPV a 160 membros do nosso grupo 100 Coaches no Hyatt Regency, perto de La Jolla. O primeiro caso de COVID-19 na Califórnia foi confirmado alguns dias depois. Mas não estávamos concentrados nisso. O futuro estava à nossa frente. Então, comecei a me preocupar. Se meu negócio de palestras podia desaparecer em um instante, o que dizer dos coaches, professores e consultores mais jovens e menos estabelecidos da nossa comunidade que ainda não tinham o mesmo conforto que o restante de nós? Eles deviam estar em agonia. Os acadêmicos e os diretores executivos do 100 Coaches podiam se virar. Mas e os muitos empreendedores do grupo, como o dono de restaurantes David Chang, meu cliente de coaching e querido amigo, cujo império Momofuku com certeza estaria em perigo durante uma pandemia viral? Se fôssemos abelhas, acho que estaríamos na fase inicial e de rápida piora do colapso da colônia.

Senti como que se Buda estivesse me testando, dizendo: "Cara, você não queria que esse projeto fosse seu legado? Essa é sua família agora. Você vai ter que merecer seu legado a cada dia ao protegê-lo."

Pela primeira vez na minha vida adulta, tinha tempo nas minhas mãos, nenhum voo para pegar, nenhuma reunião para ir e nada de dias cheios na minha agenda. Lyda e eu estávamos presos em casa, tentando nos manter seguros. Tudo o que eu tinha era um senso de responsabilidade para com o 100 Coaches e um senso renovado de que devia protegê-lo.

Então, abri uma conta no Zoom, reservei um canto do nosso pequeno apartamento para ser meu "estúdio" e anunciei que estaria organizando um seminário de estrutura flexível toda segunda-feira às 10h, no fuso horário da costa leste dos EUA. Todos estavam convidados. Eu começava com uma conversa de vinte minutos sobre determinado assunto. Depois, os membros se dividiam em grupos de três ou quatro pessoas para discutir uma ou duas perguntas que lhes fazia, e então o grupo todo voltava para que os participantes pudessem relatar o que haviam descoberto. O número de pessoas na reunião começou a crescer de 35 para mais de 100 em certa ocasião. Era um grupo internacional bem diversificado, de todos os continentes, com exceção da Antártica (nota pessoal: preciso me esforçar para conseguir membros do Polo Sul). Muitos deles estavam se conectando de fusos horários onde já era tarde da noite. Algumas semanas começavam com nossa versão do boletim de Notícias Urgentes da CNN — como Omran Matar, o advogado que se tornou consultor do Bloco Oriental de Belarus, nos atualizando em tempo real sobre a revolução que estava acontecendo nas ruas de Minsk e que ele podia ver pela janela. Era bom simplesmente ver rostos e ouvir vozes de uma comunidade global. Com o tempo, acabei descobrindo que o Zoom tem uma ferramenta de chat e que, enquanto eu estava falando, várias pessoas escreviam mensagens umas às outras, como alunos do colégio passando bilhetes na sala de aula, combinando reuniões entre eles mais tarde. Eu achava que estava protegendo a comunidade, mas o trabalho real estava sendo feito pelos seus membros a um nível mais profundo. Eles estavam salvando uns aos outros.

Em junho de 2020, havia ficado claro que a pandemia não acabaria tão cedo e que Lyda e eu não nos mudaríamos para Nashville antes de um ano ou mais. Com todos presos em casa, a comunidade 100 Coaches ofereceu a oportunidade perfeita para fazermos o teste beta da RPV (que lhes havíamos apresentado cinco meses antes, logo antes do *lockdown*) em grupo. Eu escolhi cinquenta membros para responder às seis perguntas básicas da RPV e relatar sua pontuação em uma reunião pelo Zoom todo sábado ou domingo de manhã durante dez semanas. Repeti meu aviso padrão sobre a autossupervisão baseada no esforço: "É fácil de entender, mas muito difícil continuar."

Quando pessoas bem-sucedidas são desafiadas a dar uma nota ao seu esforço e, então, precisam encarar sua deficiência no simples ato de tentar atingir um alvo de sua escolha, elas costumam desistir depois de duas ou três semanas. Em geral, porém, elas sentem vergonha de ter fracassado em um teste que elas mesmas estabeleceram. Esperava 10 desistentes no nosso grupo de 50 pessoas, uma taxa de desistência de 20%.

Eu e meu parceiro de coaching Mark Thompson organizamos seis reuniões seguidas de uma hora com oito pessoas todo fim de semana naquele verão. A presença era implicitamente obrigatória, mas isso nem acabou importando. Ninguém faltou. Nem uma vez. Os membros do grupo podiam escolher o horário das 9h, das 10h30 ou das 12h no sábado ou domingo. Alguns ficaram no mesmo horário, ao passo que outros ficaram trocando — o que acrescentou uma mancha não científica ao meu estudo informal. Os membros não formavam o mesmo grupo toda semana. Por outro lado, eles estavam bastante entusiasmados com o processo porque não sabiam quem veriam na reunião da semana seguinte. Meu trabalho era garantir que todos se reunissem com cada participante pelo menos uma vez.

Dez semanas não são suficientes para criar uma mudança duradoura e positiva em alvos complexos, como o comprometimento, encontrar significado e reparar relacionamentos. Isso seria pedir demais em tão pouco tempo, nada congruente com o objetivo das RPVs. Ela deveria durar pelo resto da vida. Mas dez semanas são suficientes para fornecer alguns indicadores fortes do seu valor.

Todos registraram sua pontuação semanal, de modo que o progresso ou regresso foi fácil de medir. Durante essas dez semanas, a pontuação do esforço dos membros aumentou constantemente. Até a décima semana, aqueles que haviam começado com um esforço abaixo de 5 estavam apresentando uma pontuação entre 8 e 10. Minha lição é que se aguentarmos as primeiras dez semanas sem desistir, certo nível de sucesso será inevitável. Revisar a pontuação a cada semana em público aumenta nosso senso de responsabilização, ao grupo e a nós mesmos. Quando vemos que estamos progredindo, a probabilidade de regredirmos e voltarmos a ter uma pontuação baixa será menor.

Esse é o principal benefício da RPV. Em questão de semanas, veremos como ela brutalmente nos obriga a responder à difícil pergunta: "Como eu realmente me saí nessa semana em fazer progresso em prol dos meus objetivos?" Dadas as nossas tendências de fazer grandes planos e apresentar execuções que deixam a desejar, essa é uma pergunta que preferimos evitar. A RPV elimina essa opção. É por isso que a pontuação dos participantes começa a aumentar tão rápido. A alternativa — relatar uma pontuação baixa de esforço semana após semana — é dolorosa demais para lidar.

ELABORAMOS A ESTRUTURA da RPV para que fosse o mais simples possível. Afinal, estruturas simples de autossupervisão são mais fáceis de seguir e, consequentemente, a probabilidade de abandonarmos tudo no meio do caminho será menor. Avaliamos nosso nível de esforço em seis alvos ou mais de nossa escolha todos os dias e, então, relatamos nossa pontuação média para cada pergunta em um grupo formado a cada semana. Quão difícil isso pode ser?

Antes de 2020, eu teria dito que o requisito social — que as pessoas que não trabalham juntas deveriam se encontrar presencialmente no mesmo horário toda semana — representava o aspecto mais desafiador da RPV. Como fazer com que pessoas atarefadas comparecessem toda semana? Mas a pandemia da COVID e o aspecto positivo dos aplicativos de videoconferência, como o Zoom, cuidaram desse problema. Todos nós nos acostumamos a ver os rostos dos outros nas telas em vez de pessoalmente.

Ainda assim, como qualquer líder de sucesso sabe, o destino de qualquer equipe começa e termina com a seleção do pessoal. Como escolhemos os participantes do nosso grupo de RPV para que ela seja interessante o suficiente para fazê-los voltar na semana seguinte? O Zoom não responde a essa eterna charada sozinho. Precisamos de uma estratégia para criar um grupo que compareça toda semana e que goste da reunião.

Procure obter o máximo de diversidade. Essa foi a grande lição que tirei do sucesso das minhas sessões do "E agora?" anuais. Comece com uma divisão equitativa de gêneros, o que sempre é obrigatório. Então, junte as pessoas segundo sua idade, cultura, nacionalidade, seu nível profissional e ramo de serviço. Não suponha que pessoas extremamente diferentes não combinarão ou se interessarão entre si. Pessoas bem-sucedidas são curiosas por natureza. A diversidade deve ser destacada, não ajustada. Esse é o ponto da diversidade: quanto maior for a diferença entre as pessoas em uma reunião, mais pontos de vista novos e surpreendentes serão compartilhados. Quando selecionei as cinquenta pessoas para o primeiro experimento de RPV de dez semanas, me baseei em Noé enchendo sua arca, com no máximo dois de cada espécie. Uma sessão típica incluía Jan Carlson, o CEO da maior fabricante de cintos de segurança e outros sistemas de segurança da Europa, falando de Estocolmo; Gail Miller, uma avó que administrava um negócio de família em expansão em Utah; Nankhonde van den Broek, uma profissional sem fins lucrativos de 39 anos de Zâmbia que havia assumido a liderança do negócio do seu falecido pai; Pau Gasol, o astro da NBA de 39 anos no fim da sua carreira; o Dr. Jim Downing, um cirurgião que administrava o Hospital de Pesquisa Infantil St. Jude em Memphis; Margo Georgiadis, a CEO da Ancestry em Boston, que estava em vias de sair do ramo vendendo a Ancestry para um grupo de *private equity*; e Marguerite Mariscal, a CEO de 31 anos que estava ajudando Dave Chang a reorganizar seu império de restaurantes. Talvez você não colocaria essas sete pessoas à mesma mesa em um casamento, porém, em uma reunião semanal em que todos tinham os mesmos objetivos de autoaprimoramento, a química entre eles era palpável. A diversidade faz isso.

O tamanho do grupo depende mais de trazer as pessoas certas e evitar as pessoas erradas. Se temos alguma dúvida de que uma possível escolha acrescentará valor ao grupo, não devemos ignorar nossas preocupações apenas para fazer o grupo ter uma certa quantidade de pessoas que achamos ser o ideal. É melhor deixar um candidato de fora do que permitir que ele acabe com o clima do grupo. Recomendo um grupo de cinco a oito pessoas. E a reunião não deve ter mais do que noventa minutos.

A RPV não é uma sessão de terapia. É uma reunião de pessoas bem-sucedidas que compartilham objetivos para o futuro, não uma sessão para pessoas malsucedidas desabafarem sobre seus problemas. E com "bem-sucedidas" não me refiro a pessoas medidas apenas pelo seu impressionante status, poder e salário. Estamos procurando pessoas de qualquer nível social que compartilhem o mesmo otimismo sobre se tornar melhor. Elas não são vítimas ou mártires. Se fizermos isso, sempre teremos uma sala cheia de pessoas semelhantes, onde ninguém se sentirá intimidado para falar ou orgulhoso demais para ouvir.

Alguém precisa liderar o grupo. Se o grupo de RPV foi sua ideia, então você terá a responsabilidade de presidir a reunião, de preferência com um toque leve em vez de com punho de ferro. Senão, sua RPV pode se tornar, como um outro coach colocou, "superestruturada e subfacilitada". Assim como Alan Mulally sempre foi o facilitador das suas reuniões de RPN na Boeing e na Ford (porque ele teve essa ideia), Mark Thompson e eu éramos os facilitadores das nossas RPVs. Essa tarefa é mais administrativa — ligar para as pessoas, fazer as coisas avançarem, impor a regra de "não julgar", manter um ambiente seguro — do que de coaching. Até que o grupo aprenda a administrar a si mesmo, presuma que todos estão dependendo de você para tocar o barco.

DURANTE ESSA JORNADA, também identificaremos outros benefícios da RPV:

1. PODEMOS APLICÁ-LA A QUALQUER OBJETIVO

Quando Alan Mulally e sua esposa, Nicki, estavam criando seus cinco filhos em Seattle, ele adaptou a Revisão do Plano de Negócios que estava usando com sua equipe na Boeing e a transformou na Revisão do Plano de Família em casa. Nas manhãs de domingo, ele, Nicki e seus cinco filhos compareciam com suas agendas e revisavam o que cada um precisava fazer e da ajuda que precisavam para isso durante a semana. Foi assim que Alan equilibrou as cinco áreas da sua vida — profissional, pessoal, familiar, espiritual e recreativa — que importavam para ele. Ele revisava seu calendário todos os dias, sempre verificando para ter certeza de que estava fazendo o que queria fazer e exercendo uma diferença positiva em uma dessas cinco áreas. Se via que as coisas estavam ficando desequilibradas, ele fazia uma correção de percurso e mudava sua agenda. Foi assim que os membros da sua família sempre estiveram em contato uns com os outros.

A RPV não precisa se restringir apenas a obter uma vida merecida no mais pleno sentido. Podemos aplicá-la a qualquer estação na estrada para uma vida merecida — para qualquer objetivo, grande ou pequeno. Por exemplo, digamos que decidimos fazer algo pelo meio ambiente em vez de só falarmos sobre isso o tempo todo. O que nos impede de encontrar algumas pessoas com uma mentalidade similar para estabelecer alvos pessoais e revisá-los toda semana em grupo? Estaremos adaptando o processo da RPV e transformando-a na RPA, nossa própria Revisão do Plano Ambiental. O objetivo pode ser mais específico, mais focado, mas o desafio não será menor. Toda semana, nós e os outros membros teremos de lidar com a terrível pergunta: "O que você fez essa semana para ajudar a salvar o planeta?". De fato, veremos se fizemos por merecer a semana ou se a desperdiçamos.

A aplicação do processo da RPV a qualquer desafio profissional ou pessoal é limitada apenas pela nossa imaginação e criatividade ao recrutar as pessoas para se juntarem a nós.

2. O AMBIENTE SEGURO TAMBÉM NOS PROTEGE DE NÓS MESMOS

Os participantes acolhem e seguem instantaneamente a atmosfera de zero cinismo e julgamento da reunião RPV, com apenas uma exceção: quando falam de si mesmos. De alguma forma, os membros acham que estão isentos das regras do ambiente seguro da RPV se sua negatividade não se dirige aos outros. Das sessenta sessões que conduzi na nossa primeira "temporada" de RPVs, não pude me lembrar de nenhuma em que não tive de interromper um ou dois participantes que estavam se julgando duramente por causa do seu comportamento passado. Em geral, esses são casos de confissões casuais de uma suposta deficiência ("Não sou bom em..."). Eu agitava os braços com urgência, dizendo "pare, pare, pare!". Então, fazia a pessoa levantar a mão, dizer seu nome e repetir comigo: "Embora fosse ruim em tal coisa no passado, esse era o meu eu anterior. Eu não tenho um defeito genético incurável que me impede de mudar para melhor." Eles costumam entender a mensagem da primeira vez que são pegos: o ambiente seguro é para todos, inclusive para a pessoa que fomos no passado.

3. MEDIR O ESFORÇO NOS OBRIGA A DEFINIR O QUE REALMENTE IMPORTA

Quando Garry Ridge, o CEO de longa data da empresa que produz o WD-40 (sim, a lata azul e amarela com a tampa vermelha que quase todo mundo tem em casa), relatava sua pontuação semanal no nosso grupo de RPV, ele sempre ia mal em "fiz o meu melhor para encontrar significado?" Durante seis semanas consecutivas, ele anotava um neutro 5, explicando que tinha dificuldades em definir seu critério para "significado". É importante estarmos a par do seguinte fato sobre Garry: ele voltou a estudar e obteve seu mestrado em liderança *depois* de se tornar o CEO da empresa, o que seria o correspondente a um ator começar a fazer aulas de teatro depois de ganhar o Oscar. Ele é uma pessoa ativa que leva a prática da administração muito a sério e está sempre aprendendo. A RPV mexeu justamente com esse lado de Garry Ridge. Ele estava determinado a definir com exatidão o que seria "encontrar significado". Depois de seis semanas ouvindo os membros do grupo descrevendo seus critérios para significado e procurando encontrar sua própria definição, Garry apresentou sua resposta na semana 7: "Encontro significado", revelou ele, "quando o resultado do que estou fazendo é importante para mim e ajuda outros." Talvez essa definição não tenha sido surpreendente para você, mas foi para Garry.

Esse não foi um incidente isolado. Quando Theresa Park, uma agente literária que se tornou produtora de filmes, disse ao grupo que, para ela, felicidade não era necessariamente "um sentimento de alegria", pude ver todos concordando com a cabeça, encarando isso como uma epifania que imediatamente redefiniu felicidade para eles. O mesmo aconteceu quando Nankhonde van den Broek, falando da Zâmbia, descreveu seu objetivo principal como a nova líder de uma organização: "Quero observar o tornado sem contribuir com ele." Os gerentes do grupo aplaudiram essa ideia, como se a pudessem colocar em prática de imediato.

É isso o que acontece na RPV: ideias e clareza se apoderam de nós porque (a) temos que medir nossos esforços todos os dias ao lidar com questões significativas* e (b) no fim da semana, somos expostos a pessoas inteligentes que discutem essas questões. Tudo o que precisamos fazer é comparecer e apanhar essas pepitas de ouro que saem da boca de todos os participantes.

4. FAÇA ESSA ESTRUTURA RÍGIDA TRABALHAR PARA VOCÊ

As regras de uma RPV são poucas, mas são rígidas — compareça toda semana, seja legal e relate sua pontuação. Mas, mesmo nas estruturas mais rígidas, podemos encontrar maneiras de melhorar

---

* Devo essa ideia sobre o valor de medir o esforço em vez dos resultados à minha filha, Kelly Goldsmith, que me mostrou a diferença entre fazer perguntas "ativas" e "passivas". "Você tem objetivos claros?" é passiva. "Você fez o seu melhor para estabelecer objetivos claros?" é ativa, pois coloca a responsabilidade sobre a pessoa, e não na situação.

dentro dos seus limites. Depois de algumas sessões, apresentei duas perguntas para cada participante para encerrar a reunião: *o que você aprendeu esta semana?* e *do que você se orgulhou esta semana?* Eu não estava tentando provocar ninguém; estava apenas curioso. Elas se tornaram uma característica permanente das nossas sessões.

Em outra ocasião, quando percebi que um novo membro estava visivelmente sentindo dor emocional (2020 foi um ano difícil para muitas pessoas), me adaptei. Pedi que cada membro desse ao novato um conselho que pudesse ajudá-lo (*feedforward*). Essa sessão durou trinta minutos a mais do que o normal, mas acho que ele ficou profundamente comovido com a preocupação e generosidade de todos. Na semana seguinte, ele já era outra pessoa.

A característica mais valiosa da RPV é que as pessoas estão lá para ajudar umas às outras. Se enxergar uma oportunidade durante uma reunião que poderá melhorar a vida de alguém, aproveite-a. Improvise. Ajuste o formato. Adapte-se. (E me diga o que fez. Você estará me ajudando também.)

5. O QUE ACONTECE DEPOIS DA RPV PODE SER MAIS IMPORTANTE DO QUE ACONTECE DURANTE A RPV

Aprendi isso com meus grupos do Zoom nas segundas-feiras, quando descobri que vários membros estavam se conectando depois da reunião e ajudando uns aos outros. Vi esse fenômeno se repetir com as RPVs. Isso não deveria ter me surpreendido, dada a natureza confessional dos comentários em uma RPV. Afinal, as pessoas estão sendo convidadas a falar sobre seus objetivos, felicidades e relacionamentos. Não estão apresentando relatórios de vendas de algum produto. A honestidade emocional incentiva uma honestidade recíproca. Ela motiva as pessoas a se ajudarem. E elas acabam se conectando.

UM DOS PRAZERES adicionais de apresentar a RPV às pessoas é como ela incorpora bem as sete epifanias que moldaram minha carreira como coach. As pessoas que realizam a RPV toda semana são basicamente seu *grupo de referência*, que têm as mesmas crenças sobre se tornarem melhores e beneficiarem umas às outras. Elas usam o *feedforward* ao máximo, quer dizer, pedindo-o e dando-o sem julgamento, apenas com gratidão. O grupo é *focado na parte interessada* no sentido de que a mentalidade dominante nas sessões é que todos estão interessados no progresso uns dos outros. Na estrutura (uma sessão para apresentar um relatório sobre o progresso ou regresso), na regularidade da reunião (semanal) e na atitude (nos reunimos para aprender e ajudar), a RPV é um produto da *Revisão do Plano de Negócios* do meu amigo Alan Mulally. Na diversidade dos seus membros e na sua total honestidade uns com os outros, ela é uma cópia das minhas *sessões do "E agora?"* com meus clientes. Ela usa meu processo de autossupervisão das *Perguntas Diárias*. Por último, ela usa o poder da comunidade que cheguei a entender com a formação da nossa *comunidade 100 Coaches*.

Quando a primeira temporada do nosso experimento com a RPV terminou, na semana antes do Dia do Trabalho, comecei a receber ligações e mensagens de texto de membros que estavam se perguntando quando a segunda temporada começaria. Eles sentiam falta das reuniões semanais, o que não é algo que escuto com frequência. Pessoas atarefadas raramente reclamam de não terem reuniões suficientes para ir. Ainda assim, lá estavam elas, sofrendo de abstinência de RPVs. Encarei isso como uma prova de conceito. Entendi que a RPV é uma estrutura que satisfaz algo além de um mero objetivo, como se tornar melhor em algo ou ser uma pessoa, chefe ou parceiro melhor. Ela podia satisfazer nossas aspirações mais básicas e nos ajudar a obter realização — e a fazer isso continuamente, como se o processo de tentar viver uma vida merecida fosse uma virtude digna de se tornar seu novo hábito. Os pedidos pela segunda temporada eram prova de que a RPV estava funcionando melhor do que eu imaginava. Ela não só havia dado às pessoas mais controle sobre seu progresso na vida — um senso elevado de que estavam fazendo para merecê-la em vez de a receberem de graça —, como as fez pedir mais. Elas não queriam deixar uma comunidade na qual todos tinham aspirações como as delas.

Quando digo que a RPV salvou meu mundo, era a isso que eu estava me referindo. Ela me fez lembrar das palavras de Lao Tzu sobre liderança: "O melhor líder é aquele de quem as pessoas mal se dão conta de sua existência; quando seu trabalho termina e seu objetivo foi atingido, elas dirão: 'Nós fizemos tudo sozinhas.'" Em um ano perigoso e desafiador, tive o objetivo de proteger a comunidade 100 Coaches, e ela acabou se protegendo sozinha.

CAPÍTULO 11

A ARTE PERDIDA DE PEDIR AJUDA

No seu âmago, a RPV é um mecanismo de prestação de contas. Ela faz com que nos responsabilizemos mais pelo nosso comportamento nos obrigando a prestar contas a outras pessoas com regularidade. Ela nos lembra de medir o que é importante na nossa vida e, em resultado disso, lida com uma das fraquezas humanas mais persistentes que existem: deixarmos de fazer diariamente o que afirmamos que realmente queremos fazer. Por si só, esse benefício faz com que a RPV seja um auxílio valioso para conquistarmos uma vida merecida. Quanto mais capazes formos de preencher a lacuna entre nossas Ações, Ambições e Aspirações, mais sentiremos que nosso progresso foi validado e, consequentemente, merecido.

Uma das muitas e fantásticas previsões administrativas de Peter Drucker foi: "O líder do passado sabia dizer; o líder do futuro saberá perguntar." Logo percebi que a RPV nos oferecia um benefício menos óbvio, porém igualmente valioso. Por simplesmente escolher participar no processo da RPV, superamos um dos maiores obstáculos para vivermos uma vida merecida: *estamos pedimos ajuda*.

O mito da pessoa que se desenvolve sozinha é uma das ficções mais sagradas da vida moderna. Ele persiste porque nos promete uma recompensa justa e feliz que corresponde à nossa persistência, criatividade e ao nosso trabalho duro. Como muitas promessas irresistíveis, ele merece nosso ceticismo.

Não é impossível sermos bem-sucedidos por conta própria até o ponto em que esse sucesso possa ser descrito com precisão como obtido por conta própria. A grande pergunta é: por que preferiríamos fazer isso se podemos obter um resultado melhor com a ajuda de outras pessoas durante o processo? Uma vida merecida não é mais "merecida", gloriosa ou gratificante — ou mais provável — porque tentamos conquistá-la sozinhos.

Muitos de nós tentam fazer isso sozinhos. Nossa relutância praticamente fria a pedir ajuda não é um defeito genético, como o daltonismo ou a surdez a determinados tons. É um defeito adquirido, uma falha comportamental que fomos condicionados a aceitar desde a infância. Eu não aprendi como as empresas astutamente nos desincentivam a pedir ajuda nas minhas aulas de psicologia organizacional da faculdade. Aprendi isso no trabalho.

Em 1979, eu estava trabalhando na sede da IBM em Armonk, Nova York, quando a IBM era a empresa mais admirada do mundo, o padrão de ouro da administração. A companhia tinha um problema: os funcionários não achavam que seus gerentes faziam um bom trabalho treinando seus subordinados diretos. Fui chamado para revisar o programa da IBM por meio do qual seus gerentes eram treinados para serem bons líderes. No decorrer dos anos, eles haviam gastado milhões de dólares nesse programa — com resultados insignificantes. Os gerentes ainda não estavam fazendo um bom trabalho treinando seus subordinados diretos. Fui convidado a Armonk para ver tudo com meus próprios olhos e descobrir o que estava errado e por quê. Essa era uma típica entrevista com os funcionários.

Eu perguntava aos subordinados diretos:
P: Seu gerente faz um bom trabalho lhe dando treinamento?
R: Não.

Eu perguntava aos gerentes:
P: Seus subordinados diretos pedem que você os treine?
R: Não, nunca.

Voltando para os subordinados diretos.
P: Você pede que seu gerente o treine?
R: Não.

Curioso sobre o sistema de avaliação da IBM, analisei as avaliações de fim de ano dos funcionários e descobri que a IBM definia um bom funcionário da seguinte forma: *trabalha com eficiência sem a necessidade de treinamento*. Basicamente, a IBM havia criado um círculo vicioso no qual, se o gerente oferecesse treinamento, o funcionário era incentivado a responder: "Não. Obrigado, chefe. Eu trabalho com eficiência sem a necessidade de treinamento." (Impressionante!)

Gostaria de dizer que o dilema da IBM era único. Mas esse não era o caso; era apenas o exemplo da melhor das empresas cometendo o mesmo erro. Tudo começou na alta administração da IBM, em que poucos se rebaixavam ao ponto de admitir que precisavam de ajuda. Pedir ajuda era encarado como um sinal de fraqueza. Pedimos ajuda quando (a) não sabemos algo, (b) não conseguimos fazer algo ou (c) nos faltam recursos. Em outras palavras (mais pejorativas), pedimos ajuda por causa da nossa:

- ignorância,
- incompetência ou
- carência.

Nenhuma dessas opções soa bem. Como as pessoas de qualquer organização tendem a moldar seu comportamento com base nos seus chefes, a atitude do CEO quanto a pedir ajuda se espalha rapidamente pela hierarquia e se estabelece como o padrão a ser imitado. Sim, as empresas ativamente contratam treinadores para dar aulas sobre assuntos generalizados que aprendemos na faculdade de administração — trabalho em equipe, liderança situacional, descentralização, qualidade total, Seis Sigma, "excelência" e tudo o mais —, mas isso está mais para cursos de educação continuada que médicos e contadores precisam fazer para manter sua certificação profissional.

No que se refere ao treinamento particular entre gerentes e o pessoal — que começa quando alguém revela sua vulnerabilidade e diz "preciso de ajuda" —, ele mal aparecia no radar de qualquer pessoa no ambiente corporativo. Algo que se parecia com treinamento existia nos campos altamente técnicos — na medicina, nas artes cênicas e no trabalho manual, como na carpintaria e hidráulica —, onde as habilidades são transmitidas por meio de um relacionamento tradicional entre mestre e aprendiz. Mas isso não é treinamento; é apenas um tipo de ensino mais íntimo e prático. É um processo finito no qual o aprendiz acaba aprendendo o suficiente para se formar como um especialista. Por outro lado, o treinamento é um processo constante, que prossegue enquanto tivermos o desejo de continuar melhorando. A diferença entre ensinar e treinar é a diferença entre "quero aprender" e "preciso de ajuda para melhorar cada vez mais".

Só cheguei a entender essa diferença durante meu período em Armonk. Assim como nos avanços mais importantes da minha carreira, comecei a entender melhor esse assunto alguns meses depois com a sugestão de alguém — nesse caso, com a ligação do CEO de uma grande empresa farmacêutica.

Eu havia dado uma palestra sobre liderança para o departamento de recursos humanos na empresa desse CEO. Ele participou e deve ter ouvido algo que o abalou. Seu pedido era incomum. Ele disse: "Há alguém administrando uma grande divisão e que apresenta seu relatório a cada trimestre. Ele é jovem, inteligente, ético, motivado, criativo, carismático, arrogante, teimoso e um sabe-tudo babaca. Nossa empresa foi construída com base em valores de equipe, e ninguém aqui acha que ele consegue trabalhar em equipe. Seria muito bom para nós se pudéssemos dar um jeito nele. Se não, ele vai ser dispensado."

Eu nunca havia trabalhado individualmente com um executivo (o campo do coaching executivo como conhecemos hoje não existia então) e definitivamente não com alguém que estava tão longe da cadeira do CEO em uma empresa de bilhões de dólares. Com base na rápida descrição do CEO, eu já me havia encontrado com esse cara várias vezes. Ele era o tipo de pessoa que havia triunfado em cada degrau da escada de conquistas. Gostava de vencer, fosse no trabalho, jogando dardos ou discutindo com um estranho. "Bastante potencial" estava carimbado em sua testa desde o primeiro dia no trabalho. Será que alguém cuja vida inteira era uma afirmação de estar sempre certo aceitaria minha ajuda?

Eu já havia ensinado vários gerentes de nível médio em grupos. Essas eram pessoas à beira do sucesso, mas que ainda não haviam chegado lá. Será que meus métodos funcionariam com executivos de elite em base individual? Poderia pegar alguém que já se mostrou bem-sucedido e torná-lo ainda mais bem-sucedido?

"Talvez eu possa ajudar", respondi ao CEO.

Ele suspirou. "Duvido."

"É o seguinte", retruquei. "Vou trabalhar com ele durante um ano. Se ele melhorar, me pague. Se não, é por minha conta."

No dia seguinte, peguei um voo para Nova York para me encontrar com o CEO e meu primeiro cliente de coaching individual.

Eu tinha uma grande vantagem com esse primeiro cliente. Ele não tinha escolha a não ser aceitar ser treinado. Se não fizesse isso, perderia o emprego. Felizmente, ele tinha ética profissional e o desejo de mudar; ele melhorou e eu fui pago. Mas, à medida que fui conseguindo mais clientes como ele, aprendi a criar um ambiente no qual um líder não se sentiria envergonhado em pedir ajuda. Isso me fez lembrar do paradoxo que havia visto na IBM: os líderes da empresa achavam que o treinamento era valioso para os funcionários, mas não para eles mesmos. Obviamente, isso não fazia sentido. Ninguém é perfeito. Todos nós somos seres humanos falhos. Todos nós deveríamos pedir ajuda. Meu avanço foi lembrar meus talentosos clientes sobre essa eterna verdade.

Uma das maneiras em que consegui isso foi lhes pedir para listar todas as coisas que poderiam fazer como líderes para dar suporte às pessoas com as quais trabalhavam. Chamei isso de Exercício das Necessidades: *o que seu pessoal precisa de você?*

Eles mencionavam o óbvio: apoio, reconhecimento, um senso de pertencimento e propósito. Então, iam mais a fundo. As pessoas precisam ser amadas, ouvidas e respeitadas. Elas precisam ser leais a algo e receber lealdade de volta. Precisam ser propriamente recompensadas por realizar um bom trabalho, e não ignoradas ou desprezadas.

"Seu pessoal precisa de muitas coisas", diria ao meu cliente CEO. "Que tal inverter esse processo? Admita que você precisa dessas mesmas coisas. Você não é melhor do que seus funcionários. Um ou dois deles podem até se tornar os líderes da organização depois que você sair. Eles são você."

Queria que meus clientes vissem que, quando anunciavam seus papéis como líderes apoiadores e, na mesma frase autocontraditória, afirmavam que eles próprios não precisavam do mesmo apoio, estavam na verdade diminuindo seus funcionários e a dignidade das suas necessidades. E isso não passava despercebido pelos seus funcionários. Era um grande fracasso de liderança.

Como líderes de sucesso temem a ideia de fracassar no que for, não demorava muito para fazer meus clientes superarem a vergonha e o horror da frase "preciso de ajuda" — e aceitar o coaching. Eles reconheciam que atuariam melhor com ajuda, e não o contrário. O fato de que pessoas inteligentes precisavam ser informadas disso é incrível, mas os tempos eram outros. Hoje em dia, a grande demanda de coaches para executivos é uma prova de que a empresa valoriza seus líderes e está disposta a pagar para que eles melhorem.

Por muito menos dinheiro, comprometer-se com a RPV resulta em muitos dos mesmos benefícios do coaching. Acima de tudo, ela nos dá a permissão de dizer "quero melhorar e preciso de ajuda". Reconhecer isso é o preço para entrar na RPV.

Quanto mais eu realizava o Exercício das Necessidades com meus clientes, mais eu percebia que precisar de algo, quer fosse ajuda, respeito, descanso ou uma segunda chance, havia se transformado de alguma forma em um objeto de zombaria no ambiente de trabalho, uma falha de caráter, uma fraqueza tão questionável quanto ser ignorante ou incompetente.

A necessidade mais revoltante que mais continua a me aturdir é nossa necessidade de aprovação. Se pesquisarmos "necessidade de aprovação" no Google, os primeiros cem resultados descrevem um defeito psicológico, seletivamente ilustrado por comportamentos vergonhosos, como valorizar a opinião de outros mais do que a nossa; concordar com outros quando, na verdade, discordamos; e elogiar pessoas para que elas gostem de nós. Quando foi que ter a aprovação ou reconhecimento dos outros se tornou uma coisa ruim, um sinônimo de falsidade, bajulação e fingimento tático? Como foi que querer aprovação ou reconhecimento foi reduzido a *carência*?

No ambiente de trabalho, creio que nosso problema com a aprovação, assim como nossa dificuldade em pedir ajuda, começa no topo. Na minha experiência com líderes de sucesso, percebi que eles são sensíveis às necessidades dos funcionários por aprovação e reconhecimento e estão mais do que dispostos a satisfazê-las. Mas, pelos mesmos motivos, não admitem que precisam de ajuda e relutam em reconhecer sua necessidade de aprovação ou reconhecimento. O senso interno de validação de um líder — ou seja, a autoaprovação — deveria ser suficiente, é o que dizem a si mesmos. Qualquer outra coisa serve apenas para se exibir, o equivalente a ligar o sinal de Aplausos para si mesmo. Resultado líquido: a atitude do CEO desce pela hierarquia até que o lugar de direito da aprovação e do reconhecimento seja negado na organização.

Essa hesitação de "faça o que digo, não o que faço" em buscar aprovação afeta até os especialistas no assunto. Meu grande amigo (e membro do 100 Coaches) Chester Elton é a maior autoridade do mundo sobre o valor do reconhecimento no ambiente de trabalho. Perguntei-lhe se ele havia encontrado essa relutância em buscar reconhecimento entre os líderes com os quais havia trabalhado.

Ele respondeu: "Talvez eu não seja a melhor pessoa a quem perguntar isso. Passei por um período na minha vida em que estava me sentindo muito mal. Então, escrevi um bilhete para vários amigos que dizia: 'Falo sobre o reconhecimento o dia inteiro. Para ser honesto, um pouco de reconhecimento me faria bem agora.' Recebi várias cartas maravilhosas que me fizeram sentir muito bem. Elas me trouxeram de volta à vida."

"Parece que você é a pessoa perfeita a quem perguntar isso", observei.

"Isso aconteceu uma vez, há vinte anos. Nunca mais voltei a fazer isso", confessou ele, reconhecendo seu erro de "faça o que digo, não o que faço". "Mas deveria e farei."

AJUDAR LÍDERES A aceitar e enfatizar suas necessidades já faz parte do meu processo de coaching por vários anos. Às vezes, esse é o único conselho do qual eles precisam.

Comecei a trabalhar como coach de Hubert Joly em 2010, quando ele ainda era o CEO da Carlson, a gigante empresa privada de hotelaria de Minneapolis. Realizei minha rotina costumeira: entrevistei os subordinados diretos de Hubert e os membros da diretoria, anotando seu *feedback* em dois relatórios. Primeiro, enviei a ele o relatório com todo o *feedback* positivo e lhe pedi para estudá-lo. No dia seguinte, enviei-lhe um relatório mais longo com seus pontos negativos e lhe pedi para digeri-lo aos poucos. Embora já fosse um líder respeitado, dos vinte maus hábitos de executivos que listei no meu livro *What Got You Here Won't Get You There*, Hubert, pela sua contagem, praticava treze deles. Seu grande problema era pensar que sempre precisava agregar valor, do qual resultavam outros problemas, como sua grande necessidade de vencer e julgar.

Então, nos reunimos e pude ver de onde vinha sua suposta necessidade de estar certo. Ele foi o primeiro da turma na maioria das escolas de elite onde estudou em sua terra natal, a França. Foi um grande consultor na McKinsey. Quando tinha cerca de 30 anos, ele se tornou o presidente da EDS-France e, então, mudou-se para os Estados Unidos, onde acabou se tornando o líder da Carlson. Mas também descobri que ele era um tipo de erudito religioso que havia ajudado dois monges da Congregação de São João (eles se conheceram na faculdade de administração) a escrever artigos sobre a natureza do trabalho. Ele era bem versado não só no Velho e Novo Testamentos, como também no Alcorão e nos ensinos das religiões orientais. Gostei dele logo de cara.

Não me delonguei em cada um dos seus maus hábitos no seu relatório. Pedi-lhe para escolher três com os quais gostaria de trabalhar e que se comprometesse a melhorar neles. Então, o processo de coaching começou — desculpar-se com os colegas pelo seu comportamento passado, prometer melhorar, pedir ajuda e ser grato pelos conselhos recebidos como *feedforward*.

Dois anos depois, Hubert se tornou o CEO da Best Buy, onde teve que lidar com um dos maiores desafios dos negócios norte-americanos: fazer uma grande varejista de aparelhos eletrônicos competir em preço contra a Amazon. A melhoria de Hubert antes de começar a trabalhar na Best Buy foi tão grande que ele poderia muito bem ter dado sua volta da vitória e encerrado nossa relação de coaching. Mas ele não fez isso por dois motivos: (1) ele estava comprometido com o autoaprimoramento e aprendeu a se sentir bastante confortável ao expressar sua necessidade de ajuda e (2) queria que seus colegas na Best Buy vissem o processo do autoaprimoramento na prática. Assim, ele me pediu para ser seu coach no novo trabalho. Ele tornou pública sua necessidade de ajuda ao dizer ao seu pessoal: "Eu tenho um coach. Preciso de *feedback*. E vocês precisam também."

Sua estratégia para a Best Buy foi competir com varejistas online não no preço, mas oferecendo "conselhos, conveniência e serviços" melhores. Isso significa que, quando um cliente visita uma das mais de mil lojas da Best Buy, os atendentes têm de exibir tanto conhecimento e entusiasmo que o cliente não terá motivo algum para comprar em nenhum outro lugar. Em outras palavras, Hubert estava apostando nos funcionários da Best Buy para fazer com que ela continuasse aberta.

Ao passo que Hubert foi se familiarizando mais com a Best Buy e discutimos como fazer com que sua força de trabalho apoiasse sua estratégia, ele se deparou com uma estratégia incrivelmente contraintuitiva. Hubert não ajudaria os funcionários usando a costumeira abordagem administrativa de cima para baixo. Muito pelo contrário. Ele pediria que eles o ajudassem. Ele exporia suas vulnerabilidades publicamente a eles, reconhecendo sua necessidade de ajuda a cada passo. Ele lhes pediria sua aprovação, não na forma de confirmações pessoais do tipo "você gosta de mim?", mas por contribuir e se comprometer com sua estratégia. Como um grande vendedor, que está sempre pedindo para fechar uma venda, ou um político experiente, que nunca se esquece de pedir votos aos cidadãos, a solicitação de Hubert foi profunda e direta. Ele pediu que seus funcionários acreditassem na sua estratégia, ao lhes pedir seus "corações". E eles lhe deram. Tudo o que precisou fazer foi pedir.

Nesse processo de transformação da Best Buy — durante o qual o preço das ações quadruplicaram e sobre o qual Jeff Bezos da Amazon diria em 2018: "Os últimos cinco anos, desde que Hubert foi para a Best Buy, foram incríveis" —, Hubert se transformou como pessoa também. Para seus funcionários, ele se tornou um ser humano, imperfeito e vulnerável, disposto a admitir que não sabia tudo e, portanto, a pedir ajuda. Ele se juntou a Alan Mulally e Frances Hasselbein como um dos meus clientes de coaching mais bem-sucedidos — Alan e Frances porque tiveram que fazer pequenas mudanças (eles já eram grandes quando nos conhecemos e se tornaram ainda maiores), e Hubert porque ele foi o que mais mudou.

SE PUDER LHE dar apenas um conselho para aumentar sua probabilidade de conquistar uma vida merecida, seria o seguinte: *peça ajuda. Você precisa disso mais do que pensa.*

Não hesitaríamos em ligar para um médico se estivéssemos sentindo muita dor física, para um encanador se a nossa pia da cozinha estivesse entupida ou para um advogado se tivéssemos algum problema legal. Sabemos como pedir ajuda. Ainda assim, em certos momentos do dia, pedir ajuda seria obviamente a escolha mais acertada e nos recusamos a fazer isso. Cuidado com duas situações em especial.

A primeira é quando sentimos vergonha de pedir ajuda porque fazer isso exporia nossa ignorância ou incompetência. A instrutora profissional de um clube de golfe me disse certa vez que menos de 20% dos 300 membros do seu clube haviam lhe pedido para lhes dar uma aula. Eles sentiam muita vergonha da sua tacada ruim para permitir que ela os ajudasse. "Pago minhas contas dando aulas aos trinta ou quarenta melhores jogadores de golfe do clube", contou ela. "Eles só querem ter uma pontuação melhor, e não se importam como chegaram lá ou quem os ajudou. Seu cartão de pontuação não se importa também."

A segunda situação começa quando dizemos a nós mesmos: "Eu deveria conseguir fazer isso sozinho." Caímos nessa armadilha quando a tarefa que estamos realizando é adjacente ao conhecimento ou habilidade que achamos que já temos. Se estamos dirigindo em um bairro familiar, deveríamos poder chegar até o nosso destino sem a necessidade de orientações do GPS do nosso celular. Como já fizemos discursos, não precisamos que um amigo ouça nossa apresentação para nos dar dicas de como melhorar nosso brinde de casamento ou nossa apresentação de vendas mais importante do ano.

Eu não tenho mais esse problema. É por isso que "Fiz o meu melhor para pedir ajuda?" não faz mais parte da minha lista de Perguntas Diárias básicas. Venci essa batalha há muitos anos, quando me perguntei qual tarefa ou desafio da minha vida seria mais produtivo e eficiente se lidasse sozinho com ele em vez de com a ajuda que pedisse de outras pessoas — e não conseguir dar nenhuma resposta. O mesmo deveria se dar com você.

Pense em todas as vezes em que alguém — um amigo, um vizinho, um desconhecido e até um inimigo — pediu a sua ajuda. Você

- se recusou a ajudá-lo,
- ficou ressentido com ele,
- achou que ele era burro,
- questionou a competência dele ou
- zombou dele pelas costas por precisar de ajuda?

Se for como a maioria das boas pessoas que conheço, seu primeiro impulso foi ajudá-lo. Você hesitaria apenas se não pudesse ajudar — e provavelmente se desculparia por isso, de alguma forma encarando sua falta de capacidade como *sua* falha. A única resposta que não daria seria um instantâneo e claro *não*.

Antes de rejeitar a ideia de pedir a ajuda de outros, pense no seguinte: se estou disposto a ajudar outros que me pedem ajuda sem pensar mal deles, por que deveria imaginar que os outros não seriam tão generosos e perdoadores quando eu peço ajuda? Por definição, a Regra de Ouro serve para os dois lados, ainda mais quando a questão é pedir ajuda.

Uma pergunta ainda mais significativa: como você se sentiu quando ajudou outros? Acho que podemos concordar que esse é um dos melhores sentimentos que existem, não é? Por que privar outros desse sentimento?

EXERCÍCIO

Escreva sua História de Ajuda

Este é um exercício de memórias reprimidas e humildade.

FAÇA O SEGUINTE: faça uma lista das conquistas (entre cinco e dez) das quais você sente mais orgulho, em especial aquelas que você sente que fez por merecer. Agora imagine que foi convidado para receber um prêmio por cada conquista e deve fazer um discurso de agradecimento na frente de todos os seus parentes, colegas e amigos. A quem agradeceria? E por quê?

Acho que descobrirá que, em cada caso, você não conseguiu ser bem-sucedido sem ajuda. Não estou falando apenas de casos de sorte e oportunidades inesperadas, mas das dádivas da sabedoria e influência de outras pessoas que o ajudaram a progredir em um projeto ou evitar um erro catastrófico. Sem esse exercício de recordação, suspeito que você continuará subestimando quanta ajuda já recebeu na sua vida.

Quando descobrir quanta ajuda já recebeu ou deixou de dar crédito na sua vida, estará finalmente pronto para o alarmante resultado deste exercício. Poderá imaginar — e arder-se em arrependimento — quanto mais poderia ter feito se tivesse pedido ajuda com mais frequência. Agora vá além: com o que precisará de ajuda no futuro? E a quem pedirá ajuda primeiro?

CAPÍTULO 12

QUANDO O MERECIMENTO SE TORNA UM HÁBITO

Quando o processo de merecimento começa? Quando termina? Quando tiramos tempo dos nossos esforços para saborear e reavaliar esse processo, às vezes chegando à conclusão de que precisamos correr atrás de algo novo?

Nos últimos quatro capítulos, consideramos a *disciplina* necessária para conquistarmos uma vida merecida, e como essa é uma habilidade adquirida, o produto da nossa observância, nossa responsabilização, nosso acompanhamento, nossa medição e nossa comunidade. Examinamos os elementos estruturais simples da RPV (ou Revisão de Plano de Vida) como um sistema que nos ajuda a *nos apegar ao plano*. E fomos lembrados que nos saímos muito melhor quando reconhecemos que *precisamos de ajuda*.

Disciplina. Apegar-nos ao plano. Pedir ajuda. O próximo assunto natural é a questão do *tempo*. Conquistar uma vida merecida dá trabalho, muito trabalho. Mas somos todos humanos. Nossos recursos — energia, motivação, concentração — se esgotam. Quando devemos pisar no acelerador e quando devemos dar um passo para trás para nos recuperar e reiniciar, equilibrando a urgência para "sempre fazer por merecer" com nossas necessidades de refletir no que realizamos e no que ainda deve ser feito?

Conquistar uma vida merecida é um longo processo. Melhor dizendo: é *o* longo processo. Precisamos de uma estratégia baseada na autoconsciência e na consciência situacional para sustentar a urgência e evitar a estafa — até que o processo de merecimento se torne nosso hábito.

1. FAÇA POR MERECER SEUS INÍCIOS

No curso de uma vida, vivenciamos episódios em que uma fase termina e outra começa. Algumas delas são marcadores previsíveis da vida moderna: formatura; nosso primeiro trabalho "de verdade"; casamento; nossa primeira casa; paternidade; divórcio; sucesso de carreira; fracasso de carreira; a perda de um ente querido; um caso de sorte; uma grande ideia. Esses momentos podem ser emocionantes ou confusos, a ponto de nos fazer travar ("O que faço agora?"). Podem ser oportunidades ou crises, pontos de virada ou reveses. Gail Sheehy os chamou de "passagens" em seu best-seller homônimo de 1977. Meu falecido amigo Bill Bridges os chamou de *transições*. (A cada poucos anos, volto a ler seu clássico de 1979 sobre o assunto, adequadamente intitulado *Transições*. Leitura altamente recomendada.)

Todos nós vivenciamos esses intervalos entre o velho e o novo. Segundo Bill Bridges, "o processo de transição não depende de haver uma realidade substituta esperando na lateral. Entramos em transição automaticamente quando uma parte da nossa vida termina."

Mas estaremos cometendo um grande erro se tratarmos a transição como uma pausa da ação, a calmaria antes da tempestade que nos permite pedir tempo e passivamente aguardar que nossa próxima fase — nossa "realidade substituta" — se inicie. Nossas transições não são vazios pelos quais andamos sem rumo até encontrarmos uma saída. Elas são organismos vivos, tão vivos quanto as outras fascinantes partes da nossa vida.

A coreógrafa norte-americana Twyla Tharp é uma especialista em transições, tendo criado mais de 160 balés e danças modernas na sua carreira de 50 anos. Isso representa mais de 160 períodos de transição entre a conclusão de uma dança e a próxima. Também representam mais de 160 tentações — pelo menos 3 por ano — para se deitar e tirar uma soneca antes de iniciar a próxima dança. Tharp não mordeu a isca. Ela não esperava que sua próxima inspiração lhe fosse entregue de bandeja. Ela a procurava de forma proativa. Nas suas palavras, ela precisava "fazer por merecer seu próximo início" — colocar a dança antiga atrás de si, pesquisar compositores, ouvir música, trabalhar nos passos sozinha por horas com uma câmera de vídeo gravando para não perder nenhuma ideia. Então, quando todas essas partes desconexas se alinhassem, ela estaria pronta para começar a criar. Era assim que ela fazia por merecer seu próximo início. Para o olho não treinado, o que podia parecer uma zona morta de inação entre projetos, na verdade era tão focado e encharcado de suor quanto as intensas horas de ensaio com seus dançarinos antes da noite de estreia. Para Tharp, as transições não eram um descanso do seu processo de merecimento; eram uma das partes mais essenciais dele, conquistadas com tanto esforço quanto qualquer outra das suas atividades.

Acho que Tharp tem razão sobre o seguinte: cada um de nós possui um conjunto único de critérios para definir os pontos de virada da nossa vida, aquele momento em que começamos a nos desprender do nosso eu anterior e começamos a nos acomodar à nova pessoa que queremos nos tornar. Ao passo que uma artista criativa como Twyla Tharp talvez identifique seus momentos transacionais, sob uma perspectiva micro, como os intervalos entre as danças individuais, e sob uma perspectiva macro, como os grandes intervalos entre os grandes períodos estilísticos da sua carreira (assim como o espaço entre, digamos, o Período Azul e o Período Rosa de Picasso), cada um de nós pode optar por marcadores diferentes.

Por exemplo, *pessoas* são meus marcadores para os grandes pontos de virada da minha vida — mais especificamente, *pessoas que me ofereceram alguma variação do discurso de Você Pode Ser Mais*. Minha lembrança mais antiga de uma dessas pessoas foi o professor Newton do segundo ano do ensino médio, que me disse que eu não tinha desculpa para tirar um 6 em matemática. Ele esperava mais de mim. Isso aconteceu várias vezes na minha vida. Cada uma dessas pessoas, quer de forma intencional, quer não, causaram uma repentina insatisfação no meu eu atual e um forte desejo de me tornar alguém novo. Eu ainda não sabia quem seriam essas pessoas, mas elas me levaram a uma transição na qual eu poderia avaliar minhas opções, encontrar a resposta e fazer por merecer meu próximo início.

Os marcadores que usamos para interpretar o arco da nossa vida são uma escolha muito pessoal. Um executivo me disse que seus maiores pontos de inflexão são suas mancadas — porque ele transformava essa lembrança de cada fiasco cheia de vergonha em um momento de ensino, um erro que nunca mais seria cometido. Outro disse que os dele eram os momentos em que percebia que não era a pessoa mais inexperiente da sala e que sua influência havia crescido. Ele marcava a passagem do tempo de acordo com cada momento que se apercebia do avanço da sua situação profissional. Uma designer industrial marca os pontos de inflexão da sua carreira por meio dos produtos que projetou. Cada design é como um marco que indica a distância que ela percorreu entre um produto e o outro. Quando analisa seus designs por ordem cronológica, ela vê a evidência da pessoa em evolução que era quando trouxe cada produto ao mercado.

A idade também é um fator. A perspectiva que temos dos nossos maiores pontos de virada muda ao passo que nossos anos vão aumentando. Em 2022, posso interpretar minha vida através da lente da influência exercida em mim por um punhado de pessoas no decorrer de 73 anos, ao passo que a unidade de medida de alguém com 18 anos pode ser os 13 anos entre o jardim da infância e o terceiro ano do ensino médio, com as férias de verão servindo de transição entre uma fase e outra. Mais tarde na vida, as transições da juventude que pareciam ser pontos de virada perderão a importância, ao passo que outros momentos, cuja importância não era apreciada na época, surgirão como definidores. Quando esse jovem tiver 73 anos como eu, duvido que incluirá mais de um evento do colégio como um dos seus pontos de virada.

Não podemos saber se já começamos a fazer por merecer nosso próximo início até estarmos em transição. Não podemos definir nossas transições até criarmos um método para marcar nossos pontos de virada.

2. DESAPEGUE-SE DO PASSADO

Antes de efetivamente fazermos por merecer nossa próxima fase de vida, precisamos nos desapegar da fase antiga que afirmamos que estamos deixando para trás. Não só precisamos nos desapegar das nossas conquistas passadas (não somos a pessoa que se esforçou para obtê-las), como precisamos abrir mão da nossa velha identidade e maneira de fazer as coisas. Não há nada de errado em aprendermos com o passado, mas não recomendo revisitá-lo todos os dias.

Quando conheci Curtis Martin em 2018, já fazia doze anos que ele havia se aposentado da NFL. Eu tinha curiosidade de saber como ele lidou com a transição de deixar de ser um atleta profissional para se tornar uma pessoa normal. Do que ele sentia falta? O que foi difícil abandonar? Esperava que ele mencionasse a competição, os membros do seu time, a torcida — as coisas que costumamos ouvir nas entrevistas após os jogos. Ledo engano. Não estava nem perto.

Curtis disse que sentia falta dos "padrões" de ser um atleta profissional. Os jogadores que entram na NFL tendem a ser os melhores atletas da geração desde o colégio. Desde a adolescência, são notados, treinados e recebem o cuidado de adultos bem intencionados. Eles nunca precisam pedir orientações daqueles que são mais velhos do que eles; ela sempre vem em sua direção, mesmo quando já são superastros ricos com 30 e poucos anos e com opinião própria. Desde o acampamento de verão até as eliminatórias em determinado mês, cada minuto do dia de um jogador da NFL é programado e regimentado: o que comer, quando se exercitar, quando estudar filmes e memorizar as jogadas, quando treinar, quando fazer terapia para as lesões, quando pegar o ônibus ou avião do time. Não é de se surpreender que a maioria dos jogadores produtivos chegam a atribuir parte do seu sucesso aos padrões do treinamento e trabalho que adotaram por tantos anos.

Foi aí que o Paradigma de Cada Fôlego — "A cada fôlego que tomo, surge um novo eu" — se manifestou para Curtis. Talvez tenha sido estar ciente da fragilidade da carreira de um atleta, de que o último jogo define sua qualidade e que não pode confiar nas estatísticas da sua última temporada para manter o emprego. Talvez tenha sido algo que seu treinador Bill Parcells tenha lhe dito: "Curtis, nunca se voluntarie para sair do jogo — porque o cara que vai substitui-lo talvez nunca mais o deixe voltar para o campo." Mas Curtis vive o presente, com seus olhos no futuro. Seu passado está sempre atrás de si, uma relíquia que ele encara como pertencente ao antigo Curtis. Nos seus dias de jogo, Curtis operava em duas vias: Curtis, o jogador, e Curtis, o ex-jogador. Na "via do jogador", ele aderia aos padrões que lhe eram dados, sabendo que eles lhe davam o foco que o levava ao sucesso. Na "via do ex-jogador", ele estava transformando as lições do futebol americano em tempo real na sabedoria que poderia usar durante o resto da sua vida. Quando se aposentou aos 33 anos, não foi difícil abrir mão da sua necessidade de orientação externa — porque ele estava pronto para substituí-la pela auto-orientação que vinha de dentro dele (e que estava em harmonia com sua aspiração maior, ou seja, ajudar outros). Ele ainda precisava de "padrões" na sua vida, mas agora era ele quem os estabelecia.

Quando conseguimos nos desapegar dos nossos eus anteriores, abrir mão de todos os padrões do nosso passado para criar um novo eu se torna tão fácil quanto apagar as luzes ao sair de um cômodo.

3. DOMINE A "RESPOSTA DO MERECIMENTO"

O método para criarmos bons hábitos não é um mistério. Esse é um conceito comportamental bem pesquisado hoje em dia, comumente descrito como uma sequência de três passos de Estímulo, Resposta e Resultado. Meus professores da faculdade chamavam isso de sequência ABC, em inglês*, que significa Antecedente, Comportamento e Consequência. Já ouvi outros descrevê-lo como sequência de Causa-Ação-Efeito. Independentemente da nomenclatura, apenas a parte do meio da sequência é a que importa: nossa resposta (ou comportamento ou ação). Essa é a parte que podemos controlar e mudar.

Se respondemos mal toda vez ao mesmo estímulo, não deveríamos nos surpreender ao obtermos o mesmo resultado decepcionante toda vez. No fim, nossa má resposta se torna previsível; adquirimos outro hábito ruim. A única maneira de eliminar o novo hábito é mudar conscientemente nossa resposta ao estímulo constante com um comportamento melhor — por exemplo, em vez de "matar o mensageiro" que traz uma notícia ruim, por que não permanecer calmo e agradecê-lo? Mude a resposta, então mudará o hábito.

Eu construí uma carreira lembrando líderes muito inteligentes desse preceito. Peço-lhes para tratar qualquer reunião com seu pessoal como um campo minado de estímulos perigosos que podem resultar nos hábitos mais contraproducentes: ter de ser a pessoa mais inteligente da sala; agregar valor demais; vencer cada desacordo; punir a sinceridade. Meus clientes aprendem rápido. Eles não precisam de terapia clínica. Apenas de um lembrete para estarem alertas às suas respostas em uma reunião. Esse lembrete pode ser tão simples quanto um cartão colocado na sua frente e que contém as palavras certas para lidar com seu problema específico: *pare de tentar vencer. Será que vale a pena? Você é o especialista nesse tópico?* Manter esse cartão na sua linha de visão é tudo que precisa para alterar sua resposta a um estímulo irritante. É assim que o bom comportamento se transforma em um ritual, é repetido e se torna um hábito duradouro.

---

* Antecedent, Behavior e Consequence. [N. do T.]

Será que essa mesma dinâmica se aplica a algo tão complexo e consequente quanto viver uma vida merecida? Podemos transformar o merecimento em um hábito — tão automático quanto dizer "obrigado" a um elogio?

Eu digo que sim, contanto que incluamos uma pausa considerável entre o estímulo e o resultado antes de darmos nossa resposta oficial. Essa pausa nos dá tempo para considerar tanto a mensagem explícita como implícita do evento gatilho, bem como o resultado desejado de qualquer ação que tomemos. Ela nos leva a responder racionalmente, visando nossos melhores interesses, em vez de emocional ou impulsivamente.

Em retrospectiva, em raras ocasiões nos meus anos de escola, quando alguém me dizia "você pode ser mais", devo ter entendido que me estavam apresentando a uma transição significativa da minha vida. Uma oportunidade de me desfazer do velho Marshall e me tornar uma pessoa nova. Essa declaração em si já era um estímulo. Ela me dizia "você está estragando tudo, moleque", ao passo que deixava implícito que "se você não mudar, vai se arrepender pelo resto da vida". A primeira vez que isso aconteceu, quando o professor Newton disse que eu podia tirar mais do que 6, minha resposta foi fazer por merecer sua aprovação mostrando que ele estava certo. Só tirei 10 em matemática no terceiro ano e obtive minha primeira nota máxima no teste padronizado de matemática do colégio. Gostaria de dizer que minha resposta resultou em uma mudança permanente na minha atitude. Mas um único evento não cria um bom hábito, e sim a repetição.

Voltei a relaxar durante meus anos de faculdade, no Instituto de Tecnologia Rose-Hulman, em Terre Haute, Indiana. Então aconteceu de novo, em 1970, com o professor Ying, na aula de economia. O Dr. Ying mostrou grande fé no meu futuro e "mudei para melhor". Ele me incentivou a fazer o GMAT[*] e me inscrever no programa de MBA da Universidade de Indiana, o qual milagrosamente me levou

---

[*] Graduate Management Admission Test, uma prova de aptidão exigida pelas principais faculdades de negócios nos EUA. [N. do T.]

até meu programa de doutorado na UCLA. E lá estava eu, na parte receptora de pelo menos dois discursos de "você pode ser mais", dos professores Bob Tannenbaum e Fred Case. Toda vez, eu respondia de forma positiva, me esforçando mais. Quando cheguei no meu ponto de virada com Paul Hersey, eu já havia repetido minha resposta ao discurso de "você pode ser mais" o suficiente para que isso se tornasse um hábito. Toda vez, o principal motivador era o medo de me arrepender de fazer algo a menos. Eu não era mais um desleixado incorrigível. Meu desejo de maximizar meus esforços para fazer por merecer meu futuro e evitar a dor do arrependimento havia se tornado minha resposta do merecimento.

Acho que foi por isso que respondi com tanta intensidade e agressividade as vezes que ouvi, desde fins da década 1970, o discurso VPSM. Fiz uma pausa para revisar os fatores que necessitaram desse discurso, sabendo de imediato por que eles soavam tão familiares. Meu cérebro me dizia: "Já estive aqui. Conheço esses sinais. Esse é um ponto de virada." O estímulo era o mesmo. A recompensa por um resultado bem-sucedido é a mesma. Assim, minha resposta deveria ser a mesma. Meu cérebro se apressava para se ajustar — e se comprometer a iniciar uma nova fase da minha vida. Como qualquer outra coisa, sei que teria de fazer por merecer. E, por mim, tudo bem. Assim, fazer por merecer se tornou um hábito.

O mesmo vale para você, mesmo que não tenha sido o feliz beneficiário de tanto incentivo gerado de forma externa como eu. A verdade é que eu estava me sentindo tão bem na minha zona de conforto e atordoado pela inércia que precisei depender de outros para sair da minha bolha e começar a fazer por merecer meu próximo início.

Isso não precisa acontecer com você. A rotina VPSM não serve apenas para pessoas que estão abaixo do seu potencial. Também serve para aqueles que já conquistaram sua realização, mas acham que podem voar ainda mais alto. Diferentemente de mim, você não precisa esperar que alguém venha e lhe diga qual é o caminho certo a seguir (embora sempre seja bom quando isso acontece). Talvez já esteja fazendo isso sozinho. Quando achamos que podemos e devemos fazer mais na nossa vida, estamos, na verdade, iniciando a rotina VPSM. Não é só porque essa é uma conversa que temos com nós mesmos que ela se torna menos válida — ou indigna de se tornar um hábito.

4. DÊ A TACADA À SUA FRENTE

O golfe é um jogo tão difícil que é inevitável cometer alguns erros naqueles dezoito buracos, mesmo no caso dos melhores jogadores em um ótimo dia. Os melhores jogadores compensam isso com aquele senso bem ajustado de amnésia enquanto estão no campo. Eles lidam de modo breve e eficiente com os erros inevitáveis — uma rápida demonstração de raiva ou de autoaversão para aliviar a tensão — e, então, esquecem. Ao darem os mais de 200 passos entre a área do *tee* e o infeliz ponto onde sua bola caiu — em alguns casos, mais de 18m de distância do *fairway* em grama alta com árvores de galhos baixos bloqueando o caminho para o campo —, eles conseguem limpar a mente e se concentrar na bola, na situação e na tacada à sua frente. Eles são mestres em viverem o presente. Qualquer que tenha sido o erro que cometeram antes no campo, eles não pensam nisso. Conversam com seu *caddie* sobre a estratégia, a distância e sobre qual taco escolher. Avaliam a probabilidade de terem um bom contato com a bola enfiada na grama alta. Calculam as probabilidades de risco-recompensa de tentar dar uma tacada heroica de volta para o campo ou aceitar a situação e fazer a bola voltar ao *fairway* aos trancos e barrancos. Lidarão com a próxima tacada quando chegar a hora dela. Mas, naquele momento, eles precisam tomar uma decisão sobre a tacada que querem dar — e acertar a bola. Nada mais importa. Eles fazem isso umas sessenta ou setenta vezes por rodada. Faz parte da sua rotina antes de cada tacada. Em outras palavras, é o hábito deles.

A parte mais instrutiva dessa rotina é a caminhada da sua posição anterior no campo até a sua próxima tacada, quer essa seja uma viagem de 290m ou um *putt* de 6m que parou a 1m do buraco. Cobrir essa distância é como eles fazem a transição da sua tacada anterior para a tacada em mãos — e permanecem no momento. Se fizerem isso de forma consistente em cada tacada, se sentirão felizes no fim da rodada, quer seu cartão de pontuação reflita a qualidade da sua jogada, quer não. Pelo menos terão a satisfação de saber que fizeram seu melhor dadas as circunstâncias.

Para um jogador de golfe ruim como eu (tão ruim que parei de jogar há 25 anos), assistir a essa demorada avaliação ritualística de cada tacada na TV é como assistir à grama crescer. Por que os profissionais simplesmente não caminham até a bola e dão a tacada, como eu costumava fazer? Obviamente, o jeito dos profissionais é o jeito certo. Apegar-se à rotina faz parte do que os torna tão bons. Esse também é o motivo de a abordagem dos profissionais ser uma analogia tão adequada para a forma como separamos as nossas versões antiga e futura de nós mesmos de quem somos no momento. Ela reforça a sabedoria de vivermos no presente.

O ganhador do Prêmio Nobel Daniel Kahneman disse a famosa frase "O que vemos é tudo o que existe"* — resultando na sigla amplamente adotada do WYSIATI — para indicar o quão rapidamente usamos as informações limitadas à nossa disposição para tirar conclusões precipitadas. Esse é outro exemplo de como os seres humanos se comportam como agentes irracionais tendenciosos, nesse caso, apressando-se para julgar.

Prefiro aplicar seu WYSIATI de uma forma mais positiva, como um lembrete de que todo conjunto de fatos que vemos é situacional — e existe algo nobre em lidar da melhor forma possível com o que temos à nossa frente. Quando jogadores de golfe dão a tacada à sua frente, eles agem como agentes extremamente racionais e desinteressados, desligados de preocupações passadas ou futuras que poderiam afetar seu julgamento. Eles aceitam que o golfe, assim como grande parte da nossa vida, é situacional, nunca envolvendo o momento anterior ou posterior, apenas o agora. Em seu ápice, eles são como mestres budistas de *mindfulness* e de estarem presentes.

---

* What you see is all there is. [N. do T.]

O grande valor de viver o presente não deveria ser uma ideia controversa. Ainda assim, falhar em "dar a tacada" é um dos nossos padrões de comportamento mais consistentes. Fazemos isso o dia inteiro — quando ignoramos nossos filhos na mesa do café da manhã porque estamos ensaiando na nossa mente uma apresentação que faremos mais tarde naquele dia; quando estamos distraídos em uma reunião porque estamos revivendo uma ligação perturbadora que atendemos há dez minutos; quando julgamos alguém com base na nossa lembrança dela em seus piores momentos, recusando-nos a perdoá-la ou aceitar que ela mudou.

Quando falhamos em dar a tacada à nossa frente, falhamos em fazer uma transição. Falhamos em enxergar que algo no nosso mundo, grande ou pequeno, mudou de forma irrevogável e que precisamos lidar com essa nova realidade. Vi isso na comunidade 100 Coaches quando começaram os *lockdowns* em março de 2020 por causa da COVID. Ao passo que alguns membros conseguiram engatar uma nova marcha suavemente, passando de *era assim no passado* para *é assim agora*, outros estavam tendo dificuldades. Uma dessas foi Tasha Eurich, para quem tudo indicava que o ano de 2020 seria um sucesso. Dois anos antes, ela havia publicado seu primeiro livro, *Insight*, com uma grande editora. Ele falava sobre a diferença entre como nos enxergamos e como outros nos veem. Esse livro fez bastante sucesso no mundo corporativo. Tasha era uma oradora dinâmica, tão boa que lhe pedi para abrir a sessão vespertina da nossa reunião do 100 Coaches em San Diego, em janeiro de 2020. Ela arrasou. Seis semanas depois, os grandes planos de todo mundo foram desfeitos. Isso foi difícil para Tasha. Ela passou dois anos se planejando para 2020 — e, agora, tudo havia sido cancelado. O fato de que seus colegas também estavam sofrendo não lhe serviu de nenhum consolo. Esse foi um choque externo que não tinha previsão para acabar.

Quando fui ver como estava no início de maio de 2020, ela ainda estava sentindo os efeitos da futilidade de todo o seu trabalho árduo, sem estar pronta para seguir em frente e enfrentar a realidade da sua situação. O mundo havia mudado e ela ainda estava tendo dificuldades para fazer a transição com ele. Aconselhei-a usando a mentalidade de dar a tacada e abrir mão do passado que ela não podia mudar. Também a lembrei de que o mundo talvez tivesse entrado em colapso, mas não havia acabado. Aos poucos, ao passo que seus clientes corporativos foram se acostumando com o novo ambiente de trabalho — escritórios vazios, todos online, em casa, o surgimento do Zoom —, a demanda pelo seu conhecimento voltou a subir. Essa demanda não seria tão estável quanto antes (ainda não, pelo menos). Mas, aos poucos, ela conseguiu deixar o passado para trás. Quando fazemos isso, tudo o que resta é o momento presente e nosso futuro. Perceber a diferença entre a Tasha atual e a Tasha do futuro foi muito importante para ela. Foi sua forma de entrar em uma situação mais promissora.

Até novembro de 2020, como seu negócio de consultoria e coaching ainda não estava a toda velocidade, ela decidiu usar seu tempo livre para criar sua própria comunidade de mentoria. Copiando o modelo que havia estabelecido com o 100 Coaches, ela postou um vídeo curto convidando pessoas que tinham o interesse de tê-la como coach. Das centenas de respostas que recebeu, ela escolheu dez membros e os chamou de Os Dez da Tasha. Eles não precisavam pagar nada e não havia aclamação pública. Tratava-se de um ato particular de generosidade que acrescentou mais propósito e significado à vida dela. Ela não sabia no que isso resultaria, mas estava ansiosa para descobrir.

Foi nesse momento que a transição de Tasha terminou. Ela não estava mais se apegando a um mundo pré-COVID que havia lhe servido bem, mas que nunca mais voltaria, e ela havia encontrado algo significativo para substitui-lo. Ela havia feito por merecer seu próximo início.

EU COMECEI ESTE capítulo com duas perguntas: *quando o processo de merecimento começa? Quando termina?* A resposta curta: o fazer por merecer termina quando realizamos o que gostaríamos de fazer, ou quando as circunstâncias que mudam as coisas no mundo ou em nós mesmos fazem com que não seja mais necessário continuarmos o que estávamos fazendo. Fazer por merecer começa quando decidimos que precisamos recriar nossa vida, tornando-a nossa, mesmo que ela se baseie na ideia de outra pessoa, para redefinir quem somos. Entre o início e o fim, precisamos abrir mão de muitas coisas — nosso papel, nossa identidade, nosso apego ao passado, nossas expectativas — e nos esforçar para encontrar nossa próxima grande novidade. É assim que fazemos por merecer cada novo início da nossa vida. Precisamos fechar a porta de uma parte da nossa vida e abrir uma nova porta.

EXERCÍCIO

Qual É Seu "Impossível"?

Quando o poeta Donald Hall perguntou ao seu amigo, o escultor Henry Moore, qual era o segredo da vida, Moore, que tinha acabado de completar 80 anos, deu uma resposta rápida e pragmática: "O segredo da vida é ter uma tarefa, algo para devotar nossa vida inteira, algo para o qual nos esforçamos por completo, para o qual dedicamos cada minuto do nosso dia durante toda nossa vida. E o mais importante: deve ser uma coisa impossível de fazer!" (Para mim, esse é o exemplo perfeito de aspiração.)

Hall acreditava que a definição de Moore de "uma coisa impossível de fazer" era "ser o maior escultor que já viveu e saber disso". Uma grande aspiração, talvez, mas não mais do que os desejos aparentemente comuns que as pessoas têm: ser feliz, ou ser esclarecido, ou ser lembrado com carinho depois de deixar este mundo.

Qual é a sua "coisa impossível de fazer"?

CAPÍTULO 13

PAGANDO O PREÇO E COMENDO MARSHMALLOWS

Há alguns anos, fui um dos oradores em uma conferência das Mulheres nos Negócios, realizada por um próspero grupo privado na União dos Bancos Suíços (UBS). A oradora que falou antes de mim era uma pioneira na indústria tecnológica, a fundadora e CEO da sua própria empresa e um tipo de celebridade. Vinte anos depois, ainda me lembro da sabedoria e da revigorante sinceridade do que ela disse. Foi difícil falar depois dela.

Ela disse que não realizava sessões de mentoria com frequência porque administrar uma empresa dava muito trabalho, e ela teria que gastar todo o seu tempo orientando mulheres caso aceitasse cada convite que lhe era feito. Ela falou que fazia três coisas na vida que lhe importavam: passava tempo com sua família; cuidava da sua saúde e do seu físico; e tentava fazer um ótimo trabalho. Esses três papéis consumiam todo seu tempo. Ela não cozinhava, arrumava a casa ou saía para fazer tarefas. Tendo obtido toda a atenção das mulheres do auditório, ela conseguiu duplicar o impacto da sua mensagem direta:

"Se você não gosta de cozinhar, não cozinhe. Se não gosta de fazer jardinagem, não fique cuidando do jardim. Se não gosta de limpar, contrate alguém para fazer isso. Faça apenas o que é mais importante para você e livre-se do resto."

Uma mulher na plateia levantou a mão e disse: "Isso é fácil para você dizer. Você é rica."

A CEO não engoliu essa desculpa. Ela retrucou, dizendo: "Acontece que sei que o salário mais baixo daquelas que estão nesta sala é de US$250 mil por ano. Nenhuma de vocês teria sido convidada para estar aqui se não estivesse indo bem. Está me dizendo que não tem condições de contratar alguém para fazer as coisas que você não quer fazer? Você não aceitaria um salário mínimo como profissional. Por que faz isso com outras coisas? Você não está dando o devido valor ao seu tempo."

Ela estava contando uma verdade que é difícil para muitas pessoas aceitarem: *para conquistar uma vida plena, em especial uma vida merecida, precisamos pagar o preço.* Ela não estava falando de dinheiro. Mas sobre se esforçar ao máximo nas coisas mais importantes, aceitando fazer os sacrifícios necessários, estando ciente dos riscos e do espectro do fracasso, mas conseguindo bloqueá-los.

Alguns de nós estamos dispostos a pagar esse preço. Outros não, por motivos que são convincentes, mas que, no fim, causam arrependimento.

Uma das desculpas mais comuns é uma variação do famoso conceito da aversão à perda — nosso impulso de evitar uma perda é maior do que nosso desejo de adquirir um ganho equivalente. Estamos dispostos a pagar o preço quando existe uma alta probabilidade de que nossos esforços serão bem-sucedidos e muito menos dispostos quando a probabilidade é baixa. Queremos nos certificar de que nossos esforços e sacrifícios não serão em vão. Morremos de medo da ideia de investir tudo o que temos para atingir um objetivo e acabar ficando sem nada. Achamos que o comprometimento total não deveria ser um gesto fútil. Isso não é justo. Então evitamos pagar o preço. Nada de comprometimento, nada de futilidade.

Essa é uma ideia tão poderosa que acabei incluindo-a no meu coaching individual, embora meus clientes bem-sucedidos já tenham mostrado que se sentem à vontade com a ideia de pagar o preço. Foi o que os fez chegar aonde estão. Ainda assim, sinto a necessidade de lhes garantir que seu comprometimento ao processo de coaching não será em vão. "É difícil", aviso. "Um deslise pode desfazer todo seu progresso e levá-lo de volta à estaca zero. Mas, se continuar firme e se apegar a ele durante os próximos um ou dois anos, você *vai* melhorar." Isso é o mais perto que posso lhes oferecer como garantia, mas lhes dar minha certeza faz parte do processo de coaching. Ao diminuir a resistência dos meus clientes à ideia de pagar o preço, dou-lhes uma vantagem na corrida para o sucesso.

Outro motivo é a falta de visão. Nosso sacrifício de hoje não resulta em uma recompensa que podemos aproveitar hoje. O benefício do nosso autodomínio será sentido mais à frente, dado a uma futura versão nossa que ainda não conhecemos. É por isso que preferimos gastar o dinheiro extra com nós mesmos agora do que economizar e permitir que o milagre dos juros compostos o transforme em uma boa quantia trinta anos depois. Algumas pessoas conseguem pagar o preço, prevendo a futura gratidão que sentirão pelo seu antigo eu, que se sacrificou por elas. Outras não conseguem enxergar tão à frente.

O terceiro motivo é nossa visão de soma zero do mundo, na qual ganhar algo aqui significa perder algo lá. Pagar o preço é um custo de oportunidade, calculado na forma do que precisamos sacrificar. Se fizer isso, não poderei fazer aquilo. Essa visão não está totalmente errada. Só não faz o menor sentido nessa consideração sobre pagar o preço. Quando escolhemos pagar o preço — ou seja, fazer alguma coisa desafiadora e arriscada em vez de uma coisa simples e garantida —, a conclusão óbvia não é que sacrificamos uma coisa garantida. Em geral, quando escolhemos o caminho difícil, automaticamente eliminamos todas as outras opções, incluindo a coisa garantida. Afinal, não podemos estar em dois lugares ao mesmo tempo; teremos que sacrificar alguma coisa. Quanto mais rápido aceitarmos isso, mais confortáveis nos sentiremos com a ideia de pagar o preço.

Lembro-me de ter lido uma história sobre o grande esquiador francês Jean-Claude Killy dizendo ao seu empresário: "Treino onde for inverno. Metade do ano fico no hemisfério norte e na outra metade no hemisfério sul. Faz muito tempo que não aproveito o verão." Killy, um herói nacional francês e o atleta dominante nas Olimpíadas de Inverno de 1968, em que conquistou todas as medalhas de ouro no esqui alpino, não estava descrevendo a ausência de verões como uma dificuldade com a qual tinha de lidar. Ele estava dizendo que se sentia confortável com o preço que tinha de pagar para ser o campeão mundial. Ele poderia aproveitar o verão o quanto quisesse depois de ganhar suas medalhas de ouro.

Em anos recentes, comecei a identificar um quarto motivo pelo qual as pessoas hesitam em pagar o preço para conquistar uma coisa: isso as obriga a sair da sua zona de conforto. Por exemplo, eu não gosto de confrontos e os evito 90% das vezes. Acho que simplesmente não valem a pena. Mas, nos 10% restantes, quando algo que valorizo muito está em jogo (um projeto, minha família, um amigo em necessidade), estou disposto a enfrentar quem for para fazer o que acho ser necessário. Não gosto de fazer isso, mas não me arrependo de fazê-lo.

Não estou zombando desses motivos. Quando o preço que precisamos pagar é muito maior do que a recompensa antecipada, qualquer um desses motivos parece razoável. O resultado simplesmente não vale o esforço necessário. É como passar seis meses estudando um idioma estrangeiro para visitar por apenas um dia o país onde ele é falado. É melhor contratar um intérprete para esse dia.

Para fazer escolhas mais inteligentes sobre quando pagar ou não o preço, primeiro precisamos solucionar a onipresente dicotomia entre a gratificação futura versus instantânea. No meu dicionário, *pagar o preço* pode muito bem ser o sinônimo de *gratificação futura* (e *não pagar o preço* ser sinônimo de *gratificação instantânea*). Os dois têm a ver com autodomínio. É um dilema que enfrentamos todos os dias, desde o momento em que acordamos. Por exemplo, queremos acordar cedo para fazer exercícios antes de ir para o trabalho. Quando o alarme toca às 5h45, paramos por um momento, tentados pela gratificação instantânea de ficar na cama para dormir mais 30 minutos, comparando isso com o benefício da nossa rotina de condicionamento e com a dor física de iniciar nosso dia com um episódio de intenção não cumprida, um humilhante fracasso de força de vontade e objetivo. Quer o exercício vença nossa vontade de dormir, quer não, essa é apenas a primeira das muitas vezes que precisaremos decidir entre a dicotomia da gratificação futura ou instantânea durante o dia. Ela continua no café da manhã. Comeremos a costumeira e saudável aveia com frutas ou os tentadores ovos, bacon e torrada e café com leite duplo? Então temos nossa primeira hora de serviço. A passaremos lidando com os itens mais difíceis da nossa lista de afazeres ou ficaremos conversando com nossos colegas? E assim por diante, até o fim do dia, quando precisamos escolher entre dormir em uma hora decente ou ficar até tarde assistindo à Netflix. Nunca para.

Nossa atitude quanto à gratificação futura muda de formas interessantes desde o nosso nascimento até a morte. Do meu ponto de vista, existem apenas duas ocasiões na nossa vida adulta quando a gratificação instantânea não é uma opção que tortura nossa alma. A primeira acontece nos anos iniciais da nossa vida adulta, quando não temos aquela sensação de que o tempo está acabando. Não vemos a necessidade de economizar dinheiro, de cuidar da saúde ou até de nos dedicar a determinada carreira. Podemos ser generosos com nosso tempo e recursos porque temos tempo para compensar depois. Pagar o preço é algo que podemos postergar para "depois" (seja lá o que isso signifique). O outro momento é mais tarde na vida, quando a lacuna entre o agora e o futuro diminui. Em certa idade, tornamo-nos aquela pessoa que sempre desejamos ser ou, se não conseguimos fazer isso, aceitamos ser a pessoa que acabamos nos tornando. É hora de descontar nossas fichas. Então, compramos uma viagem cara. Fazemos trabalho voluntário no nosso tempo livre. Tomamos sorvete do pote sem culpa.

Nos muitos anos entre esses dois momentos, somos testados o tempo todo pela gratificação futura. É por isso que nossa habilidade de experimentar a gratificação futura é um fator tão decisivo ao vivermos uma vida merecida, talvez um preditor ainda mais confiável do que a inteligência.

No fim, a razão mais persuasiva para pagarmos o preço é que, toda vez que sacrificamos algo, somos levados a valorizar esse sacrifício ainda mais. Agregar valor à nossa vida é um objetivo pelo qual vale a pena nos esforçar. E, novamente, a sensação de pagar o preço será boa, quer nosso esforço heroico resulte em uma recompensa, quer não. Não temos porque sentir vergonha em não conseguirmos se demos o nosso melhor.

Tampouco há arrependimento. O arrependimento é o preço que pagamos por não pagar o preço.

DITO ISSO, HAVERÁ ocasiões na nossa vida ativa em que sentiremos legitimamente que pagamos o suficiente — e que devemos aproveitar, nem que seja um pouco, facilitando as coisas para o nosso lado. Um marshmallow nos chama.

Em fins da década de 1960, Walter Mischel, o psicólogo de Stanford, realizou seus famosos "estudos dos marshmallows" com crianças de idade pré-escolar na Creche Bing da universidade. As crianças ganhavam um marshmallow e eram informadas de que poderiam comê-lo quando desejassem. Também eram informadas de que ganhariam dois marshmallows (o cardápio de gostosuras incluía cookies, balas, minipretzels etc.) se esperassem vinte minutos antes de comer o marshmallow. Essa era uma escolha clara entre a gratificação imediata e futura. As crianças ficavam sentadas à mesa, encarando um marshmallow e uma sineta que podiam tocar a qualquer momento para fazer o pesquisador entrar na sala novamente e comerem o marshmallow. Ou poderiam esperar o pesquisador voltar vinte minutos depois e, se o marshmallow ainda não tivesse sido comido, receber dois marshmallows. Mischel escreveu:

> A luta que observamos enquanto aquelas crianças tentavam se conter para não tocar a sineta podia nos fazer chorar, aplaudir sua criatividade e torcer por elas, e nos

dar esperança de que até mesmo criancinhas conseguem resistir à tentação e perseverar para receber uma recompensa futura.

Pesquisas realizadas com essas crianças anos depois fizeram Mischel chegar à conclusão de que os participantes que esperaram pelos dois marshmallows obtiveram notas maiores em testes padronizados, melhores conquistas educacionais e um índice de massa corporal mais baixo. Esses estudos resultaram em seu livro de 1994 intitulado *O Teste do Marshmallow: Por que a Força de Vontade é a Chave do Sucesso*, que estabeleceu esse teste como um dos raros estudos em laboratório sobre o comportamento humano que se tornaram referência cultural (por exemplo, camisetas com a frase "Não Coma o Marshmallow").*

Em termos amplos, gratificação futura significa resistir a recompensas menores e prazerosas para receber recompensas maiores e mais significativas posteriormente. Grande parte da literatura psicológica deifica a gratificação futura, relacionando-a a algum tipo de "conquista". Somos bombardeados constantemente pela virtude de sacrificar o prazer imediato para obter resultados em longo prazo.

Mas existe outra maneira de encarar o Teste do Marshmallow. Embora seja difícil ignorar o ponto implícito desse estudo — que a gratificação futura é sempre boa —, imagine se ele fosse além do segundo marshmallow. Depois de esperar pelos minutos necessários, a criança recebia o segundo marshmallow e a seguinte oferta: "Se esperar mais um pouco, você ganha um terceiro marshmallow!" E um quarto... um quinto... um centésimo marshmallow.

---

* Estudos posteriores, usando o senso comum, questionaram a solidez do teste original. Crianças ricas com pais que receberam uma excelente educação na comunidade da Universidade Stanford tinham mais chances de serem criadas em um ambiente onde as recompensas resultantes da gratificação futura eram mais óbvias do que crianças pobres com pais que receberam menos educação. A probabilidade das crianças ricas acreditarem que a figura de autoridade — o pesquisador — faria a sua parte e entregaria a recompensa também era maior.

Com essa lógica, o mestre supremo da gratificação futura seria um velhinho perto da morte em uma sala cheia de milhares de marshmallows estragados e intocados. Podemos dizer que nenhum de nós gostaria de ser essa pessoa ao envelhecermos e estarmos perto da morte.

Costumo fazer essa observação de alerta sobre os marshmallows com meus clientes de coaching. Seu nível de conquista é assombroso, e o mesmo vale para a sua força de vontade e maestria na gratificação futura. Entre eles há alguns dos líderes mais bem-sucedidos do mundo. Em geral, eles estudaram nas melhores escolas. Às vezes, estão tão ocupados fazendo sacrifícios pelo futuro que se esquecem de aproveitar a vida agora. Meu conselho para eles é o mesmo que dou para você: *saiba que haverá ocasiões em que você deve comer o marshmallow. Então, coma o marshmallow!* Faça isso hoje (nem que seja só para recuperar a emoção da gratificação instantânea). Não espere por um evento no fim da vida que o torne ciente da sua mortalidade para lhe dar aquele chacoalhão.

O escritor empresarial John Byrne (revelação total: eu realizei sua cerimônia de casamento), que colaborou com Jack Welch nas suas memórias de 2001, *Jack: Definitivo*, me contou o que aconteceu com Welch depois do seu ataque cardíaco e cirurgia para três pontes de safena à idade de 59 anos, em 1995. Essa cirurgia fez Welch repensar nas coisas grandes e pequenas da sua vida. Uma lição? Pare de beber vinho barato. Welch foi o CEO da General Electric por quatorze anos e, até então, era um homem rico, mas ninguém suporia isso com base no vinho barato que ele servia em casa. Com uma percepção elevada da brevidade da vida, Welch encheu sua adega apenas com as melhores garrafas de vinho tinto Bordeaux a partir de então. Se jantássemos com Welch na sua casa, ele só servia isso. Basicamente, estaríamos bebendo os marshmallows de um homem de sorte.

Ao criar uma ótima vida para si mesmo, aceite o fato de que as conquistas em longo prazo exigem sacrifícios em curto prazo. Mas não exagere na gratificação futura. Pare e aproveite a jornada. A vida é um eterno teste do marshmallow, mas não ganhamos nenhuma medalha acumulando a maior quantidade possível de marshmallows. Poderíamos muito bem estar acumulando arrependimentos.

No fim do seu livro, Walter Mischel conta uma história contrastante entre dois irmãos. Um deles é um homem sério e rico que trabalha em um banco de investimentos. Ele tem um casamento longo e estável e filhos adultos que estão indo bem. O outro irmão é um escritor que mora em Greenwich Village, que publicou cinco livros que mal chamaram a atenção dos leitores, mas que, "ainda assim, descreve a si mesmo como alguém que se diverte, escrevendo o dia inteiro e vivendo uma vida de solteiro à noite, passando de uma relação de curto prazo para a próxima." O escritor, fazendo referência ao Teste do Marshmallow, especula que seu irmão certinho, que trabalha no banco, é capaz de esperar para sempre pelos seus marshmallows, contrastando-o com o escritor, que escolheu a gratificação instantânea como seu estilo de vida.

Surpreendentemente, Mischel utiliza o contraste entre os irmãos para dar suas bênçãos à vida do escritor, indicando que ele deve ter desenvolvido bastante autodomínio para terminar seus cursos de escrita criativa na faculdade e escrever cinco livros. Mischel também aprova a vida romântica liberal do escritor, observando que ele provavelmente precisou do mesmo nível de autodomínio "para manter seus relacionamentos divertidos ao passo que se mantinha descompromissado".

Em outras palavras, o homem que inventou o Teste do Marshmallow também queria que todos nós comêssemos alguns deles.

EXERCÍCIO

Elimine o Período de Espera da Gratificação Futura

Este é um exercício para nos tornar mais cientes do papel que a gratificação futura exerce na nossa vida.

FAÇA O SEGUINTE: durante um dia inteiro, filtre cada dilema com o qual tenha de lidar pela dicotomia da gratificação futura (não comer o marshmallow) versus instantânea (comer o marshmallow). Ao se deparar com qualquer decisão desse tipo, faça uma pausa de sete segundos (um adiamento com o qual todos podemos lidar) e pergunte-se: *posso adiar a gratificação nesse momento em prol de uma recompensa maior no futuro ou vou escolher o caminho mais fácil e me contentar com a gratificação instantânea?* Em outras palavras: *pagarei o preço nesta situação ou descontarei minhas fichas?*

Se achar que este exercício o ajuda a se tornar mais alerta às recompensas da gratificação futura e à sua capacidade aceitar o desafio — pelo menos mais do que se você se rendesse à gratificação instantânea sem a menor reflexão —, procure se apegar à sua decisão o máximo que puder. Isso não será fácil. Envolverá muita autossupervisão, considerando todas as tentações com as quais nos deparamos todos os dias. Mas, assim como apegar-se a uma dieta ou a uma rotina de exercícios, se conseguir passar pelos primeiros quatro ou cinco dias sem desistir, suas chances de fazer com que a gratificação futura se torne sua resposta padrão em vez de um evento notável aumentarão. Faça isso, e então estará pronto para um exercício avançado.

AGORA FAÇA O SEGUINTE: todos nós criamos hierarquias na nossa mente para nossos objetivos. Alguns são classificados como de alta prioridade e outros de baixa prioridade. Alguns são difíceis de atingir e outros são fáceis. Na minha experiência, os objetivos difíceis tendem a ser itens de alta prioridade e os fáceis de baixa. A sabedoria convencional diz que devemos começar cada dia com os objetivos fáceis, de baixa prioridade, porque é bom começar o dia com algumas vitórias. E, como somos humanos, naturalmente atraídos às frutas baixas dos alvos fáceis, seguimos a sabedoria convencional, ao passo que postergamos a gratificação de lidar com os objetivos de alta prioridade.

Durante um dia, seja não convencional. Lide com os objetivos de alta prioridade primeiro.

Como qualquer sugestão que desafia a convenção, essa tarefa única (é apenas durante um dia) pode ser um desafio para a maioria de nós — justamente porque nossos objetivos de alta prioridade tendem a ser mais difíceis. Por exemplo, eu procuro responder a todas as correspondências que me são enviadas — pedidos, convites, sugestões, comentários positivos ou negativos, quer de forma análoga ou digital — dentro de dois dias após o recebimento. Não gosto de ignorar as pessoas que tiraram tempo para me escrever; elas merecem uma resposta. Isso não é especialmente urgente e raramente tem grandes consequências, nem me deleito passando três horas de um dia mandando mensagens ou e-mails a pessoas que nem conheço. Mas responder à minha correspondência não chega nem perto do desafio de escrever um capítulo de um livro. Então, quando acho que preciso continuar trabalhando até tarde em vez de encerrar o dia, começo a responder às cartas e e-mails em vez daquilo que considero um objetivo de maior prioridade, como escrever durante duas horas. Na minha hierarquia de afazeres, responder à correspondência é fácil, de prioridade média; escrever é difícil e de prioridade muito alta. Ao escolher a tarefa fácil antes de encerrar o dia, não posso dizer com honestidade que estou vivenciando ou fazendo por merecer uma gratificação futura, porque responder à correspondência não chega nem perto de ser tão gratificante quanto terminar o próximo capítulo. (Não existe gratificação futura se não sinto gratificação.) Então, que preço estou pagando de verdade?

Se escrever fosse tão importante quanto afirmo ser, adotaria a estratégia de muitos escritores de sucesso com muito mais autodomínio do que eu. Eles começam a escrever de manhã, quando sua mente está descansada e antes de serem distraídos com outras coisas. Quer seu plano seja ficarem sentados à sua mesa durante cinco horas ininterruptas ou escrever certa quantidade de palavras, caso se apegarem ao plano, sentirão extrema gratificação começando cada dia com sua maior realização. A primeira coisa que fazem é merecida. O que vem depois é um bônus.

Esse benefício é tão atraente que é surpreendente que a maioria de nós (incluindo eu) não faça o mesmo. Através da regularidade dessa rotina de sentar-se à mesa para escrever logo de manhã, esses escritores eliminaram o período de espera da gratificação futura. Eles ganham o marshmallow e o comem (assim que terminam suas atividades do dia).

CAPÍTULO 14

A CREDIBILIDADE DEVE SER CONQUISTADA DUAS VEZES

Qual é o objetivo de vivermos uma vida merecida?

Admiro uma resposta dada por Peter Drucker, que disse: "Nossa missão na vida é exercer uma diferença positiva, não provar o quanto somos inteligentes."

Apenas nós podemos definir como exercer uma diferença positiva. Algumas pessoas fazem isso em uma grande escala de sacrifício e ambição: médicos que salvam vidas, ativistas corrigindo erros, filantropos reformando a sociedade. Outros fazem isso por meio de gestos mais humildes e menores: esforçando-se para consolar um amigo que está sofrendo, treinando um time infantil, apresentando duas pessoas que acabam se apaixonando, sendo os pais que nossos filhos precisam. Entre esses extremos, existem diversas boas ações comuns que resultam em um legado de consideração e bondade.

Quando pedi a pessoas de sucesso para caracterizarem a realização que sentiam por se esforçar para obter uma vida merecida, a resposta número um foi de longe uma variação de "ajudar pessoas". Considero essas respostas mais uma confirmação (como se houvesse necessidade de mais) da profunda, porém generosa, observação de Peter Drucker sobre nós. Ao dizer que "nossa missão na vida é exercer uma diferença positiva", ele não estava nos incentivando a fazer a coisa certa; ele estava descrevendo o que já existia, o que já sabemos sobre nós mesmos. Fazemos mais por merecer nossa vida quando servimos aos outros.*

Para entender o tipo de impacto positivo que queremos exercer na nossa vida, precisamos aceitar duas qualidades profundamente pessoais. A primeira é a credibilidade e a outra é a empatia. Precisamos de ambas para exercer uma diferença positiva. Neste capítulo, falaremos sobre a importância da credibilidade.

A CREDIBILIDADE É uma qualidade de reputação conquistada com o tempo quando as pessoas confiam em nós e acreditam no que dizemos.

Há dois passos para conquistarmos a credibilidade. O primeiro é estabelecer nossa competência em algo que os demais valorizam — e fazer isso bem e de forma consistente. É assim que conquistamos a

---

* Até algumas das respostas mais egocêntricas continham indícios da variação de exercer uma diferença positiva: mais "sustentar minha família" e "criar meus filhos para serem cidadãos produtivos e saudáveis" do que "abrir um negócio" ou "ganhar dinheiro suficiente para me aposentar aos 50 anos". Mas, se formos mais fundo para entender a fonte de realização de qualquer pessoa, acho que veremos que, em geral, exercer uma diferença positiva faz parte dela. Meu cliente Harry Kraemer, por exemplo, tinha 50 anos em 2005, quando se aposentou como o CEO da Baxter Pharmaceuticals em Chicago. Ele não precisava nem queria outro cargo como CEO. Em vez disso, ele se tornou um dos professores mais populares da Kellogg School of Businnes da Universidade Northwestern, impactando centenas de alunos. Na sua mente, isso era tão importante quanto seu bom trabalho anterior na Baxter, no ramo de fabricação de remédios que salvam vidas.

confiança dos demais. Eles sabem que faremos o que prometemos. O segundo passo é conquistar o reconhecimento e a aprovação dos demais no que se refere à nossa competência particular. Precisamos da confiança e da aprovação para falarmos de nós mesmos com credibilidade. Por exemplo, se fôssemos vendedores e atingíssemos nossa quota mês após mês, as pessoas ao nosso redor acabariam percebendo isso. Se continuássemos exibindo o mesmo comportamento durante um ou dois anos, conquistaríamos nossa credibilidade. A competência consistente gera credibilidade. A credibilidade gera influência. É a merecida autoridade que nos ajuda a persuadir outros a fazer o que é direito, o que, por sua vez, aumenta nossa habilidade de exercer uma diferença positiva.

A jornada que vai da competência até fazermos uma diferença positiva é bem direta. Partindo da boa vontade de uma pessoa, a competência combinada com o reconhecimento resulta em credibilidade, que resulta em influência, que resulta em exercer uma diferença positiva. Isso definitivamente é verdade com meus heróis-mentores, como Paul Hersey, Frances Hesselbein e Peter Drucker. Eles tiveram anos de realizações constantes para deixar sua marca e serem admirados (ou aprovados) por isso, muito antes de eu ter surgido nas suas vidas. Sua óbvia hipercompetência foi a fonte da sua grande influência em mim e explica por que eu desejava me associar com eles. Mas isso foi apenas o começo. A diferença positiva que exerceram na minha vida foi tão grande que logo percebi que queria ser como eles, em especial se eu pudesse ter o mesmo tipo de credibilidade que eles conquistaram. Não consigo pensar em uma forma mais profunda ou gratificante de aprovação do que conquistar uma vida merecida que outros — nossos filhos, alunos, colegas, assistentes, leitores — também desejam.

Comprometi-me a atingir esse objetivo há mais de 25 anos. Eu já sabia que a credibilidade era fundamental para ser bem-sucedido como coach executivo, em especial se reduzisse minha clientela às pessoas no topo da hierarquia corporativa. Nos níveis mais altos, além de saber que somos competentes, os clientes também precisam saber que aqueles que eles respeitam nos aprovam. Essa foi a primeira vez que percebi que a credibilidade precisava ser conquistada duas vezes — primeiro, quando atingi um alto nível de competência e, novamente, quando esperei que as pessoas me notassem pela minha crescente habilidade e me atribuíssem o reconhecimento que resulta em credibilidade.

Muitos anos depois, em uma das nossas reuniões de RPV em 2020, Safi Bahcall, um físico polimático, empreendedor e o autor de *Lunáticos*, fez uma revelação que descreveria perfeitamente meu desafio para conquistar credibilidade. Safi estava tendo dificuldades para medir seu esforço para ser feliz em todas as reuniões de RPV, até que entendi por que medir sua felicidade o confundia tanto. Ele estava associando conquistas com felicidade — ou seja, atingir um alvo o faria feliz e, por sua vez, ser feliz deveria aumentar sua habilidade de atingir um alvo —, quando, na verdade, essas são variáveis independentes na estrada que leva a uma boa vida e a exercer uma diferença positiva. Elas podem ter alguma ligação, mas não necessariamente têm. Ser feliz é uma busca à parte, independente da realização de qualquer conquista. Nossa experiência nos diz que ser feliz não resulta em conquistas e, por sua vez, as conquistas não nos fazem felizes. Afinal, muitas pessoas que realizaram bastante são tristes ou deprimidas.

Assim como as conquistas e a felicidade são variáveis independentes, conquistar a competência não garantiria que eu seria automaticamente reconhecido por isso. Uma competência maior e reconhecimento por isso são duas variáveis independentes que eu precisaria conectar para que os demais pudessem enxergar. Para adquirir mais credibilidade como coach, precisaria ser bem conhecido. Esse reconhecimento não me seria entregue de bandeja. Precisaria sair da minha zona de conforto de "apenas fazer meu trabalho" acrescentando uma nova tarefa essencial à minha definição de "apenas fazer o meu trabalho" — ou seja, me tornar mais conhecido. Meu bom trabalho não mais "falaria por si só". Essa ideia talvez funcionasse há cinquenta anos, em épocas mais simples. Mas na chamada Economia da Atenção, onde ser percebido é um esporte de contato, essa seria uma estratégia incompleta. Estaríamos declarando vitória com um trabalho feito pela metade. Não precisamos contar uma boa história que fale por si só. Precisamos vender nossa habilidade de contar histórias. A vergonha muitas vezes associada ao marketing pessoal — quer estejamos chamando atenção para uma conquista no trabalho ou para fazer nossa nova startup se tornar conhecida — é o novo preço adicional que precisamos pagar para obter sucesso em um ambiente que está mudando rapidamente. A vergonha que sentiremos será menor se chegarmos à conclusão de que aceitarmos a incômoda tarefa do marketing pessoal contribuirá para a nossa aspiração de exercer uma diferença positiva. Hoje em dia, isso faz parte do meu processo de coaching. Mas precisei testar isso em mim mesmo primeiro. Realizei um diálogo socrático com quatro perguntas:

1. Se eu me tornasse amplamente reconhecido como um especialista em coaching de executivos, poderia fazer uma diferença mais positiva no mundo?
2. Esforçar-me para obter esse reconhecimento faz com que eu me sinta desconfortável?
3. Meu desconforto me inibe e, consequentemente, limita minha habilidade de exercer uma diferença positiva?
4. O que é mais importante para mim: meu desconforto momentâneo ou exercer uma diferença positiva?

Quando puder me convencer de que minha tarefa desconfortável serve a um propósito maior, meu desconforto subitamente se torna parte do preço que fico feliz em pagar.

TENHO UMA CONFISSÃO a fazer sobre a menção da nossa vergonha de obter reconhecimento. Desde as páginas iniciais deste livro, me esforcei para evitar descrever uma vida merecida obtida unicamente através do cálculo seco da escolha, risco e esforço que resultam em uma recompensa merecida. Ele definitivamente faz parte disso tudo. Mas, antes de mais nada, nossa conquista deve servir a um propósito maior. Não se tratam apenas de resultados.

Confesso agora que cometi um grave pecado de omissão. Deixei de falar sobre a absoluta certeza de que não vamos conseguir o que queremos simplesmente porque nos esforçamos para isso, mesmo quando nossas escolhas são irrepreensíveis e nossos esforços são perfeitos e completos. Omiti a possibilidade de que o mundo nem sempre será justo conosco. Se fosse, ninguém jamais se sentiria ignorado, maltratado ou vitimizado de alguma forma. Sendo boas pessoas, de intenções nobres, determinadas a exercer uma diferença positiva, deveríamos receber exatamente o que merecemos.

Neste ponto da nossa vida adulta, sabemos que as pessoas e as circunstâncias nem sempre são tão favoráveis. Se você já fez algo incrível e acabou vendo o mundo ignorá-lo ou até puni-lo por causa disso, sabe que é verdade. Na maioria das vezes, a culpa não é sua. Você agiu na hora errada. Outra pessoa roubou a cena. Uma voz mais alta, desejosa de atenção, o abafou.

O estranho é que vemos esse problema claramente com outras pessoas, mas raramente o aceitamos como uma realidade quando acontece conosco. Se um amigo estivesse lançando um produto de varejo hoje, concluiríamos automaticamente que ele elaborou todo um plano de marketing para chamar atenção à sua nova marca — publicidade; uma campanha sofisticada de mídia social; posicionamento pago nas prateleiras das lojas; mídia gratuita na forma de comunicados de imprensa, entrevistas e perfis —, tudo para obter reconhecimento e aprovação que resultaria em um pouco mais de credibilidade para a sua marca. Qualquer coisa abaixo disso seria tolice no caso de um produto de varejo.

Ainda assim, não aplicamos isso a nós mesmos no trabalho ou em qualquer outro lugar. Talvez sintamos que chamar atenção a nós mesmos é inapropriado e egocêntrico. Nosso ótimo trabalho deveria falar por si só. Não deveríamos ter que fazer isso. Já ouvi todas as desculpas, às quais digo: não dá para nos esforçar ao máximo durante metade do jogo e, então, fazer corpo mole no segundo tempo e ainda esperar um bom resultado, não é verdade? Então por que agimos assim quando o destino do nosso trabalho árduo, da nossa carreira ou da nossa vida merecida está em jogo?

É por isso que precisamos nos entender com a credibilidade. Como atributo pessoal, ela é essencial para exercer uma diferença positiva — e viver uma vida merecida. Felizmente, eu tenho um plano.

ALÉM DA SUA observação sobre exercer uma diferença positiva, Peter Drucker tinha mais cinco regras que se aplicam à conquista da credibilidade. De início, elas podem parecer meio óbvias, até banais, mas pessoas mais inteligentes do que eu tiveram a mesma reação inicial e, agora, as citam para mim regularmente. Se quisermos aumentar nossa credibilidade, devemos começar decorando esses druckerismos:

1. Toda decisão no mundo é tomada pela pessoa que tem o poder de tomar decisões. Reconheça isso.
2. Se precisamos influenciar alguém para exercer uma diferença positiva, essa pessoa é nosso *cliente* e nós somos o *vendedor*.
3. Nosso cliente não precisa comprar; nós precisamos vender.
4. Quando estamos tentando vender, nossa definição pessoal de valor é muito menos importante do que a definição de valor do nosso cliente.
5. Devemos nos concentrar nas áreas em que realmente podemos exercer uma diferença positiva. Vender o que podemos vender e mudar o que podemos mudar. E abrir mão do que não podemos vender ou mudar.

Cada uma dessas regras se baseia na ideia de que adquirir reconhecimento e aprovação é um exercício transacional. Observe a frequente referência a vender e a clientes. A conclusão é que precisamos vender nossas conquistas e competência para que sejam reconhecidas e apreciadas por outros. Além de confirmar nossa necessidade por aprovação, esses druckerismos enfatizam que não podemos ser passivos quanto a isso — não quando nossa credibilidade está em jogo.

Mas existe uma maneira certa e uma maneira errada de procurar obter aprovação. Desde a infância, quando estamos tentando agradar nossos pais, passamos a vida procurando obter a aprovação das pessoas que podem influenciar nosso futuro. Isso continuou na escola, quando procuramos obter a aprovação dos nossos professores, e aumentou de intensidade quando nossos chefes e clientes se tornaram as pessoas que passaram a tomar as decisões que controlam nosso emprego. (Veja a regra 1.) Quanto mais alto subimos, mais proficientes nos tornamos em nos provar merecedores. Isso acabou se tornando natural; não percebemos que estamos fazendo isso. É aí que começamos a cometer erros que prejudicam nossa credibilidade em vez de aumentá-la. A matriz a seguir nos ajudará a determinar quando tentar nos provar merecedores a outros é uma atividade que vale a pena — e quando é um desperdício de tempo ou nos prejudica mais do que beneficia:

MATRIZ DA CREDIBILIDADE

	MERECEDOR ALTO	
Vender-se Demais		Obter Credibilidade
BAIXO EXERCER UMA DIFERENÇA POSITIVA ALTO		
Abrir Mão		Vender-se de Menos
	PROVAR-SE BAIXO	

O eixo vertical mede uma dimensão: nosso nível de esforço para provar que somos merecedores. O eixo horizontal mede uma segunda dimensão da credibilidade: exercer uma diferença positiva. A matriz ilustra a conexão entre essas duas dimensões. Estamos nos fazendo essas duas perguntas: (1) Estou tentando provar que sou merecedor? (2) Provar que sou merecedor me ajudará a exercer uma diferença positiva? A utilidade dessa matriz é situacional. Em algumas situações, nossas respostas a essas perguntas podem ser altas ou baixas. Quando ambas são altas ou baixas, tudo bem.

Vamos examinar o que está em jogo em cada um desses quatro quadrantes e como eles determinam nosso comportamento.

Obter Credibilidade: o quadrante mais benéfico fica no canto superior direito, onde procuramos obter aprovação proativamente, o que exercerá uma diferença positiva na nossa vida ou na vida de outros. Procurar agressivamente por um trabalho que sabemos que fazemos melhor do que qualquer outra pessoa é um bom exemplo. Há alguns anos, um dos meus clientes de coaching ouviu um rumor de que ele não conseguiria o cargo de CEO na sua empresa. Parecia que esse cargo seria dado a alguém de fora que meu cliente conhecia bem e encarava como um tremendo charlatão. Decepcionado, meu cliente começou a se preocupar ainda mais com o futuro da empresa nas mãos daquele fingido.

"Isso já foi anunciado?", perguntei. Não.

"Você acha que seria melhor para o cargo?" Sim.

"Então é apenas um rumor", concluí. "Essa é sua oportunidade de lutar pelo cargo."

Ele escreveu uma proposta de 28 páginas contando em detalhes seus planos para a empresa e a enviou para o presidente da diretoria (e avisou seu chefe), pedindo para marcar uma reunião para falar sobre isso. Durante a reunião, o presidente da diretoria lhe disse que ele realmente havia sido desconsiderado porque não era visto como alguém com "sangue nos olhos" para liderar a empresa. Sua iniciativa de escrever uma proposta para vender a si mesmo diretamente ao presidente — o tomador de decisões que tinha o poder de escolher o próximo CEO — fez com que essa opinião fosse revista. Ele conseguiu o emprego.

Esse é o quadrante em que queremos estar — vendendo a nós mesmos sem medo — quando nossa competência não está sendo questionada e o resultado exercerá uma diferença positiva no quadro geral. Qualquer coisa abaixo seria lamentável.

Abrir Mão: esse é o quadrante do "Não Vale a Pena", onde esforçar-nos para nos mostrar merecedores não exercerá uma diferença positiva e não sentimos a necessidade de aprovação. Discutir política com alguém cuja posição é totalmente oposta à nossa e que não tem a mínima disposição de parar para pensar no que dizemos é um exemplo comum. Em vez de bater a cabeça na parede com nosso "oponente", deveríamos nos perguntar: "Isso vale a pena?" A resposta sempre será "não", e precisaremos abrir mão disso. Descubro-me nesse quadrante algumas vezes durante o dia. Acontece quando alguém pede minha opinião sobre um assunto do qual não tenho muito conhecimento, o que pode incluir qualquer coisa desde estratégia corporativa a macroeconomia e culinária. Descobri da forma mais difícil e dolorosa que uma opinião dada sem base pode ser mais prejudicial do que benéfica se levada a sério. Isso não exerceria uma diferença positiva. Hoje em dia, dou a seguinte resposta-padrão: "Não sou um especialista nisso." Isso acaba com a conversa, além de ser uma forma de mostrar respeito e proteger a todos os envolvidos.

Embora ambas as condições aqui sejam negativas, esse é outro bom quadrante no qual se encontrar. Afinal, dois negativos formam um positivo. Quando não estamos tentando provar que somos merecedores e quando isso não exerceria uma diferença positiva, nossa única resposta aceitável é abrir mão. Qualquer outra coisa seria perda de tempo.

Vender-se de Menos: esse é o quadrante do "Eu não Deveria Ter que...", onde obter aprovação aumentaria nossa credibilidade e exerceria uma diferença positiva, mas não estamos dispostos a provar que somos merecedores. Às vezes, é uma questão de ego demais, quando acreditamos que nossa habilidade fala por si só, que nossa reputação é a nossa jogada. Então, nos seguramos quando deveríamos estar fazendo o máximo para impressionar.

Às vezes, é uma questão de ego de menos. Duvidamos de nós mesmos ou nos sentimos como impostores (acreditamos que não merecemos a competência ou a aprovação que nos foram atribuídas). Não mostramos a confiança que deveríamos mostrar.

Vender-se Demais: esse é o quadrante do "Desafinado", onde as chances de exercer uma diferença positiva são baixas ou nulas e, ainda assim, nossa necessidade de obter aprovação está lá em cima. Apegamo-nos ao pecado de vender-nos demais. Estamos tentando vencer um jogo que mais ninguém está jogando.

Isso também tem raízes no ego demais ou de menos. Quando não temos suficiente confiança em nós mesmos, compensamos isso vendendo-nos demais. Esse é o *feedback* mais comum que ouço de membros da diretoria quando pessoas inexperientes fazem apresentações à diretoria. Eles têm a tendência de falar e explicar demais. O mesmo vale para pessoas excessivamente confiantes. Elas falam, explicam e se esforçam demais para provar que são merecedoras. Independentemente do motivo, vender-nos demais raramente exerce uma diferença positiva ou aumenta nossa credibilidade.

Quando vendemo-nos demais, quebramos as regras de Peter Drucker. Não estamos tentando exercer uma diferença positiva, porque tal não é uma opção nessa situação específica. Estamos vendendo o que valorizamos, e não o que o cliente valoriza. Pior, não sabemos o que o cliente valoriza. E pior ainda, estamos vendendo a alguém que não é o tomador de decisões — o exercício supremo de futilidade. O resultado líquido é pior do que tentar e não conseguir melhorar a situação. Em vez de permanecermos no mesmo lugar, damos um ou dois passos para trás.

No passado, esse provavelmente seria o quadrante em que eu me enquadraria se não estivesse prestando atenção às regras de Drucker. O momento mais notório foi em inícios da década de 1990, quando havia voltado de um programa de assistência a famílias da África, organizado pela Cruz Vermelha Internacional. Minha experiência foi relatada na primeira página do jornal local, *La Jolla Light*. O Dr. Sam Popkin, um admirado professor de ciências políticas da Universidade da Califórnia em San Diego, organizou uma festa em minha homenagem. Ele fez um brinde que elogiou consideravelmente meus esforços humanitários. Essa foi a ocasião perfeita para vender-me de menos. Sam já havia me dado toda a credibilidade que eu precisava. Ainda assim, isso não me impediu de fazer um esforço sem sentido de vender demais meu tempo na África a um pequeno grupo de vizinhos naquela festa. Eu estava me sentindo nas alturas, cheio de mim mesmo, comportando-me como um "vendedor" superzeloso, embora não houvesse evidências de que meu público fosse composto de "clientes". Ao passo que o grupo foi se desfazendo, um senhor mais velho permaneceu. Por fim, fiz uma pausa e lhe disse: "Perdão, eu não ouvi o seu nome."

Ele estendeu a mão para me cumprimentar e respondeu: "Sou Jonas Salk. Prazer em conhecê-lo."

Diante do homem que inventou a vacina para a poliomielite, não precisei lhe perguntar "e o que você faz?". Seu nome era sua credibilidade. Sua credibilidade era seu nome.

CADA UM DOS quatro quadrantes da matriz nos diz quando devemos procurar obter aprovação — ou seja, vender a nós mesmos — e quando isso não é apropriado. Cada um dos pontos de Drucker é ilustrado em alguma parte da matriz. "Vender-se demais" é perda de tempo e esforço para provar que somos mais inteligentes ou que estamos certos em vez de tentar fazer a diferença. Mudar o que podemos mudar e abrir mão do que não podemos é o "Abrir Mão". Atribuir mais valor às nossas necessidades do que às necessidades do cliente é "Vender-se de Menos". Na melhor caixa, "Obter Credibilidade", encontraremos todos os druckerismos. Não só estaremos tentando exercer uma diferença positiva, como estaremos aceitando nosso papel como vendedores. Valorizamos as necessidades do cliente mais do que as nossas. Também aceitamos que o cliente tem o poder de tomar a decisão — e não questionamos isso se as coisas não acontecerem como imaginamos. Não tentaremos mudar o que não podemos mudar.

A Matriz da Credibilidade aborda um problema com o qual estive lidando por anos: uma coisa é ser competente; outra é ser reconhecido por isso. Não basta obter credibilidade com um, mas não com outro. Precisamos conquistá-la duas vezes. Se não, estaremos diminuindo nossa habilidade de exercer uma diferença positiva — e diminuindo seu impacto na nossa vida.

EXERCÍCIO

Qual É Sua Grande Revelação?

Talvez já tenha passado pelo seguinte. Você está em um casamento com parentes de segundo ou terceiro grau. Você tem alguma familiaridade com alguns dos convidados e com a família dos noivos, mas desconhece a maioria dos convidados. Na festa, você observa seu discreto primo Ed ser chamado para dançar e descobre que ele dança como uma mistura de Fred Astaire e Justin Timberlake. Você fica genuinamente surpreso com o fato de que Ed é um excelente dançarino. Onde ele esteve escondendo esse talento durante toda sua vida?

Isso acontece novamente durante o brinde. Erica, a dama de honra que está quase sempre séria, que está estudando para obter seu doutorado em química e que você conhece desde a infância, se levanta para fazer o brinde para os noivos e faz um discurso engraçado e emocionante de dez minutos sem usar nenhuma anotação, cativando todos no salão e levando o clima do casamento a outro nível. Ao aplaudir Erica, você olha para as pessoas na sua mesa, e todos eles estão pensando a mesma coisa: *quem diria que Erica era tão engraçada?*

Essa cena é o ápice das comédias e thrillers. É a Grande Revelação, quando descobrimos que um personagem até então comum possui habilidades que nós nem imaginávamos que tinham. É quando descobrimos que a personagem de Marisa Tomei em *Meu Primo Vinny*, a discreta, porém inteligente e competente, Monica Vito, sabe bastante sobre carros. Essas são cenas de filmes às quais podemos assistir várias vezes porque elas nos dão um desfecho satisfatório. Ficamos felizes de ver a excelência do personagem sendo revelada, talvez invejando que sua qualidade especial finalmente se tornou de conhecimento de todos. Acho que muitos de nós se sentem assim: queremos que os outros saibam que somos bons em alguma coisa.

Primeiro, porém, precisamos identificar as habilidades especiais e os traços de personalidade que pouquíssimas pessoas sabem que temos.

FAÇA O SEGUINTE: o que sobre você, quando finalmente for revelado ao mundo, surpreenderia a todos e os deixaria pensando: "Quem diria?" Talvez seja sua coleção internacional de cerâmicas de Arts & Crafts, o fato de que você faz trabalho voluntário todo domingo, que suas poesias foram publicadas em grandes jornais, que você sabe fazer programas de computador ou que venceu um campeonato de natação. Talvez você seja como Ed e Erica — dance bem ou consiga fazer um brinde como um profissional de stand-up — e simplesmente precise de um casamento para a sua Grande Revelação.

Meu ponto é: depois de revelada, sua qualidade Quem Diria? será uma experiência que abrirá os olhos daqueles que achavam que o conheciam, o que os fará imaginar se você não tem outras camadas ocultas de paixão, comprometimento e criatividade, que você consegue fazer mais do que eles imaginavam. Isso aumenta sua credibilidade aos olhos dos demais. É o resultado líquido ideal: você obtém credibilidade.

Agora adapte este exercício ao ambiente de trabalho. Que Grande Revelação — sua qualidade Quem Diria? — aumentaria sua credibilidade entre seus colegas e chefes? Se todos soubessem, que diferença positiva isso exerceria em sua vida? Por que você a está escondendo?

CAPÍTULO 15

EMPATIA SINGULAR

Empatia é a segunda qualidade profundamente pessoal que molda nossa capacidade de exercer um impacto positivo.

A empatia é o ato de sentir o que outras pessoas estão sentido ou pensando. Um filósofo alemão cunhou esse termo em 1873 — a partir da palavra *Einfühlung*, que significa "sentir para dentro" —, e é assim que o interpretamos hoje em dia: vamos penetrando os sentimentos até entender as emoções e situações dos outros.

Uma das qualidades mais importantes para vivermos uma vida merecida é estabelecer relacionamentos positivos (e é daí que vem a pergunta da RPV: "Fiz o meu melhor para cuidar dos meus relacionamentos?"). Acho que todos nós podemos admitir que a empatia é uma das variáveis mais importantes para estabelecer relacionamentos. Como a maioria das coisas que importam, é uma disciplina que precisamos aprender. Ao passo que a credibilidade nos ajuda a influenciar outros, a empatia nos ajuda a estabelecer relacionamentos positivos, mas ambas servem para o mesmo objetivo — exercer uma diferença positiva.

Temos a tendência de achar que a empatia é uma coisa boa. O que teria de errado em estarmos atentos ao sofrimento de outros e mostrar preocupação? Mas a empatia não se restringe apenas a sentir a dor de outra pessoa. Ela é mais complicada do que isso. A empatia é uma resposta humana altamente adaptável, que muda a cada situação. Às vezes, a sentimos em nossa mente. Outras, a expressamos diretamente do coração. Em alguns momentos, ela pode nos esgotar fisicamente, tornando-nos impotentes. Ou então, expressamos empatia por meio do nosso impulso de fazer algo. Nossa empatia muda de forma de acordo com a situação.

Minha favorita — por ser a mais útil para coaches — é a empatia da *compreensão*, por meio da qual entendemos por que e como outros pensam e se sentem de determinada maneira. Já ouvi outros chamando-a de *empatia cognitiva*, sugerindo que somos capazes de ocupar o mesmo espaço da mente de outra pessoa. Entendemos as motivações da outra pessoa. Podemos dizer como ela reagirá a determinada decisão. É graças à empatia cognitiva que casais e parceiros de longa data conseguem terminar as frases um do outro. É a habilidade secreta da qual grandes vendedores dependem para satisfazer às necessidades dos seus clientes e por que a verdadeira razão para um vendedor se gabar é "eu conheço meus clientes". É a verdadeira compreensão, em geral adquirida por meio de pesquisa de mercado e teste de produtos, que bons publicitários usam para criar uma mensagem que nos faz querer comprar seus produtos, em geral de formas das quais não estamos cientes. Esse tipo de manipulação, se abusarmos dela, exibe o lado sombrio da empatia da compreensão. É como atores políticos sinistros, ao entenderem as tendências e queixas dos cidadãos, fazem as pessoas causarem uma agitação e revolução sociopolítica. Também é um lembrete de que nós, seres humanos, temos subestimado o poder da empatia, em todas as suas formas, por séculos.

Também temos a empatia do *sentimento* — sentir o estado emocional da outra pessoa. É a empatia que mostramos quando replicamos dentro de nós o sentimento de outra pessoa, em geral para comunicar a ela alguma variação de "sinto sua dor" ou "estou feliz por você". Essa é uma força poderosa dentro de nós. Estudos cerebrais das reações de pessoas a eventos emotivos nos mostraram que fanáticos por esportes nos Estados Unidos podem sentir tanta alegria ao ver seu time de futebol americano marcar um *touchdown* quanto a alegria que o jogador que de fato marcou o *touchdown* sente. É por isso que choramos ou rimos ao assistir personagens de filmes que sabemos que estão apenas atuando. Quando o personagem na tela está animado ou assustado, sentimos o mesmo. É por isso que sentimos consolo com um médico atencioso; quando o médico replica o que estamos sentindo, descobrimos que não precisamos lidar sozinhos com nosso medo ou sofrimento. Os pais podem sentir essa forma de empatia com mais intensidade, nem sempre de forma positiva. Certa vez, perguntei a Jim, meu vizinho e pai de cinco, por que ele sempre parecia tristonho quando o via. Ele respondeu: "Como pai, minha felicidade só pode ser tão grande quanto a do meu filho menos feliz." Esse é o risco da empatia do sentimento. Podemos sentir demais, até o ponto em que nos perdemos na dor da outra pessoa e sofremos em vez de ajudar a nós mesmos e o objeto da nossa preocupação. Segundo a especialista francesa em empatia Hortense le Gentil, podemos diminuir esse risco específico com uma estratégia bem intencionada de vai e vem. "Sim, compartilhe os sentimentos dos outros", aconselha ela, "mas não fique nessa festa por muito tempo. Entre e depois saia."

Uma forma mais sutil de empatia surge quando nos preocupamos com a reação de outra pessoa a determinado evento. Essa empatia da *preocupação* é diferente da empatia do sentimento em um aspecto importante: ela é causada pela *preocupação com a reação da pessoa ao evento, não com o evento em si*. Por exemplo, um dos outros pais do time de futebol da nossa filha talvez se sinta feliz quando o time faz um gol, quer sua filha ou outra jogadora tenha sido a responsável (o gol é um evento feliz), ao passo que nós talvez sintamos alegria apenas vendo o quão feliz nossa filha ficou com o gol (não com o evento, mas com a reação dela ao evento feliz). Na empatia da preocupação, ficamos felizes ou tristes porque a outra pessoa está feliz ou triste, não porque a situação é uma ocasião feliz ou triste. Eventos em família evocam a empatia da preocupação o tempo todo. Se aproveitamos bem o jantar e a noite termina com nosso cônjuge aborrecido com alguma coisa que aconteceu na festa, nossa satisfação tem a tendência de ser imediatamente superada pela aflição do nosso cônjuge. Temos a tendência natural de mostrar empatia à dor do nosso cônjuge — afinal, quem gostaria de um marido, esposa ou parceiro que não se importa um com o outro? As pessoas que trabalham em empresas que lidam diretamente com clientes são hábeis em exibir a empatia da preocupação, mostrando preocupação com a dessatisfação do cliente caso ocorra algum problema e não com o problema em si. Os clientes apreciam esse gesto de empatia; eles perdoam quase qualquer erro se virem que nos importamos o suficiente para corrigi-lo.

O gesto empático mais eficaz é o da empatia da *ação* — quando vamos além de compreender, sentir e nos preocupar e realmente agimos para fazer a diferença. É o passo extra, sempre exigindo um custo de alguma forma, o qual poucos de nós estamos dispostos a assumir. E mesmo quando agimos segundo nossos sentimentos empáticos, nossas ações bem intencionadas podem ser excessivas em vez de algo que exerça uma diferença positiva. Quando disse a Joan, minha cliente e matriarca de uma dinastia da Costa Leste que herdou bastante dinheiro e faz um bom trabalho pela sua comunidade e nunca se gaba por isso, o quanto eu a admirava pelo exemplo positivo que ela dava em mostrar a empatia da ação, ela graciosamente objetou. "Se não tiver cuidado, posso acabar me tornando uma consertadora. Como me importo demais, posso acabar fazendo demais. Vou tentar resolver os problemas dos outros em vez de deixá-los aprender com seus erros e corrigi-los sozinhos. Serei a muleta deles e farei com que se tornem mais dependentes."

Vivenciamos esses tipos de empatia em várias situações: quando estamos sobrecarregados com nossa preocupação pelos atribulados da sociedade; quando nos surpreendemos com as escolhas que outros fizeram porque já estivemos no seu lugar e já fizemos o mesmo; quando usamos nossa compreensão sobre as pessoas para que as coisas sejam feitas do nosso jeito; quando imitamos o desconforto físico de outra pessoa (por exemplo, copiando a coceira ou a tremedeira de alguém); quando entendemos perfeitamente a luta emocional de uma pessoa porque nos lembramos de quando isso aconteceu conosco; e assim por diante. Temos a oportunidade de mostrar empatia muitas vezes por dia — e toda vez é uma oportunidade de mostrar empatia para o bem ou para o mal. Se alguma vez você já chegou em casa e negligenciou sua família porque ainda estava preocupado com as emoções empáticas que sentiu ao escutar os problemas de um colega, já viu os perigos da empatia exagerada ou mal aplicada.

Essa é a persistente ideia que o professor de filosofia da Yale Paul Bloom quer passar com o provocativo título do seu livro de 2019, *Against Empathy* [Contra a Empatia, em tradução livre]. Bloom escreve: "Podemos citar os prós e os contras de praticamente todas as habilidades humanas." Então, ele começa a destacar os muitos contras da empatia — por exemplo, a empatia é tendenciosa; temos a tendência de mostrá-la àqueles "que são parecidos conosco, que são atraentes, que não são ameaçadores e que são familiares". Bloom deixa bem claro que ele não é contra a compaixão, a preocupação, a bondade, o amor e a moralidade. Se essa é a definição de empatia, ele a apoia. Bloom é contra a empatia quando ela não se baseia na razão e no pensamento disciplinado, quando ela reflete nossa falta de visão e respostas motivadas pelas nossas emoções.

Sinto-me inclinado a concordar com o professor Bloom. Se a empatia é a capacidade de "caminhar 1km nos sapatos de outra pessoa", poderíamos razoavelmente nos perguntar: "Por que parar depois de 1km? Por que não 2km? Por que não fazer isso para sempre?" Esse é um dos meus problemas com a empatia. Para uma qualidade pessoal banhada em tal brilhante camada de bondade, a empatia definitivamente consegue fazer com que nos sintamos mal sobre nós mesmos. Ela nos exige demais. Sentimo-nos culpados quando não conseguimos sentir empatia pelo sofrimento de alguém. Sentimo-nos falsos quando nos afastamos do objeto da nossa empatia e, já distantes de sua presença, deixamos o que sentimos para trás, como se fosse apenas uma atuação no papel de uma pessoa empática, algo que realmente não somos. Quando podemos sentir o alívio do fardo de mostrarmos empatia?

Mas não quero permitir que tais críticas obscureçam o motivo de eu enxergar a empatia como um requisito para conquistar uma vida merecida. Não é porque ela nos torna mais compassivos, morais ou bondosos, embora esses sejam impulsos elogiáveis.

Para meus fins, existem poucas outras qualidades como a empatia, se é que há alguma, na hora de reforçar o paradigma que apresentamos no Capítulo 1 ("A cada fôlego que tomo, surge um novo eu"), lembrando-nos de que somos uma série interminável de versões novas e velhas de nós mesmos. A maior função da empatia é sua eficácia em nos ajudar a viver o presente.

Conheci o escritor dos discursos de uma famosa figura política há alguns anos. Ele também publicou obras de ficção e não ficção no seu nome. Mas, quando estava escrevendo para esse político, ele disse que assumia o papel de "empata profissional". Fiquei impressionado por sua caracterização "profissional". Ele via a empatia que usava para escrever os discursos como uma habilidade discreta que ocupava seus pensamentos e emoções ao executar a tarefa e que deixava de lado depois que o trabalho terminava. Ele estava sendo um verdadeiro profissional, fazendo o que fosse necessário para terminar o trabalho e seguir em frente. Ele admirava o político e concordava com ele em política e história; isso era um fato. Sua descrição da ação de escrever na voz de outra pessoa foi a de um "ato de generosidade máxima". Ele colocava sua personalidade de lado e escrevia com a voz e os padrões de fala do seu cliente em mente. Em suas palavras: "Quando estou trabalhando, cada ideia e boas falas que tenho se tornam do cliente. Eu não guardo uma boa expressão para usar nos meus próprios textos. Ela entra no discurso." Depois de entregar o rascunho e o político fazer as mudanças e dar o discurso, ele afirma: "Esqueço-me totalmente do que escrevi, como se tivesse escrito em um transe e, depois, saído dele para escrever meu próprio material."

Esse escritor estava descrevendo um tipo de empatia que pode nos ajudar bastante a conquistar uma vida merecida. Enquanto estava preso ao cérebro do cliente e realizando a tarefa, o escritor exibia a empatia da compreensão e do sentimento. Quando terminava, ele deixava de lado quaisquer sentimentos empáticos. Ele não permitia que eles invadissem o próximo episódio da sua vida. Esses sentimentos pertenciam ao seu velho eu. Seu novo eu tinha que se esforçar para merecer algo novo. Em uma palavra, ele estava conseguindo entrar em um raro estado em que todos nós gostaríamos de entrar com mais frequência. Ele estava vivendo o presente.

O ator e cantor Telly Leung descreveu com perfeição o processo mental para compartimentalizar nossa empatia e viver o presente. Telly foi o astro do sucesso da Broadway *Aladdin* por dois anos seguidos. Falando sobre como conseguiu manter sua motivação e energia para interpretar esse personagem principal oito vezes por semana durante dois anos em uma produção fisicamente exigente, ele conta que dividiu a empatia em duas partes:

A primeira era sua empatia emocional com o público que assistia à sua atuação. Telly conta: "Eu tinha apenas 8 anos quando assisti a essa peça pela primeira vez. Fiquei encantado com a música, com as canções, com as danças e com a alegria. Eu trazia minhas lembranças dessa experiência comigo a cada apresentação. Quando entrava naquele palco da Broadway, pensava no 'pequeno Telly' e imaginava as emoções de alguma criança de 8 anos sentada no auditório naquela noite. Queria que ela sentisse o que eu senti. Toda noite, dizia a mim mesmo: 'Esse show é para você!'"

A segunda era o que Telly chamou de "empatia autêntica", um respeito pelos seus colegas quando estavam atuando juntos. É uma demonstração de profissionalismo que o mantinha concentrado "no personagem" durante todo o tempo da peça. Um ator tentando fazer o seu melhor no palco não pode se dar ao luxo de deixar seu papel mental ou emocionalmente nem por um segundo.

"Nas duas horas em que ficava no palco no papel de Aladdin", prosseguiu Telly, "tinha que exibir várias emoções extremamente diferentes. Tinha que ficar feliz, triste, apaixonado, sentir a dor de ser rejeitado, seriedade, animação, raiva e alegria. Tinha que me conectar emocionalmente com os outros atores. Precisava mostrar empatia por eles durante cada segundo em que estava no palco. Toda noite, tinha que me apaixonar pela princesa Jasmine — e me apaixonava! Quando a cortina fechava, eu imediatamente desligava esse sentimento até o próximo show. Então, voltava para casa, onde podia continuar apaixonado pelo meu marido."

Não consigo apresentar uma definição melhor do que a de Telly. "A empatia autêntica", explica ele, "é fazer o nosso melhor para ser a pessoa que precisamos ser para as pessoas que estão conosco no momento."

Independentemente da terminologia — quer essa empatia seja "profissional" ou "autêntica" —, o escritor de discursos e o ator nos questionam a mesma coisa: estamos mostrando e sentindo empatia só quando podemos exercer um impacto positivo, ou seja, quando importa no momento?

Eu prefiro o termo *empatia singular*, não só porque ela nos obriga a nos concentrar em apenas uma pessoa ou situação, mas também porque ela nos lembra de que cada oportunidade discreta que temos para exibir nossos poderes empáticos é um evento único e excepcional. A empatia singular é única de cada momento; ela muda a cada situação. Às vezes, ela parece ser a empatia da compreensão e, em outras ocasiões, a empatia do sentimento, da preocupação ou da ação. A única constante com a empatia singular é como ela faz com que concentremos nossa atenção em um único momento e, consequentemente, faz com que ela seja singular para todos os envolvidos.

Quando demonstramos a empatia singular, não podemos deixar de ser autênticos. Não estaremos desrespeitando as pessoas de outros momentos da nossa vida, quer imediatos ou distantes. Estaremos demonstrando empatia às únicas pessoas que poderão senti-la: as que estão conosco naquele momento.

Se pudesse ter apenas um cartão para levar comigo pelo resto da vida e consultar a qualquer momento para me lembrar de como devo agir para conquistar uma vida merecida, esta seria a mensagem que escreveria nele:[*]

Estou sendo a pessoa que quero ser agora?

Faça isso uma vez com uma resposta afirmativa e descobrirá que fez por merecer esse momento. Faça disso um hábito e criará uma sequência de muitos momentos merecidos, que se multiplicarão de dias para meses e de meses para anos, e que, por fim, resultarão em uma vida merecida.

---

[*] Todo o crédito por essa ideia vai para a minha amiga e membro do 100 Coaches, Carol Kauffman. Obrigado, Carol.

CONCLUSÃO
DEPOIS DA VOLTA DA VITÓRIA

Se fôssemos convidados para passar o fim de semana na casa do meu amigo Leo, comeríamos bem. Leo nos perguntaria de antemão o que gostamos de beber e de que tipo de comida não gostamos, como se fosse o maître de um restaurante finíssimo, entregando cardápios e perguntando sobre as preferências do cliente e se ele é alérgico a alguma comida.

Leo aprendeu a cozinhar quando tinha uns 30 anos, após sair do mercado de trabalho para ficar em casa e cuidar das suas filhas enquanto sua esposa, Robin, voltava a trabalhar como contadora. Depois de cinco anos como dono de casa, Leo se juntou a um ex-colega que estava abrindo uma empresa de *private equity* — na qual trabalhou como diretor de operações por trinta anos. Ele se esforçou e trabalhou bem, mas nunca abandonou seu papel como cozinheiro da família. Leo não fica se gabando sobre seus dotes culinários. Nunca o ouvi descrever a si mesmo como um "crítico gastronômico". Apenas os amigos e familiares que comem à mesa de Leo sabem que a culinária é sua Grande Revelação.

Hoje em dia, seus amigos encaram sua excelência na cozinha como algo normal, embora eu duvide que ele saiba disso. Se tiver a sorte de visitar Leo e Robin por alguns dias em uma das suas muitas casas, verá como ele se esforça discretamente para alimentar a todos. Leo não é um cozinheiro instintivo, que consegue criar um prato sensacional com vários ingredientes aleatórios, como um participante do *Iron Chef*. Ele consulta livros de receitas, entende o que vai funcionar para ele e sempre segue a receita à risca — nenhuma criatividade espontânea é permitida. As receitas que agradam ao paladar são mantidas em um caderno que consulta antes de uma refeição. Ele planeja as refeições da semana, compra todos os ingredientes e prepara o quanto pode no seu tempo livre. De alguma forma, cada refeição parece ser melhor do que a última. Depois de todos esses anos na cozinha, Leo está melhorando.

O incrível sobre Leo é que, exceto quando não está em casa ou está comendo fora, ele faz isso todos os dias — seja uma refeição rápida para ele e Robin ou um jantar de Ação de Graças para toda a família.

Cozinhar não é um objetivo que Leo está realizando como um item da sua lista de coisas que sempre quis fazer quando tivesse tempo. Ele cozinhou quando estava desempregado, continuou quando voltou a trabalhar e não parou mesmo quando começou a administrar quarenta pessoas e uma carteira internacional de investimentos.

Leo, o cozinheiro, não é uma metáfora para a ideia de uma vida merecida. É a essência de uma vida merecida em toda sua magnificência simplória.

Quando acorda de manhã, Leo é um cozinheiro. Ele cozinha uma grande refeição e a serve aos convidados. As pessoas sentem prazer e, às vezes, ficam encantadas. Leo se sente validado ao ver os pratos vazios e os rostos sorridentes ao redor da mesa. Ao acordar no dia seguinte, ele ainda é um cozinheiro. Então faz tudo de novo.

Talvez haja um momento, quando tudo termina, em que Leo e Robin refletem sobre a refeição. "Foi tudo bem", talvez concordem. Mas a volta da vitória que Leo está disposto a fazer vai até aí. Ele aceita que tal satisfação é passageira. Ele sabe que tem a oportunidade de conquistá-la novamente na próxima refeição.

Nisso, Leo não é diferente de nenhum de nós que encontrou sua vocação — seja profissional, pessoal ou na forma de um passatempo —, realizando-a com suficiente paixão e empenho ao ponto de termos o anseio de fazer a mesma coisa no dia seguinte. Pode ser o caso de um médico que está tentando curar e aliviar a dor de trinta pacientes por dia, e depois cuidando de outros trinta no dia seguinte; um fazendeiro que acorda às 4h30 para ordenhar suas vacas toda manhã (não existem dias de folga na ordenha); um padeiro artesanal que provê pães frescos ao seu bairro todos os dias; ou uma mãe cujos filhos finalmente saíram de casa para viver suas próprias vidas e que percebe que nunca deixará de pensar neles, que ela sempre será uma mãe. Não existe volta da vitória para o médico, para o fazendeiro, para o padeiro nem para a mãe. Apenas o privilégio e a realização de serem essas pessoas e tentarem fazer o melhor que podem todos os dias.

Todos nós deveríamos ter essa sorte.

Nas várias exortações e exercícios que sugeri aqui, gostaria de destacar cinco temas recorrentes — muitas vezes declarados de modo explícito, mas sempre implícitos — que pairam sobre estas páginas como anjos da guarda da ideia de uma vida merecida. Todos eles podem estar prontamente sob nosso controle (e não existem muitas coisas na vida que podemos controlar).

O primeiro é o *propósito*. Tudo o que fazemos é superior, mais emocionante e tem mais relação com quem queremos nos tornar se o fazemos com um propósito claramente expresso. (A parte do "expresso" faz muita diferença.)

O segundo é a *presença*. Esse é o pedido impossível — estar presente com as pessoas da nossa vida em vez de se perder na ação. Embora jamais cheguemos a atingir o ápice de estarmos presentes o tempo todo, essa é uma montanha que jamais devemos parar de escalar.

O terceiro é a *comunidade*. Realizar algo com a ajuda de uma comunidade da nossa escolha faz com que nossa voz chegue mais longe, afeta mais pessoas e, em geral, é melhor do que agir sozinho porque muitos estão contribuindo. Preferimos ser solistas ou cantar com o apoio de um coro?

O quarto é a *impermanência*. No quadro geral, permanecemos neste mundo por um breve momento. "Nascemos, adoecemos e morremos", disse o Buda, para nos lembrar que nada é permanente, nem nossa felicidade, nem um dia, nem qualquer outra coisa. Tudo é impermanente. O objetivo dessa ideia não é nos deixar deprimidos. É nos inspirar para estarmos presentes e descobrir um propósito a cada momento.

O quinto são os *resultados*. Esse é um tema negativo que revela um conceito positivo — afinal, meu objetivo aqui não foi ajudá-lo a se tornar melhor em obter resultados. Foi ajudá-lo a fazer o seu melhor para atingir um objetivo. Se fizermos o nosso melhor, não fracassaremos, independentemente do resultado.

No fim das contas, uma vida merecida não inclui uma cerimônia de entrega de troféus ou nos permite estender nossa volta da vitória. A recompensa de viver uma vida merecida é envolver-se no processo de estar buscando essa vida constantemente.

AGRADECIMENTOS

GOSTARIA DE AGRADECER aos membros da comunidade 100 Coaches, que me ajudaram a dar forma ao meu conhecimento do que uma vida merecida pode ser: Adrian Gostick, Aicha Evans, Alaina Love, Alan Mulally, Alex Osterwalder, Alex Pascal, Alisa Cohn, Andrew Nowak, Antonio Nieto-Rodriguez, Art Kleiner, Asha Keddy, Asheesh Advani, Atchara Juicharern, Ayse Birsel, Ben Maxwell, Ben Soemartopo, Bernie Banks, Betsy Wills, Bev Wright, Beverly Kaye, Bill Carrier, Bob Nelson, Bonita Thompson, Brian Underhill, Carol Kauffman, Caroline Santiago, CB Bowman, Charity Lumpa, Charlene Li, Chester Elton, Chintu Patel, Chirag Patel, Chris Cappy, Chris Coffey, Claire Diaz-Ortiz, Clark Callahan, Connie Dieken, Curtis Martin, Darcy Verhun, Dave Chang, David Allen, David Burkus, David Cohen, David Gallimore, David Kornberg, David Lichtenstein, David Peterson, Deanna Mulligan, Deanne Kissinger, Deborah Borg, Deepa Prahalad, Diane Ryan, Donna Orender, Donnie Dhillon, Dontá Wilson, Dorie Clark, Doug Winnie, Eddie Turner, Edy Greenblatt, Elliott Masie, Eric Schurenberg, Erica Dhawan, Erin Meyer, Eugene Frazier, Evelyn Rodstein, Fabrizio Parini, Feyzi Fatehi, Fiona MacAulay, Frances Hesselbein, Frank Wagner, Fred Lynch, Gabriela Teasdale, Gail Miller, Garry Ridge, Gifford Pinchot, Greg Jones, Harry Kraemer, Heath Dieckert, Herminia Ibarra, Himanshu Saxena, Hortense le Gentil, Howard Morgan, Howard Prager, Hubert Joly, Jacquelyn Lane, Jan Carlson, Jasmin Thomson, Jeff Pfeffer, Jeff Slovin, Jennifer McCollum, Jennifer Paylor, Jim Citrin, Jim Downing, Jim Kim, Johannes Flecker, John Baldoni, John Dickerson, John Noseworthy, Juan Martin, Julie Carrier, Kate Clark, Kathleen Wilson-Thompson, Ken Blanchard, Kristen Koch Patel, Laine Cohen, Libba Pinchot, Linda Sharkey, Liz Smith, Liz Wiseman, Lou Carter, Lucrecia Iruela, Luke Joerger, Macarena Ybarra, Magdalena Mook, Maggie Hulce, Mahesh Thakur, Margo

Georgiadis, Marguerite Mariscal, Marilyn Gist, Mark Goulston, Mark Tercek, Mark Thompson, Martin Lindstrom, Melissa Smith, Michael Canic, Michael Humphreys, Michael Bungay Stanier, Michel Kripalani, Michelle Johnston, Michelle Seitz, Mike Kaufmann, Mike Sursock, Mitali Chopra, Mojdeh Pourmahram, Molly Tschang, Morag Barrett, Naing Win Aung, Nankonde Kasonde-van den Broek, Nicole Heimann, Oleg Konovalov, Omran Matar, Pamay Bassey, Patricia Gorton, Patrick Frias, Pau Gasol, Paul Argenti, Pawel Motyl, Payal Sahni Becher, Peter Bregman, Peter Chee, Phil Quist, Philippe Grall, Pooneh Mohajer, Prakash Raman, Pranay Agrawal, Praveen Kopalle, Price Pritchett, Rafael Pastor, Raj Shah, Rita McGrath, Rita Nathwani, Rob Nail, Ruth Gotian, Safi Bahcall, Sally Helgesen, Sandy Ogg, Sanyin Siang, Sarah Hirshland, Sarah McArthur, Scott Eblin, Scott Osman, Sergey Sirotenko, Sharon Melnick, Soon Loo, Srikanth Velamakanni, Srikumar Rao, Stefanie Johnson, Steve Berglas, Steve Rodgers, Subir Chowdhury, Taavo Godtfredsen, Taeko Inoue, Tasha Eurich, Telisa Yancy, Telly Leung, Teresa Ressel, Terri Kallsen, Terry Jackson, Theresa Park, Tom Kolditz, Tony Marx, Tushar Patel, Wendy Greeson, Whitney Johnson e Zaza Pachulia.

SOBRE O AUTOR

MARSHALL GOLDSMITH FOI reconhecido como o principal coach executivo do mundo e é o autor de muitos best-sellers do *New York Times*, incluindo *What Got You Here Won't Get You There, Mojo, Gatilhos do Sucesso, Coaching: O Exercício da Liderança* e *Como as Mulheres Chegam ao Topo*. Ele obteve seu doutorado pela Anderson School of Management da UCLA. Na sua prática de coaching, Goldsmith já ajudou mais de duzentos grandes CEOs e suas equipes administrativas. Ele e sua esposa moram em Nashville, Tennessee.

MarshallGoldsmith.com

Twitter: @coachgoldsmith

SOBRE A FONTE

ESTE LIVRO FOI escrito com a Scala, uma fonte criada por Martin Majoor em 1991. Ela foi originalmente criada para uma empresa de música da Holanda e, depois, foi publicada pela FSI FontShop, uma empresa internacional de criação de fontes. Suas serifas únicas contribuem para a articulação do formato das letras, tornando-as muito mais legíveis.

Índice

Símbolos

100 Coaches 144–146

A

Ação, Ambição e Aspiração 92–99
Acompanhamento 128–129
Adjacência 51–52
　Dr. Jim Yong Kim 51–52
Agnes Callard 75
Alan Mulally xix–xx
Altruísmo 25
Apoio 45–47
　grupo de 45–47
Aprovação 215
Aquisição
　valores, habilidade e conhecimento 76–77
Arrependimento vs. realização
　subjetividade xx
　　Aarin, cliente xxi–xxii
　　Gunther xxi
　　Leonard xxii–xxiii, xxvii
Aspiração 75–85, 78–79, 80
　arrependimento 80–81
　Curtis Martin 83
　felicidade 77–78
　risco 79–80

Atitude para com o passado 187–189
　Curtis Martin 187–188
Atitude para com o presente 192–195
　Tasha Eurich 194
　WYSIATI 193–194
Ato da não Escolha 59
Autoaperfeiçoamento 70
Autoaprimoramento 27
Autoavaliação 63
Autoconfiança 23
Autocriação 74
Autoexpressão 39
Autoimagem 24
Autossuficiência 45
Autossupervisão 150
Avaliação ritualística 193
Ayse Birsel 84, 144

B

Barry Schwartz 21
Base de conhecimento 79
Bem-intencionados 83
Bem-sucedido 7
Best Buy 177–178
Betsy Wills 109

Bill Bridges 184
Bill Parcells 114
Buda 3, 144

C

Checklist do merecimento
  Marie 49-50
Círculo vicioso 103
Classe de liderança 106
Coach executivo 36
Comportamento
  corporativo 18
  humano 102
Compreensão 33, 42-44
  Marshall Goldsmith 42-43
Comunidade 131
Conceito
  comportamental 189
  mise en place 48
Confiança 33, 44-45
Consequências 100
Consolo 46
Contraintuitiva 178
Corrida
  para o sucesso 199
Credibilidade 53, 210
  conquistar 210
Criar bons hábitos 189-193
  Marshall Goldsmith 190-191
Curso Básico de Humanidade 131

D

Daniel Kahneman 193
Decisão binária 64
Decisões importantes 56
Desafio mútuo 94

Desempenho 103
Desenvolvimento pessoal 9
Diálogo socrático 213
Dicotomias 101
Dinâmicas de grupo 146
Disciplina 122-126
Dopados pela tecnologia 30
Dr. Sam Popkin 220
Druckerismos 215
Duopólio 74

E

Economia da Atenção 212
Empatia
  cognitiva 226
  da ação 228-229
  da compreensão 226
  da preocupação 227
  do sentimento 226
  lado ruim 228-229
  singular 230-232
  vida merecida 230-234
Energia mental 57
Erros inevitáveis 192
Escolhas perenes 101-102
Exercício
  a questão do herói 84-86
  As Duas Cartas 10-12
  como ouvir o discurso de "você pode ser mais" 114-116
    Curtis Martin 114
  elimine o período de espera da gratificação futura 206-207
  escreva sua história de ajuda 181
  inverta os papéis 65-67
  mesa redonda do gênio de um truque só 117
  qual é seu "impossível"? 196
  qual é sua grande revelação?

221-222
resolva suas dicotomias 86
Exortação de Hipócrates 126

F

Fazer escolhas 57
Fazer por merecer 190
Feedback 123
Feedforward 136-137
Felicidade xvii, xxvii
Filho único 23, 71-72
Força de vontade 122
Forças 36
Futilidade 6, 194

G

Gail Sheehy 184
Garry Ridge 163
Gênio de um truque só 103-115
  Frances Hesselbein 112-114
  generalistas 111-113
  papel certo 108
  Ridley Wills 109-110
  Sandy Ogg 105-109
  singularidade 109-111
  tempo para se tornar 105-108
  vs. pônei de um truque só 109
Grande Doença Ocidental 5
Gratificação
  futura 201-204
  instantânea 201-204
Grupo de referência 18-19, 135-136
  Mark Tercek, cliente 19
  Marshall Goldsmith 19
  Roosevelt Thomas Jr. 135-136

H

Habilidade 33, 40-42, 92
  fardo da perícia 40
Herbert Bayard Swope 26
Hierarquia 42
Honestidade 49, 59, 165

I

IBM 170-171
Inércia 21-23, 149
Influência 181
Início do 100 Coaches 144-145
Intelecto 36
Intercâmbio
  de mão dupla 137
Investimento 97
Isak Dinesen 69

J

Jack Welch 204
Jean-Claude Killy 200
Jimmy Carter 36
Jogo de golfe 192
John Katzenbach 136
Jonas Salk 220
Jornada 30-31, 31, 211
  Joe, especialista em vinho 30

K

Kathryn Schulz xvii-xviii
Kent Kresa 123-124

L

Larissa MacFarquhar 55
Leo, amigo 235-237
Lidar
 com a realidade 194
 com a rejeição 41
 lockdown 194
Líderes melhores 135
Luta emocional 229

M

Marca registrada 56
Mark Tercek, cliente 15-18, 19
Marshall Goldsmith
 tese 35-36
Medição 129-130
Mercado 47-49
Metodologia 105
Mike, cliente 6-9
Motivação 12, 33, 36-39
 múltiplas 39-40
  Joyce Carol Oates 39-40
  Ted Kennedy 36
 vs. inércia 39
 vs. motivo 39
Mudança 29
 de estilo de vida 155
 significativa 134
Mulheres nos Negócios
 conferência 197

N

Necessidade por aprovação 215
Nível de esforço 130
Northrop Corporation 123-124
Northrop Grumman 123

O

Obrigação 25-26
O Fim de Semana do "E agora?" 141-142
Oportunidade vs. risco 90-100
 Ação, Ambição e Aspiração 94-100
  jogadores de máquinas de caça-níqueis 95-97
  Marshall Goldsmith 94-95, 98
  Richard, amigo 98
 dados 91-92
 estar aberto a xviii-xix
Otimismo 20

P

Pagar o preço 198-203
 motivos para não 198-201
Palavras de Lao Tzu 167
Pandemia do coronavírus 155-156
Paradigma de Cada Fôlego 3-14, 5, 83
 Curtis Martin 12-13
 Gunther 13
 Mike, cliente 7-9
Paul Bloom 229
Pedir ajuda 169-171
 Hubert Joly, cliente 176-179
 recusa 170-172, 179-181
 IBM 170-171
 papel dos líderes 171
Peggy Lee 77
Perguntas diárias 142-144
 Benjamin Franklin 142-143
Persona 23
Perspectivas
 de uma vida plena 48
Peter Drucker 20, 138

Phil Jackson 10
Plano
  de marketing 214
  de negócios 58
Programação 23-25
  Marshall Goldsmith 23-24

Q

Quatro quadrantes
  Abrir Mão 218
  Credibilidade 217
  Vender-se Demais 219
  Vender-se de Menos 218

R

Recompensa merecida xxv-xxvi
  justiça xxvi
Reconhecimento
  Chester Elton, amigo 176
Recursos pessoais
  chances de sucesso 36
Regra de Ouro 42
Revisão do Plano de Vida 134, 146, 149-168, 169-170
  benefícios 162-167
  estrutura 160-162
  Marshall Goldsmith 155-159
  quatro passos 150-153
  sete epifanias 166
  similaridades com golfe 152-155
Richard xiii-xvii, 89-90
Richard Russo 27-28
Riscos 97-98
Ritmo da mudança 28-29
Rob Nail 28
Ron Howard
  filme 25
Roosevelt Thomas, Jr 18-19

Rose Anne 112-113
RPN 140-141

S

Safi Bahcall 212
Sandy Ogg 105
Sanyin Siang 40
Satisfied Mind xxiv-xxv
Saúde 125-126
Seleção do pessoal 159
Senso
  de realização 47, 64, 80
  de urgência 61
Sessões de mentoria 197
Síndrome
  do Não Inventado Aqui 134
Steph Curry 143
Sucesso merecido
  requisitos xxv, xxx
Sustentabilidade 39

T

Telly Leung 231
Tempo ensinou 36
Tentativa draconiana 59
Teste do Marshmallow 202-206
The Nature Conservancy 15
Tomar decisões
  Alan Mulally 58-62
  Marshall Goldsmith 55-58
  vida merecida 62-65
    Marshall Goldsmith 63-65
Transições 184-187
  marcadores 186-187
  Twyla Tharp 185
Três As 81

U

Uniforme de trabalho 55

V

Vida merecida xxiv
  equilíbrio de tempo 183–184
  extremos 63
  Frank Wagner, amigo 71–74
    vs. Marshall Goldsmith 72–74
  vs. trabalho 69–70
Vida vicária 29–31
Vínculo de confiança 16

W

Walter Mischel 202, 205

Y

Yogi Berra 48

Projetos corporativos e edições personalizadas
dentro da sua estratégia de negócio. Já pensou nisso?

Coordenação de Eventos
Viviane Paiva
viviane@altabooks.com.br

Assistente Comercial
Fillipe Amorim
vendas.corporativas@altabooks.com.br

A Alta Books tem criado experiências incríveis no meio corporativo. Com a crescente implementação da educação corporativa nas empresas, o livro entra como uma importante fonte de conhecimento. Com atendimento personalizado, conseguimos identificar as principais necessidades, e criar uma seleção de livros que podem ser utilizados de diversas maneiras, como por exemplo, para fortalecer relacionamento com suas equipes/ seus clientes. Você já utilizou o livro para alguma ação estratégica na sua empresa?

Entre em contato com nosso time para entender melhor as possibilidades de personalização e incentivo ao desenvolvimento pessoal e profissional.

PUBLIQUE SEU LIVRO

Publique seu livro com a Alta Books. Para mais informações envie um e-mail para: autoria@altabooks.com.br

/altabooks /alta-books /altabooks /altabooks

CONHEÇA OUTROS LIVROS DA **ALTA BOOKS**

Todas as imagens são meramente ilustrativas.

ALTA LIFE EDITORA   ALTA NOVEL   ALTA/CULT EDITORA
ALTA BOOKS EDITORA   alta club